江苏省社会科学院世界经济培育学科资助

中国光伏产业
国际竞争力研究

张远鹏　于　诚　王超男　著

中国财经出版传媒集团
经济科学出版社
Economic Science Press
北京

图书在版编目（CIP）数据

中国光伏产业国际竞争力研究／张远鹏，于诚，王
超男著．－－北京：经济科学出版社，2024.9. －－ISBN
978－7－5218－6360－4

Ⅰ. F426.61

中国国家版本馆 CIP 数据核字第 20246BQ745 号

责任编辑：李　雪　袁　澂
责任校对：王肖楠
责任印制：邱　天

中国光伏产业国际竞争力研究
ZHONGGUO GUANGFU CHANYE GUOJI JINGZHENGLI YANJIU
张远鹏　于　诚　王超男　著
经济科学出版社出版、发行　新华书店经销
社址：北京市海淀区阜成路甲 28 号　邮编：100142
总编部电话：010－88191217　发行部电话：010－88191522
网址：www. esp. com. cn
电子邮箱：esp@ esp. com. cn
天猫网店：经济科学出版社旗舰店
网址：http://jjkxcbs. tmall. com
固安华明印业有限公司印装
710×1000　16 开　19 印张　212000 字
2024 年 9 月第 1 版　2024 年 9 月第 1 次印刷
ISBN 978－7－5218－6360－4　定价：92.00 元
（图书出现印装问题，本社负责调换。电话：010－88191545）
（版权所有　侵权必究　打击盗版　举报热线：010－88191661
QQ：2242791300　营销中心电话：010－88191537
电子邮箱：dbts@ esp. com. cn）

前　　言

　　能源是现代社会运转的基础，它不仅是工业生产的动力，也是交通运输、通信、医疗等各个领域正常运作的保障。能源供应对于确保国家安全、经济发展和社会稳定具有至关重要的作用。能源的生产和利用水平代表了一个国家生产力的发展水平，太阳能光伏技术通过将太阳能转化为电能，具有普遍、安全、可靠、清洁的特点，大规模的推广应用能显著降低温室气体排放，对减缓全球气候变暖具有积极作用。随着技术的进步，光伏电池的转换效率不断提高，使得光伏发电的成本快速持续下降，进一步推动了其在全球范围内的广泛应用。光伏发电的普及对推动绿色低碳转型、构建清洁能源体系具有重要意义，成为实现可持续发展和绿色节能环保的重要手段。中国十分重视光伏产业的发展，将其列入战略性新兴产业。

　　中国在世界上是光伏产业的后来者，中国光伏产业从形成到登顶全球规模第一仅用了数年时间；从市场、原料、设备的"三头在外"到以国内市场为主、原材料设备的全部国产替代，2022年成为中国出口"新三样"之一，也只用了不到20年的时间。从落后到赶超，堪称奇迹！事实上，中国光伏产业一路走来发展很不顺利。

中国光伏产业到底是如何发展起来的？在国际贸易中的竞争力如何？越来越高的国际市场占有率仅仅是靠不断压低产品价格取得的吗？中国光伏产业的技术进步与创新能力如何？面对危机，产业链供应链的韧性和安全如何？光伏产业政策的实证研究结果能否证明政策的有效性？对外投资扩张的路径怎样？是否有助产业壮大及国际贸易扩展？在共建"一带一路"背景下，光伏发电为代表的绿色丝绸之路建设的重点与方向在哪里？

关于中国光伏产业国际竞争力的研究，现有文献多集中发表在光伏发电平价上网前，没有论及最近发展和运用最新数据，多集中在国际贸易上，对其技术创新，产业链安全与韧性的研究很少，对外投资及其带动国际贸易的论述难见。

本书从世界光伏及中国发展历程出发，首先分析了国际贸易及综合竞争力，分析光伏企业的创新能力，测度产业链韧性，对外投资的历程与路径，光伏产业政策的演变及实证分析，最后探讨了"绿色丝绸之路"背景下，作为主力军的中国光伏在其中的意义和重点方向。运用最新的数据，最新的发展、从学理和实践角度展开探讨。

第一章，世界及中国光伏产业发展历程。介绍了光伏效应的发现及太阳能光伏产业的出现，全球光伏产业历年的产能、产量一览，美国、日本、欧洲等发达国家相继提出的产业政策，如"标杆电价""光伏屋顶计划""阳光计划"以及税收补贴等扶持政策。全球光伏制造产业的格局的变动，产业的领导者如何从美国开始后转移到日本、德国、中国，全球光伏装机及发电规模变化。

第二章，中国光伏产品的国际贸易及竞争力分析。介绍了中国光伏产品进出口规模、结构及其与其他国家的对比，采用 TC 指数和 RCA 指数衡量我国光伏产品的国际贸易竞争力，分析中国光伏产品国际贸易及竞争力发展面临的挑战，如传统和新型贸易壁垒、供应链风险、国际定价权的缺失等，提出持续提升光伏产品的技术与核心竞争力，准确把握好行业发展趋势以应对新型贸易壁垒与各类风险等对策建议。

第三章，基于市场的中国光伏产业国际竞争力综合分析。本章对光伏产业的国际竞争力进行深入分析和研究，以全面阐述光伏产业在国际市场上的地位和竞争优势，发现存在的问题和挑战，探讨提升光伏产业国际竞争力的有效策略和途径，为光伏产业未来的发展指明方向，提供理论和实践支撑，推动光伏产业实现更高质量、更可持续地发展。

第四章，基于创新驱动的中国光伏企业国际竞争力分析。本章回顾了创新驱动与新兴产业技术追赶理论，论述中国光伏产业不同阶段的追赶特征，从全要素生产率的视角对中国光伏企业国际竞争力进行了动态考察。

第五章，中国光伏产业链供应链韧性和安全分析。本章讨论了产业链供应链韧性与安全的定义与特征，对我国光伏产业链供应链韧性和安全进行评估，分析我国光伏产业链供应链韧性和安全存在的挑战和问题，最后发出对提高我国光伏产业链供应链韧性和安全水平的思考。

第六章，中国光伏企业的国际投资分析。本章就对外投资相关理论进行评述，总结中国光伏企业对外投资历程，对外投资中面临的问题，提出中国光伏企业对外投资对策建议及保障措施，如光伏产业界要继续利用技术优势和产业优势，做大做强，构建高水平区域价值链，引导企业根据市场需求有序"走出去"等。

第七章，中国光伏发展的产业政策分析。本章论述了中国光伏产业政策的演变、光伏产业政策的特点，与其他国家光伏产业政策的对比，进行电价补贴政策对光伏发电企业与光伏制造企业影响的实证分析，提出中国光伏产业政策存在的问题、改进措施及展望。

第八章，推进"一带一路"绿色发展与中国光伏产业的使命。本章指出共建"绿色丝绸之路"进展与方向，光伏等绿色能源合作助力"一带一路"高质量发展的历史逻辑、理论逻辑、实践逻辑，提出光伏等绿色能源合作助力"一带一路"高质量发展的对策建议。

本书大致分工如下：第一章、第六章、第八章由张远鹏负责撰写；第二章、第三章、第七章由王超男负责撰写；第四章、第五章由于诚负责撰写。全书由张远鹏负责框架设计和修改统稿。由于作者水平有限，撰写时间仓促，书中错误和不足之处在所难免，恳请广大读者批评指正。感谢责任编辑李雪主任的辛勤付出！

目　　录

第一章

世界及中国光伏产业发展历程

太阳能光伏发电已成为当今世界新能源的主流，光电转换现象的发现还不到200年，光伏产业形成还不到100年的时间。科学家、企业家、环保人士及政府的合作与推动为这一新兴产业的崛起发挥了决定性作用。

1839年，法国人埃德蒙·贝克勒尔（Edmond Becquerel）首次发现光伏效应（photovoltaic effect）。"把两片铂片或金片浸没在酸溶液、中性溶液或者碱溶液中，在阳光照射下，不同部位之间产生电位差，从而产生电流。"光伏效应又被称为"贝克勒尔效应"。1916年，波兰化学家扬·柴可拉斯基（Jan Czochralski）发现了提纯单晶硅的拉晶工艺，为光伏技术提供了材料基础。1930年，德国西门子公司的沃特·肖特基（Walter Hermann Schottky）成功解释了半导体（金属）接触所产生的光伏效应。美国新泽西州贝尔实验室的罗素·奥尔（Russell Shoemaker Ohl）使公众获得对于通过掺杂纯半导体制造的传统电池p-n结的认知，并于1941年申请了现代太阳能电池的专利。他自制了一些硅电池，但由于效率过低而无法投入使用。1953年，贝尔实验室达伊·查频

（Daryl Chapin）、卡尔文·福勒（Calvin Fuller）与吉拉德·皮尔森（Gerald Pearson）合作开发了世界上第一块实用的晶硅太阳能电池，但直到生产出具有革命性的 6% 光电转换率的硅电池后（比此前的太阳能光电转换效率提高了 15 倍以上），应用市场才次第发现①，光伏产业逐渐形成。1954 年，就有人将光电转换率提高到 9%，但 1956 年，达伊·查频计算得出的每一瓦太阳能电池成本依然高达几百美元。一个美国家庭如果全部采用太阳能发电，其用电成本高达 150 万美元，这意味着太阳能电池在家庭电力供应方面还不具有商业可行性。最早，太阳能电池主要应用方向：一是美国的小型玩具市场；二是太空卫星制造市场。太阳能电池的首次"规模使用"发生在航天领域，1958 年它被应用在美国发射的人造卫星上。随后，几乎所有的人造卫星、航天飞机、空间站等太空飞行器都利用光伏电池作为主要的电源。1958 ~ 1969 年，美国太空项目总计支出 5000 万美元，购买了大约 1000 万块太阳能电池。太阳能电池的另一个大客户是石油和天然气公司，拥有离岸钻井平台的石油公司把太阳能电池用于导航照明的供电。借助很多国际大客户，光伏产品由此推广到多个国家。

第一节　世界光伏制造业格局的变动

传统西方社会，主张竭尽所能地开采利用自然资源。在第二

---

① ［德］沃尔夫冈·帕尔茨（Wolfgang Palz）. 光伏的世界［M］. 秦海岩译. 长沙：湖南科学技术出版社，2015：10.

次世界大战后的几十年里，电力生产与消费每年以7%的速度增长，每10年翻一番。20世纪70年代，罗马俱乐部发表《增长的极限》一书，人们认识到化石能源和核燃料并非无限的，加上全球石油危机的爆发，大多数国家及整个国际社会普遍接受了生态可持续性对于人类生存与发展的必要性。太阳能取之不尽，用之不竭，清洁便利，安全可靠，光伏产业被视为朝阳产业。在能源危机与全球气候变化的压力下，可再生能源越来越受到重视。随着全球可持续发展战略的实施，光伏发电技术得到了许多国家和政府的大力支持，美国、日本、欧洲等发达国家和地区相继提出了"标杆电价""光伏屋顶计划""阳光计划"及税收补贴等扶持政策，中国也学习吸收了发达国家的扶持政策，全球光伏产业发展迅速（见表1-1）。① 全球光伏产业的领导地位从美国开始，后转移到日本、德国、中国。

表1-1　　　　　　　　　全球光伏产品产能、产量　　　　　　单位：万吨/GW

年份	产能				产量			
	多晶硅	硅片	电池片	组件	多晶硅	硅片	电池片	组件
2007	—	6.0	—	4.1	5.0	4.0	4.0	—
2008	—	10.0	10.5	6.0	8.0	7.9	7.0	—
2009	—	16.0	16.0	11.7	11.0	10.7	9.4	—
2010	24.2	33.0	38.7	16.0	23.0	24.0	20.6	—
2011	35.0	56.0	63.0	24.0	39.0	35.0	35.0	—
2012	40.0	60.0	70.0	70.0	23.4	36.0	37.4	37.2
2013	38.0	57.0	63.0	65.0	24.6	39.0	40.3	41.7

① 李平等. 光伏太阳能产业发展调研［M］. 北京：经济管理出版社，2016：9.

年份	产能				产量			
	多晶硅	硅片	电池片	组件	多晶硅	硅片	电池片	组件
2014	39.0	68.2	70.0	87.0	30.2	50.0	50.3	52.0
2015	47.0	84.0	79.2	99.8	34.5	60.3	62.1	63.5
2016	49.0	100.0	95.0	123.0	40.0	74.8	75.0	77.9
2017	51.6	122.3	123.2	147.9	44.2	105.2	104.3	105.5
2018	62.8	161.2	173.8	190.4	44.6	115.0	113.6	115.8
2019	67.5	185.3	210.9	218.7	50.8	138.3	140.1	138.2
2020	60.8	247.4	249.4	320.0	52.1	167.7	13.4	163.7
2021	77.4	415.1	423.5	465.2	64.2	232.9	223.9	220.8
2022	134.1	664.0	583.1	682.7	100.1	381.1	366.1	347.4
2023	245.8	974.2	1032.0	1103.0	160.8	681.5	643.6	612.2

资料来源：中国光伏产业联盟秘书处/中国光伏产业协会秘书处、中国电子信息产业发展研究院/赛迪智库集成电路研究所历年中国光伏产业年度报告。

一、美国第一（20 世纪 50~80 年代）

1971 年 6 月，时任美国总统尼克松发布公告，要求启动项目以确保为未来提供充足的"清洁"能源。在国家科学和技术政策办公室的指导下，美国国家航空航天局与国家科学基金会于 1972 年共同组织了太阳能电池板项目。1973 年 10 月，阿拉伯国家石油禁运使得原油价格在 3 个月内翻了两番，刺激尼克松总统发起"能源独立计划"（Project Independence）致力于美国能源自给自足，不再依赖其他国家。推出"大宗购买"（block buy）公共采购计划，让美国能源研究与发展管理局（ERDA）可以从私营公司预订指定数量的光伏产品。1978 年，美国国会通过的《国家能源法案》，其中的《公用事业管制政策法案》（PURPA）是卡特政府时期为全球光伏政策制定者留下的重要遗产。法案要求公用电力事业单位要从可再生能源的发电企业购买更多的清洁能源。美国国会通过的《光伏的研究与开发法案》（The Solar PV R&D Act），要求到 1988 年为止，以 10 年为期，光伏发电量每年翻一番，研发预算 15 亿美元，这在当时是一个天文数字。1979 年的伊朗伊斯兰革命和第二次石油危机刺激卡特政府进一步推动光伏产业的发展，制定了一项 30 亿美元的光伏产业研究计划。在整个 20 世纪 70 年代，美国的前后三位总统都大幅增加了联邦政府在可再生能源方面的预算，国会为此拨付的资金也十分慷慨。1980 年以来，政府向光伏产业提供了采购价格 40% 的税收抵免。20 世纪 80 年代初，美国光伏企业的销售额占全球光伏市场的 85%，而其中 70% 的销售收入来自大型石油公司。这些公司的海上油气开发平台远离电网，大量使用离网的太阳能供电系统。美国环保部门禁止铅酸电池耗尽丢弃大海处理的法规推动了太阳能电池的使用。里根政府时期，世界石油价格从 1980 年的每桶 35 美元以上的峰值，跌至 1986 年的每桶 10 美元，腰斩式大跌，太阳能技术研发和应用政策因此受到重大打击，相关预算大幅削减，出现长达数年的"光伏大撤退"。

二、日本赶超（20 世纪 90 年代）

两次全球石油危机给严重依赖石油进口的日本经济带来巨大打击，导致日本从政府到民间的能源供应危机感日益加深，日本通产省于 1974 正式启动"阳光计划",计划到 2000 年包括太阳能在内的新能源占到日本能源消耗总量的 20%。通产省下属的日本产业技术综合研究所(AIST)把各个研究领域及自身的技术分配给了夏普、日立、NEC、东芝、东洋、松下等日本大企业。从 20世纪 70 年代初到 1997 年,日本用 20 多年时间将太阳能电池的制造成本从 2 万~3 万日元/瓦降低到 600 日元/瓦,相当于前者的 2%~3%,同时将光伏发电系统的成本降低到过去的 1/15(约2000 日元/瓦)。1999 年,日本超过美国,成为全球最大的太阳能电池生产国。2000 年,日本太阳能电池产量 128.6MW,占全球太阳能电池产量 287.65MW 的 44.7%。1996 年之后,在持续的政策支持下,日本形成了完整的光伏产业链,高峰时日本光伏产品产量占全球市场份额超过 45%,夏普(市占率最高达 30%)、京瓷、三菱、三洋占据全球光伏电池产量前五名的四个席位。多晶硅方面,2012 年,日本的多晶硅企业主要有东洋制铁化学株式会社(Tokuyama)(产能 9200 吨)、三菱(产能 4300 吨)、美赛特克(M. setek)(产能 3000 吨)、住友(产能 1400 吨)等。2012年,日本多晶硅产能达到 1.8 万吨,产量为 1.3 万吨,约占全球产量的 6%。其中,东洋制铁化学株式会社的产量就为 0.8 万吨,位居世界第六位,约占日本产量的 61.5%。在光伏设备方面,日本凭借其在电子制造设备上的优势在全球光伏设备市场拥有一席之地,著名企业有小松 NTC 株式会社(Komastu – NTC)、东京电子、爱发科等。其中,小松 NTC 株式会社在 2011 年的销售收入超过 7 亿美元,占据全球十大光伏设备厂商第五位。电池制造方面,日本起步较早,在 2006 年之前,日本一直位居全球光伏电池组件的领先地位，在光伏组件制造方面的优势企业有夏普、京瓷、松下（收购三洋）、三菱、壳牌（Shell）等。日本在薄膜电池方面研究较深入，晶硅第一代、薄膜第二代的概念也是日本先提出来，一些企业如夏普、京瓷和三菱发展硅基，壳牌、本田发展 CIGS 电池等，CdTe 电池在日本的研究较少。由于在晶硅电池方面难以与中国企业竞争，日本企业将更多精力放在了薄膜电池上。2012 年，日本光伏电池组件出货量 2.4GW，约占世界组件市场的 6%，其中薄膜电池组件出货量近 600MW，占日本光伏组件出货量的 25%。这一时期，日本光伏市场保持快速增长，无论光伏累计装机规模，还是光伏新增装机规模，日本均保持世界第一的位置。但是由于过度集中对以上提及的日本关东地区大企业的扶持，导致市场竞争不够充分，而这些企业自主研发自家专用的生产设备，不同企业的设备没有统一的规范和标准，互不兼容，抑制了市场的活力与扩展，加上普遍看好非晶硅技术路线的商用前景，集中发展消费电子类产品（1982 年占光伏产品的 80%），而不是太阳能光伏集中发电站或家庭和工商业的分布式发电站，整个 20 世纪80 年代，日本 80% 的太阳能电池研发投入集中在薄膜非晶硅光伏产品上，走了一段弯路。一方面是日本从事带状硅技术的晶硅材料研究公司无法开发出适合商用的太阳能电池；另一方面是与日本官方主导的研发体制有直接关系。从太阳能光热到光伏，从非晶硅光伏到晶硅光伏，政绩与考核的需要必然让官方相关机构注重短期效益明显的产品，而不是商业化前景不定的产品，否则在下一年预算编制时，就无法扩大甚至维持。官方机构把握技术投入的方向并不和"阳光计划"的长期主义保持一致。后来在扶持名单外的京瓷公司，引进德国公司的多晶硅技术率先引领日本光伏产业找到正确的技术路线并实现大规模扩张。1993 年底，通产省启动"700 屋顶计划"，民众积极响应，次年改成"千屋顶计划"，为安装屋顶光伏的住户/业主提供光伏系统全部安装成本的 50% 现金补贴。随着时间的推移，补贴比例将会下降，并在 10 年后降为 0。[①] 由于民众安装太阳能发电设备的热情高涨使得补贴不断扩大并超出预算，光伏的发展触怒了日本传统的电力巨头，随着 2005 年"千屋顶计划"补贴结束。日本政府对太阳能的支持基本结束。而德国由于强力的可再生能源政策引导，迅速超过日本，成为全球光伏制造和发电行业的新霸主。

三、德国爆发（21 世纪最初十年）

第一次全球石油危机爆发后，欧洲国家将能源问题的解决方案转向国内，加大国内能源的开发力度，而核能被寄予厚望。核电站需要大量的冷却水，一般需要靠近水源，而核电站的安全及对生态的影响引起当地居民的恐慌。1986 年，苏联切尔诺贝利核电站事故进一步加剧了德国民众对核能发电的反对，并且将"反核"与"发展可再生能源"紧密联系起来，后来又把解决全球变暖问题"应对气候变化"联系到一起。1991 年，德国绿党和其他党派联合起草了《电力上网法》（Electricity Feed-in Act），法案借鉴美国经验，要求确保所有可再生能源发电并入电网，且小型的

---

① 中国光伏行业协会，刘家琦．酷玩实验室团队．大国光伏：中国王牌制造业的突围与崛起：上［M］．北京：电子工业出版社，2024.

能源生产商在并网后可以获得有保障的固定价格，这一价格高于火电的上网价格，也就是"标杆电价"。这保证了相关投资者的收益，刺激了对可再生能源项目的投资热情。为了让光伏发电在可再生能源开发中脱颖而出，1994 年在德国太阳能促进会动员下，亚琛市提出了高于国家"标杆电价"的补贴倡议，随后几十个城市仿效推行。这些利好措施刺激众多企业更多地进入太阳能光伏制造行业，包括后来成为世界第一的 Q 太阳能公司（Q – Cells）、瓦克（Wacker），以及业界闻名的太阳世界（Solar World）。德国深厚的工业基础使得高技术、高利润的上游产业、光伏设备、辅材辅料占据优势和规模。Q – 太阳能公司在 2006～2009 年连续四年成为全球光伏企业的龙头。2012 年，欧洲多晶硅的产量约占全球的 25%，德国瓦克公司，其产量约占欧洲总产量的 80% 以上，德国太阳世界也有 1000 吨产能。德国贺利氏（Heraeus）控股集团是全球最主要的银铝浆供应商之一，在光伏产业浆料市场的份额一度超过了 50%。欧洲企业在全球光伏设备市场所占份额超过 50%，全球十大光伏设备制造企业中有德国森特热姆（Centrotherm）、德国盖博·施密特（Gebr. Schmid）、德国利纳（Rena）等。欧洲逆变器生产企业大多集中在德国，包括全球著名的德国西门子和 SMA 等，在全球光伏逆变器市场所占份额接近 50%。欧洲太阳能电池制造同样主要集中在德国，主要的企业有德国太阳世界（其欧洲部分包括硅片 750MW、电池片 300MW、组件 500MW），德国 Q – 太阳能（欧洲的产能：电池片 250MW、组件 120MW）。其他组件产能：德国索龙（Solon，440MW），德国斯科特（Scott，450MW），德国博世（Bosch，630MW），德国康维明

（Conergy，250MW），西班牙同光子（Isofotón，230MW），比利时光伏科技（Photovoltech，150MW），德国索威（Sovell，200MW），德国索兰太阳能（Solland Solar，200MW）。其他企业产能普遍在100MW以下，南欧、东欧和北欧制造企业几乎没有。在薄膜电池制造环节，1998年，绿党和德国社会民主党组成联合政府上台执政，越来越多支持可再生能源的政策得以实施。最重要的是，2000年，德国颁布《可再生能源法》，对太阳能等成本高于风电的可再生能源项目设置了更高的"标杆电价"，同时保证这些项目享受的"标杆电价"可以长达20年。该法案还要求公用电力事业公司优先购买、销售可再生能源电力，同时再征收"可再生能源附加费"，用来弥补政府给予可再生能源发电者的"标杆电价"与实际卖电价格之间的差额。与日本政策一样，德国推出德国版的"千屋顶计划"，联邦政府和州政府分别提供总投资50%、20%的投资补贴。德国的太阳能发展不同于日本的自上而下的模式，法案设置了各类量化指标，法案的执行并没有委托给单个政府部门。2002年，德国可再生能源相关的政府治理从经济部门转移到环境部门。曾经代表传统能源行业利益的德国经济部门从此无法直接干预可再生能源的发展，绿党主导的环境部门更是坚定不移地推动可再生能源的发展。2004年，德国政府新能源政策的实施，极大地带动了欧洲乃至全世界的太阳能发电市场的发展，使全世界范围内太阳电池组件供不应求，并极大地促进了世界光伏市场和产业的飞速发展。2004年德国光伏新增装机规模和累计装机规模迅速赶超日本，并在此后的十年间一直处于世界第一的位置。2007年欧洲超过日本成为世界最大的太阳能光伏电池生产地区。然而从 2011 起，光伏组件价格一路下滑，欧洲尤其德国的许多组件制造企业相继破产，包括知名的 Q - 太阳能，还有阳光概念（SunConcept）、索瓦特（Solarwatt）、舒腾太阳能（Scheuten Solar）、拉洛斯新能源公司（Ralos New Energies AG）等。2012 年全球光伏产品价格延续了 2011 年下降势头，加上欧洲主要光伏应用国家纷纷削减光伏补贴，给本就运营艰难的欧美光伏企业进一步打击，破产倒闭潮流涌动，欧美光伏制造业步入寒冬时期，其中影响最大的是德国 Q - 太阳能公司的破产。作为欧美最大的光伏电池制造商，进入 2011 年后出现经营困难，尽管将旗下子公司剥离出售，但还是没有挽救 Q - 太阳能。2012 年 4 月，Q - 太阳能正式宣布破产。Q - 太阳能公司的遭遇在一定程度上体现了欧美光伏产业所面临的困境。有相当一批光伏企业相继破产，其中不仅包括美国阿邦太阳能（AboundSolar）、诺瓦太阳能（NovaSolar）、全球太阳能（GlobalSolar）、能源转化设备公司（Energy Conversion Devices），还有许多中小企业如德国英图克斯（Inventux）、索拉海德（Solarhybrid）、科纳卡（Konarka）德国子公司、意大利太阳能时代、日本恩艾斯太阳能材料（NS Solar Material）等。

四、中国崛起（21 世纪第二个十年至今）

2014 年，伴随美国对中国实施的"双反"政策逐渐平息，中国陆续出台了一系列光伏利好政策，2015 年以来，中国成为全球光伏行业发展的"领头羊"。

2017 年是国内、国外光伏企业发展的转折点，经历冰火两重天的局面。国外企业中，欧洲最大的光伏企业太阳世界（Solar-World）、美国最大的组件企业之一太阳艾瓦（Suniva）相继宣布申请破产保护；全球技术领先的两家企业，太阳电力（SunPower）裁员并关停部分菲律宾生产线，松下也关闭部分电池片产线并重整光伏业务。调查报告显示，由于补贴下降、市场规模缩水和竞争挤压等因素，2017 年日本太阳能相关企业破产件数达 88 件，较 2016 年飙增 35.4%，创下 2000 年开始进行调查以来连续第 3 年历史新高。① 反观中国光伏企业，全年产能利用率维持高位，毛利率保持稳定，主要企业普遍扩产，部分中小型光伏企业正加速 IPO，募集资金继续投资光伏产业，部分外围企业也开始布局光伏产品制造业。

2020 年世界光伏产品加工制造的主要国家，多晶硅产量领先的是中国、德国、美国、马来西亚；硅片产量领先的是中国；电池片产量领先的是中国、马来西亚、越南、韩国、泰国、美国；组件产量领先的是中国、越南、韩国、马来西亚、美国、欧洲。中国在这四个领域产量占世界 70% 以上的份额。硅片产量高达世界的 96%（见图 1 - 1）。2021 年中国光伏发电实现了平价上网，更是拉大光伏产品的需求，光伏下游组件产量暴增又卷低了价格，促进光伏电站建设更是有利可图。供需双方呈现互相成就的态势。

---

① 此为日本民间信用调查机构东京商工研究（TSR）2018 年 1 月公布的调查报告。转引自中国光伏产业协会秘书处，中国电子信息产业发展研究院. 2017~2018 年中国光伏产业年度报告［R］. 2018：16.

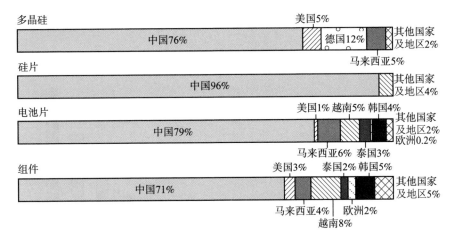

图 1－1　2020 年全球光伏制造端出来占比

资料来源：转引自 Masson and kaizuka，Trends in Photovoltaic.

新冠疫情在全球大流行期间，中国受到的负面影响较轻，出口红利加持下整个中国光伏产业又是一轮大扩张，特别是重资产平时发展比较稳健的多晶硅行业表现突出。

在多晶硅产量方面，2023 年全国多晶硅产量达 143 万吨，同比增长 66.9%。2024 年随着多晶硅企业技改及新建产能的释放，产量预计将超过 210 万吨（见图 1－2）。

在硅片产量方面，2023 年全国硅片产量约为 622GW，同比增长 67.5%。随着头部企业产能的逐步落实，预计 2024 年全国硅片产量将超过 935GW（见图 1－3）。

在晶硅电池片产量方面，2022 年全国电池片产量约为 545GW，同比增长 64.9%。预计 2024 年全国电池片产量将超过 820GW（见图 1－4）。

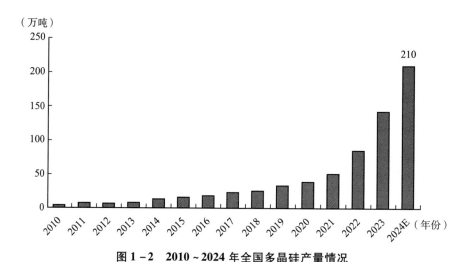

图1-2　2010~2024年全国多晶硅产量情况

资料来源：中国光伏行业协会、赛迪智库集成电路研究所：《中国光伏产业发展路线图（2023—2024年)》。

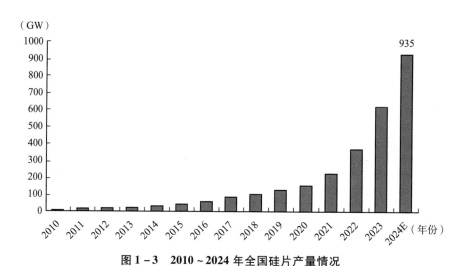

图1-3　2010~2024年全国硅片产量情况

资料来源：中国光伏行业协会、赛迪智库集成电路研究所：《中国光伏产业发展路线图（2023—2024年)》。

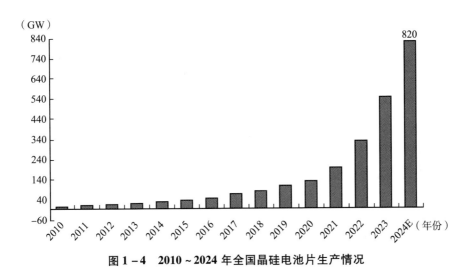

图 1 - 4　2010 ~ 2024 年全国晶硅电池片生产情况

资料来源：中国光伏行业协会、赛迪智库集成电路研究所：《中国光伏产业发展路线图（2023—2024 年）》。

组件方面，2023 年全国组件产量达到 499GW，同比增长 69.3%，以晶硅组件为主。预计 2024 年组件产量将超过 750GW（见图 1 - 5）。

信息链咨询（InfoLink Consulting）发布的 2023 年全球组件出货榜显示，在光伏组件环节，晶科能源、天合光能、隆基绿能、晶澳科技、通威太阳能、阿特斯、正泰新能、东方日升和一道新能锁定了 Top9 位置。一度排名靠前的第一太阳能（First Solar）被挤到第 10 位，与协鑫集成、英利能源和横店东磁并列第 10，昔日入围 Top10 的韩华 Q - cells 已跌出榜单。按照国内光伏装机的增速，第一太阳能被挤出前 10 应该不会意外。

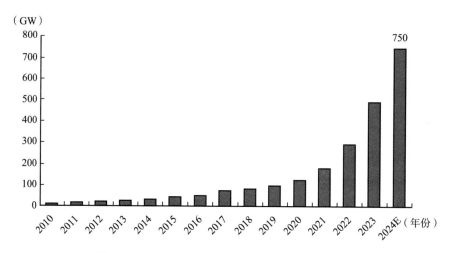

图 1 – 5 2010～2024 年全国太阳能组件生产情况

资料来源：中国光伏行业协会、赛迪智库集成电路研究所：《中国光伏产业发展路线图（2023—2024 年）》。

第二节　中国光伏产业的发展

得益于欧洲对可再生能源大力支持及由此产生的光伏产品巨大市场需求，得益于中国积累的比较厚实的制造业基础并迅速接入，得益于中国低廉的劳动力成本和资源成本，得益于中国借鉴了光伏产业先进国家的政策，中国太阳能光伏产业在 21 世纪初迅速崛起。总体可将中国太阳能光伏产业发展分为四个主要阶段。

一、起步发展期（2003 年及之前）

中国对太阳能的研发与应用起步不算太晚。1958 年，中国开始研究太阳能光伏电池，1959 年中国科学院半导体研究所成功研制了国内第一片具有实用价值的太阳能电池。1971 年，中国首次将其成功应用于"实践一号"卫星上，这是中国发射的第二颗人造卫星。1973 年，太阳能作为天津港的航标灯电源，中国开始将光伏电池应用于地面。20 世纪 70 年代，国家组建了光伏产业化的"国家队"，包括云南半导体器件厂、秦皇岛华美太阳能等几家最早的中国光伏企业。国家在"六五"计划（1981～1985 年）期间，将可再生能源纳入国家能源政策范畴，新能源领域的科技攻关被纳入国家计划。1986 年，国家计划委员会在农村能源"七五"（1986～1990 年）计划中列出了"太阳能电池"专题。全国有 6 所大学和 6 个研究所开展了晶体硅电池等的研究。中国引进国外新的多晶硅技术，在云南省和浙江省建设了两条生产线，分别生产原料和多晶硅电池。20 世纪 80 年代末，中国太阳能电池产能达到 4.5MW，这一产能持续到 2002 年，实际产量在 2MW 左右。"七五"计划期间，国产太阳能电池价格从 80 元/瓦下降到 40 元/瓦。2001 年 1 月，无锡尚德太阳能电力有限公司正式注册成立。翌年 9 月，第一条 10MW 太阳能电池生产线建成投产，光伏组件的光电转换效率达到 15%。1992 年，联合国制定了《联合国气候变化框架公约》并于 1994 年对中国生效，在此推动下，1995 年，中国制定了《中国新能源和可再生能源发展纲要（1996～2010）》，鉴于美国、日本、德国在光伏太阳能等新能源领域的各项政策举措和成就，中国决定扩大太阳能的开发利用，把推广太阳能热水器、光伏发电系统作为重点来抓。2002～2003 年，中国政府拨款近 30 亿元支持"光明工程"（送电下乡），主要采用光伏发电，以西部和北部地区 7 省共计 700 多个无电乡镇作为建设重点，光伏发电组件用量达到 15.5MW。

二、快速发展期（2004～2011 年）

2004 年 8 月，德国政府颁布《可再生能源法 2004》，对光伏等新能源企业发放政府补贴。同年，德国以每千瓦时 0.54～0.624 欧元的价格收购太阳能电力入电网，这一电价几乎是零售电价的 3 倍，并且保证收购 20 年，政府还给居民提供 3% 的贴息贷款，鼓励居民购买、安装太阳能发电设备。不过相关补贴会随着时间的推移而减少，即"补贴退坡"原则。这导致 2004 年德国对光伏组件的需求井喷式爆发，带动全球光伏市场规模激增 61%。由于德国国内企业反应慢，无法在成本上与中国企业竞争。而快速扩张、响应灵活、质量认证可靠、价格优惠的中国光伏企业产品畅销德国。无锡尚德创立 3 年就进入世界前十。中电光伏、林洋新能源等企业也在 2004 年成立。2004 年，中国成为全球太阳能组件产量排名第四的国家，仅次于德国、日本和美国，太阳能电池产量排名全球第五。2005 年，晶澳、赛维 LDK 和昱辉阳光也相继成立。无锡尚德新厂区投产中国第一个百兆瓦级的太阳能电池制造基地。2005 年尚德电力在美国纽约证券交易所成功上市，次年成为"中国新首富"。在财富效应及政府的鼓励下，数百家光伏企业如雨后春笋般出现，并率先在无锡、常州等城市形成光伏产业集群。此后不久赛维 LDK、天合光能、英利等一批光伏制造业企业先后登陆美国资本市场。截至 2010 年，海内外上市的中国光伏企业超过

20 家。在走出去与请进来学习美国、澳大利亚、日本、德国等国可再生能源相关法案制定经验的基础上，结合国内实践，经过多年酝酿的《中华人民共和国可再生能源法》，于 2005 年 2 月 28 日，由第十届全国人民代表大会常务委员会第十四次会议通过，自 2006 年 1 月 1 日起施行。以法律的形式规定了"国家将可再生能源的开发利用列为发展的优先领域"，明确表示国家鼓励和支持可再生能源并网发电。2006 年朱共山成立江苏中能硅业，翌年 9 月第一条 1500 吨多晶硅生产线投产，占全国总产量的一半，并且解决了冷氢化技术大规模应用的问题，极大降低了多晶硅生产成本。之后，多晶硅生产线每年不停建设，2011 年产能达到 6.5 万吨。中国以创纪录的 8.4 万吨多晶硅产量占全球的 35%，首次超过美国，跃居世界第一，并且总体技术水平达到国际领先。中国光伏制造业利用国外的市场、技术、资本，迅速形成规模，2007 年中国初步形成长三角太阳能电池制造、珠三角光伏应用产品加工、京津冀硅片和太阳能电池生产三个光伏聚集区。为应对 2008 年全球金融危机后光伏市场的不景气，2009 年，中国出台了"一揽子"政策，其中"金太阳"工程影响很大。2009 年 7 月 21 日，财政部、科技部、国家能源局联合发布了《关于实施金太阳示范工程的通知》，决定综合采取财政补助、科技支持和市场拉动方式，加快国内光伏发电的产业化和规模化发展。2009 年实际批复装机容量约 300MW，财政补贴近 50 亿元。2010 年，补贴政策有所调整，采取同时补贴建设单位和设备供应商的办法，对组件和逆变器设备供应商集中招标，其中组件单位中标 3 家，逆变器厂家中标 8 家，对于建设"金太阳"示范工程项目，业主向中标企业购买设备时国家补贴一半，另外，国家对业主单位每瓦补贴 4元建设费。2011 年采取定额补贴 9 元，后来组件价格下降，调整为 8 元/瓦。2012 年定额补贴 7 元/瓦，后降至 5.5 元/瓦。中央财政从可再生能源专项资金中安排光伏发电示范应用。纳入"金太阳"示范工程的项目原则上按光伏发电系统及其配套输配电工程总投资的 50% 给予补助，偏远无电地区的独立光伏发电系统按总投资的 70% 予以补助。光伏产业获得国家战略性新兴产业的定位，催生了新一轮光伏产业投资热潮。由于在竞争中处于下风，2011年 10 月，德国光伏企业太阳世界（Solar World）的美国分公司联合其他 6 家匿名企业组成美国太阳能制造商联合会（CASM）向美国商务部提起针对中国光伏出口产品的反倾销反补贴调查申请。11 月，美国商务部正式立案对产自中国的太阳能电池进行"双反"调查。12 月，美国国际贸易委员会（ITC）就美国对中国太阳能电池（板）反倾销和反补贴案初裁认定对美国相关产业造成实质性损害，该案正式进入美商务部调查阶段。

三、剧烈调整期（2012～2013 年）

2012 年，欧、印等国家和地区继美国之后先后发起针对中国光伏电池产品的"双反"调查，极大地影响了中国光伏电池产品的出口，进一步加深了中国光伏行业危机。

2012 年 3 月，美国商务部宣布了对中国光伏产品反补贴调查的初裁结果，决定向中国进口的太阳能电池板征收 2.90%～4.73% 的反补贴税，并追溯 90 天征税。无锡尚德反补贴税率为

2.90%，天合光能税率为 4.73%，其他中国公司反补贴税率为 3.61%。5 月，美国商务部公布反倾销初裁决定，税率为 31.14% ～ 249.96%。河北英利、无锡尚德、天合光能将分别被征收 31.18%、31.22%、31.14% 的反倾销税，未应诉中国光伏企业的税率为 249.96%。10 月，美国商务部对进口中国光伏产品作出反倾销、反补贴终裁，征收 14.78% ～ 15.97% 的反补贴税和 18.32% ～249.96% 的反倾销税。具体的征税对象包括中国产晶体硅光伏电池、电池板、层压板、面板及建筑一体化材料等。11 月，美国国际贸易委员会（ITC）作出终裁，认定从中国进口的晶体硅光伏电池及组件实质性损害了美国相关产业，美国将对此类产品征收反倾销和反补贴关税。12 月，美国商务部发布命令，即日起，开始向中国进口太阳能电池征收关税。预计该关税将至少征收 5 年。除此之外，美国商务部在声明中指出，将无锡尚德倾销幅度从 31.73% 下调至 29.14%。

如果说美国的"双反"裁定对中国光伏行业是一次巨大打击，欧盟提起的"双反"调查极有可能是灭顶之灾。2012 年 9 月和 11 月，欧盟委员会先后决定对中国光伏电池产品发起反倾销和反补贴调查，范围囊括了光伏产业上下游的硅片、电池片、组件的几乎全部产品，在 2013 年 2 月还加入了光伏玻璃。

2012 年 7 月，太阳世界又联合多家企业组成欧洲光伏制造商联盟（EU Prosun），向欧盟委员会提交了对中国光伏产品进行反倾销立案申请。9 月，欧盟委员会发布公告，对从中国进口的光伏板、光伏电池及其他光伏组件发起反倾销调查。同月，欧洲光伏制造商联盟向欧盟提起申诉，指控中国的光伏企业获得政府补贴，并要求对其产品征收惩罚性进口关税。11 月，欧盟正式启动对华光伏产品反补贴调查。2013 年 6 月，欧盟委员会宣布初裁结果：欧盟从 2013 年 6 月 6 日至 8 月 5 日对产自中国的光伏产品征收 11.8% 的临时反倾销税，如果双方未能在 8 月 6 日前达成妥协方案，临时反倾销税税率将升至 47.6%，对所有中国光伏企业征收 37.3% ~67.9% 不等的临时反倾销税。经过艰苦谈判，最终以"限价、限量"的方式达成一致。根据后来各方透露的信息，中方承诺对欧洲出口光伏组件价格不低于 0.56 欧元/瓦，每年对欧洲光伏产品出口配额上限为 7GW，约占欧盟 2012 年新增装机容量的一半。中国出口欧洲组件超过配额部分，将被征收 47.6% 的反倾销税。

中国光伏产品的 80% ~90% 都用于出口。美欧"双反"措施大幅提高关税，影响 80% 的海外市场。据光子学科技公司（Photon）统计，2010 年有超过 450 家光伏制造企业表现活跃，而到 2012 年仅剩 154 家。2012 年，由于遭受美欧"双反"的沉重打击，加上欧洲补贴力度削减带来的市场增速放缓，导致光伏制造业陷入严重的阶段性过剩，产品价格大幅下滑。中国光伏产品出口额为 233 亿美元，同比下降 35%，出口价格也大幅下降 29.2%。"双反"危机让中国光伏产业经历了长达 8 个季度的全线亏损。2012 年，中国全产业链破产和停产企业超过 350 家。2013 年 11 月，纽交所停止了尚德电力股票交易，进入清算程序，次年尚德电力申请破产。同时，赛维 LDK 也被摘牌，此为此次行业大危机标志性事件。

2012 年第四季度到 2013 年第一季度，国家出台了一系列政策，从电站项目规划、审批、补贴标准、光伏电站并网、金融等多方面为光伏产业发展提供政策扶持。2013 年 6 月，国务院常务会议研究促进光伏产业健康发展问题，出台六条具体措施，实施全额收购光伏电站所发电量、上网标杆电价、电站建设融资支持等，7月正式发布《国务院关于促进光伏产业健康发展的若干意见》，明确电价补贴标准和补贴年限。此后，多部门出台了近百项推动国内市场扩大的支持政策以及规范光伏行业发展的管理制度，其中，8月国家发展改革委发布《国家发展改革委关于发挥价格杠杆作用促进光伏产业健康发展的通知》，根据阳光资源优劣，明确新的地面光伏电站三类电价补贴，电价补贴政策实际是"金太阳"工程的升级版，把事前补贴转变为终端的度电补贴，消除了此前容易滋生腐败、资源浪费等一些弊端，促进了中国光伏发电市场规模进一步快速扩张，对中国光伏产业持续发展影响巨大。至此，中国接替主导光伏产业发展的接力棒，开启光伏产业的第二轮快速成长期。2013年，中国光伏发电新增装机容量11.3GW，同比增长22.9%，占全球新增装机容量的30.5%，首次位居全球第一。

四、逐渐回暖期（2014～2017年）

光伏产业支持政策密集出台，配套措施迅速落实，特别是国内市场的成功开拓，光伏产业明显回暖，多数企业扭亏为盈。2014年，国家能源局发布"光伏扶贫"项目，宣布在6个省的30个县开展首批光伏试点，开拓新的光伏市场。2015年6月，工业和信息化部、国家能源局、国家认监委联合下发《关于促进先进光伏技术产品应用和产业升级的意见》，正式提出"光伏领跑者计划"，每年安排专门的市场规模推动先进技术产品的应用，政府财政资金要优先选用"领跑者"先进技术产品。金刚线技术、半片技术、MBB 多主栅技术的应用，促进了 PERC 技术单晶硅电池成为主流。随着国内光伏技术的快速进步，从国产原、辅料到国产设备成为主流，一方面降低成本，另一方面提升发电效率。2015年底，国家发展改革委又下发《国家发展改革委关于完善陆上风电光伏发电上网标杆电价政策的通知》规定，实行风电、光伏上网标杆电价随着发展规模逐步降低的价格政策。一方面以政策扶持"退坡"迫使企业快速进步，另一方面设法减缓疯狂的光伏电站扩张速度带来的不堪重负的暴增的补贴需求。2017 年，中国新增光伏装机容量达 53GW，超过前两年新增装机容量的总和，连续三年保持 50% 左右的高速增长。

五、新政整改期（2018～2020 年）

国家相关部门用补贴政策助力光伏产业完成再一次复兴后，盲目扩产、消纳、补贴缺口等问题逐渐暴露。2018 年 6 月，国家发展改革委、财政部、国家能源局联合印发《关于 2018 年光伏发电有关事项的通知》（因落款日期为 5 月 31 日，故被称为"531新政"），大幅降低光伏电站补贴指标，加快光伏发电补贴退坡，需求的断崖式下跌导致光伏产品价格大跌，中国光伏新增装机容量 2018 年下半年同比下降 30.4%，2019 年上半年同比下降 53%。全年装机总量近 30.11GW，低于 2016 年的水平。整个光伏行业一下跌入严冬。6 月英利被纽交所摘牌。好消息是，8 月，欧盟委员会宣布从 9 月 3 日起终止对华光伏产品"双反"措施。导致中国光伏组件产品对欧盟出口年底比年初大幅增长 4 倍以上。2019 年上半年，中国光伏产品出口总额 106 亿美元，同比增长 32%，大企业因为品牌加持成为出口市场最大受益者。中国光伏企业在东南亚布局也达到一定规模，绕开贸易壁垒实现对美国出口。2018 年，晶科、天合、晶澳、协鑫、阿特斯、正泰、隆基等企业在东南亚设立生产基地，东南亚硅片产量 3.1GW（中国企业占 1.5GW），电池片产能 19.7GW（中国企业产能占 11.45GW），组件产能 25.65GW（中国企业占 13.65GW）。2019 年"光伏扶贫"项目建设全部完成，累计建成光伏电站 26.36GW。

六、平价开启期（2021 年至今）

多晶向单晶转变、大硅片的扩产潮、PERC＋异质结等新兴电池片技术的不断发展带来光伏产业成本的不断下降，开启光伏平价元年。[①] 2021 年 5 月，国家发展改革委下发《关于 2021 年新能源上网电价政策有关事项的通知》，指出自 2021 年起对新备案的集中式光伏电站、工商业分布式光伏项目，中央财政不再补贴。翌年，新建户用分布式光伏发电也取消了补贴。光伏发电项目就此彻底告别了补贴，实现平价上网。平价上网提升了新增装机规模，实现了光伏发电的可持续发展。2021 年，中国光伏产业取得快速发展，除投资建设周期长的多晶硅低于 30% 的同比增长外，

---

① 邹润芳、崔宇．光伏设备分析：技术迭代带动设备更新换代［R］．证券研究报告，2020－12－7.

硅片、电池片、组件都同比增长 40% 以上。2022 年更是取得了惊人的爆发，多晶硅、硅片、电池片、组件都同比增长 60% 左右。2023 年，在前两年高增长的基础上再创新高，同比都在 70% 以上，发展速度之快令人瞠目。远超中国光伏行业协会上年预计的 124 万吨、535.5GW、477GW、433.1GW（见表 1-2）。

表 1-2   2008～2023 年中国光伏产品产量

年份	多晶硅（万吨）	同比增长（%）	硅片（GW）	同比增长（%）	电池片（GW）	同比增长（%）	组件（GW）	同比增长（%）
2008	0.5	—	2.4	—	2.6	—	2.6	—
2009	2.0	300.0	4.4	83.3	4.1	57.7	4.0	53.9
2010	4.5	125.0	11.0	150.0	10.8	163.4	10.8	220.0
2011	8.4	86.7	2.00	81.8	19.8	83.3	21.0	100.0
2012	7.1	-15.5	26.0	30.0	21.0	6.1	23.0	9.5
2013	8.5	19.2	29.5	13.5	25.1	19.5	27.4	19.1
2014	13.6	60.8	38.0	28.8	33.0	31.5	35.6	30.0
2015	16.5	21.3	48.0	26.3	41.0	24.2	45.8	28.7
2016	19.4	17.6	64.8	35.0	51.0	24.4	57.7	26.0
2017	24.2	24.7	91.7	41.5	72.0	41.2	75.0	30.0
2018	25.9	7.0	107.1	16.8	85.0	18.1	84.3	12.4
2019	34.2	32.1	134.7	25.8	110.3	29.8	98.6	17.0
2020	39.6	15.8	161.4	19.8	134.8	22.2	124.6	26.4
2021	50.6	27.8	226.6	40.4	197.9	46.8	181.8	45.9
2022	85.7	69.4	371.3	63.9	330.6	67.1	294.7	62.1
2023	147.2	71.8	668.3	80.0	591.3	78.9	518.1	75.8

资料来源：中国光伏产业联盟秘书处/中国光伏产业协会秘书处、中国电子信息产业发展研究院/赛迪智库集成电路研究所历年中国光伏产业年度报告。

第三节　全球光伏装机及发电规模化发展

一、全球光伏新增装机容量

在激烈的市场竞争下，随着光伏技术持续进步，使得装机成本不断下行，从而带动光伏发电性价比提高，在各国政策的加持下，光伏发电市场逐步打开，形成规模化发展（见图1-6）。

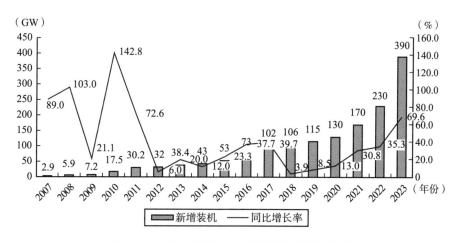

图1-6　2007~2021年全球新增光伏装机容量

2021年，全球最终迎来了光伏平价上网时代。近期全球各地区光伏最低中标价格再现新纪录，2020年葡萄牙光伏项目最低中标电价已达1.32美分/kWh，创造了当时光伏发电最低中标电价纪录，光伏发电已经成为越来越多国家成本最低的能源发电方式（见图1－7、图1－8）。2024年9月，中国华电集团当年第二批光伏组件集中采购开标，最低投标价0.6221元/瓦，创造历史新低。从2007到2023年，全球光伏装机容量的发展经历了以下几个时期。

（1）2007～2011年，高速发展期。全球光伏新增装机容量增速年复合增长率79.15%。

这一时期主要发展地在欧洲各国。光伏发电大规模产业化兴起于2004年的欧洲，以德国为首的欧洲各国推出政府补贴政策，推动光伏产业大规模商业化发展。2011年，全球光伏市场仍保持平稳快速发展，全年装机量超过30GW，与上年的17.5GW相比增长率达到71%，远高于风电、水电等可再生能源。全球光伏累计

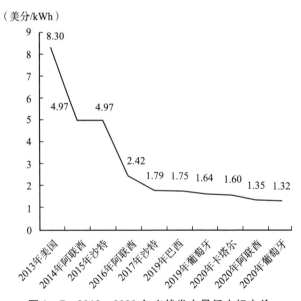

图1－7　2013～2020年光伏发电最低中标电价

资料来源：CPIA，财通证券研究所。

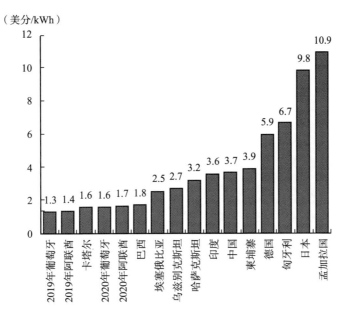

图 1 - 8　2019 ~ 2020 年各地区光伏最低中标价格

资料来源：CPIA，财通证券研究所。

装机容量达到 70GW，在可再生能源中仅次于水电和风电，2011年，欧洲光伏新增装机量达到近 21GW，占据全球新增装机量的70%，而亚太地区装机量也达到近 6GW，同比增长了 165%。从装机国家看，意大利以 9284MW 的装机容量位居全球首位，而德国则 7485MW 的装机容量位居全球第二，不过德国累计装机容量位居世界第一，并且几乎是第二名意大利的一倍。中国以2700MW 的装机容量位居全球第三，美国以 1855MW 的装机容量位居第四。[①]

———————

① 中国光伏产业联盟秘书处，中国电子信息产业发展研究院. 2011 ~ 2012 年中国光伏产业年度报告 [R]. 2012：133 - 134.

（2）2012～2014 年，深度调整期。全球光伏新增装机容量增速年复合增长率 12.5%。

2012 年，全球光伏新增装机量只有 6%，前所未有，次年有所反弹，增长 20%，接着又回落到 12% 增长率，主要发展地转向中国。2012 年，一方面受欧洲债务危机等影响，传统光伏装机大国如德国、意大利、英国、法国等普遍逐步下调补贴费率；另一方面，欧债危机的影响进一步扩散，欧洲经济增长缓慢，主要国家开始实施财政紧缩政策，西班牙、希腊、捷克、瑞士、葡萄牙等受欧债危机影响较深的国家则削减或终止光伏补贴资金。欧洲新增光伏装机容量约为 18.2GW，近 10 年来首次出现下滑。与此同时，全球光伏装机市场发展重心逐渐向新兴光伏国家倾斜，中、美、日光伏市场正在加快崛起。中国在 2012 年的新增光伏装机容量达到 4.5GW，当年新增装机容量超过此前全部装机容量，成为仅次于德国的全球第二大光伏应用市场。

欧债危机导致欧洲各国政府开始大幅降低光伏补贴，光伏投资收益率下行导致下游需求减少，早期行业上游快速扩张，进一步加剧供需失衡。与此同时，美国、欧洲在 2011 年、2012 年相继对中国光伏产业发起"双反"调查，致使光伏行业整体打击惨重。2012 年，全球光伏装机容量达到 32GW，同比仅增长 6.0%，增速大幅回落。全球光伏累计装机量首次突破 100GW，在可再生能源中仅次于水电和风电。由于主要国家纷纷削减光伏补贴，2012 年欧洲光伏新增装机量占据全球新增装机量的 56.9%，占比较 2011 年下降约 13 个百分点。希腊是欧洲除德国外为数不多的亮点，2012 年新增光伏装机量 890MW，同比增长 108.9%。从装机分布看，德国以 7.6GW 的装机量重回全球首位，意大利则由上年的全球第一下滑至全球第三，新增光伏装机量为 3.3GW，美国以 3.3GW 的装机量位居全球第四。①

2013 年，全球光伏应用市场快速发展，全年装机容量达到 38.4GW，同比增长 20.0%，增速较 2012 年大幅回升。随着中、日光伏应用市场爆发式增长，2013 年全球光伏装机容量市场重心加快向亚洲转移。在利好政策的刺激下，2013 年中国新增光伏装机容量高达 12.9GW，成为全球第一大光伏应用市场；日本全年新增光伏装机容量达到 6.8GW，同比增长 300%。与此同时，美国仍保持较快增长势头，2013 年新增光伏装机容量达到创纪录的 4.8GW，同比增长 27%，继续位居世界第三。与之相反，由于欧洲主要国家纷纷削减光伏补贴，2013 年欧洲光伏新增装机容量出现显著下滑，全年约为 10.5GW，降幅高达 40% 以上，欧洲在全球新增装机容量的占比也从 2012 年的 57% 大幅降至 28%，减少了近 30 个百分点，占比近 5 年来首次低于 50%。其中，德国仍然是欧洲最大的光伏应用市场，2013 年新增光伏装机容量 3.3GW，同比上年的 7.6GW 下降了 56%，在全球光伏应用市场的地位也从 2012 的首位下滑至第四。②

2014 年，全球光伏应用市场快速发展，全年装机容量达到 43GW，同比增长 12%。随着中、日光伏应用市场继续保持增长势头，2014 年全球光伏装机市场重心加快向亚洲转移。在利好政策

---

①　中国光伏产业联盟秘书处，中国电子信息产业发展研究院.2012～2013 年中国光伏产业年度报告［R].2013：185－186.

②　中国光伏产业联盟秘书处，中国电子信息产业发展研究院.2013～2014 年中国光伏产业年度报告［R].2014：223－224.

的刺激下，2014 年中国新增光伏装机容量高达 10.6GW，同比下降 18%，但仍连续两年成为全球第一大光伏应用市场；日本全年新增光伏装机容量达到 9.3GW，同比增长 36.8%，成长为全球第二大光伏市场。与此同时，美国仍保持较快增长势头，2014 年新增光伏装机容量达到创纪录的 6.3GW，同比增长 30%，继续位居世界第三。与之相反，由于欧洲主要国家纷纷削减光伏补贴，2014 年欧洲光伏新增装机容量出现显著下滑，全年约为 7GW，降幅高达 33%，欧洲在全球新增装机量的占比已不到六分之一。其中，英国超越德国成为欧洲最大的光伏应用市场，2014 年新增光伏装机容量 2.2GW，同比增长了 100%。2014 年德国光伏新增装机容量仅为 1.9GW，同比下降 41%。①

（3）2015～2017 年，快速恢复期。全球光伏新增装机容量增速年复合增长率 33.37%。

2015 年，全球光伏市场快速增长，全年新增装机容量达到 53GW，同比增长 23.3%，累计装机容量超过 230GW。传统光伏应用市场如中国、日本、美国等继续领跑全球，新兴市场如印度、拉丁美洲诸国及中东地区则亮点纷呈。在政策引导及市场驱动下，2015 年中国光伏新增装机容量高达 15.13GW，同比增长 42.7%，连续三年位列全球第一大光伏应用市场，累计装机达到 43.18GW，超越德国成为全球光伏累计装机量最大的国家；日本全年新增光伏装机容量约为 11GW，较 2014 年增长 18.5%，年度新增装机容量连续全球第二；受税收减免政策变化影响，美国

---

① 中国光伏产业协会，中国电子信息产业发展研究院．2014～2015 年中国光伏产业年度报告 [R]．2015：253-254．

新增装机容量再创历史新高，2015 年新增装机容量 7.3GW，同比增长 17%。欧洲地区年度新增装机容量约为 8.11GW，同比上升 21.4%；增长点主要是英国，因 2016 年该国将截止补贴政策，因而出现抢装潮，全年装机容量约为 3.5GW，同比增长近 100%；德国市场则继续遇冷，装机容量跌至 1.4GW，同比下降 26.3%。[1]

2016 年，全球光伏应用市场强劲增长，全年装机量超过 73GW，同比增长 37.7%，累计装机容量超过 303GW。传统光伏应用市场如中国、美国、日本等继续领跑全球，美国、日本、欧洲的新增装机容量分别达到 14.76GW、8.6GW 和 6.9GW，新兴市场如印度、拉丁美洲诸国及中东地区则亮点不断。光伏应用在亚洲、拉丁美洲诸国进一步扩大，印度、泰国、智利、墨西哥等国装机规模快速提升。印度 2016 年装机容量约为 4.5GW。在政策引导及市场驱动下，2016 年中国光伏新增装机容量高达 34.54GW，同比增长超过 100%，连续四年成为全球第一大光伏应用市场；美国新增装机容量再创历史新高，2016 年新增装机容量达 14.76GW，同比增长高达 102.2%。受补贴下调影响，日本全年新增光伏装机容量约为 8.6GW，同比下降 21.8%。欧洲地区年度新增装机容量约为 6.9GW，同比下降 16.5%；补贴的大幅削减重创了英国市场，2016 年全年新增装机容量约为 1.8GW，同比骤降 56.5%；而随着组件价格的持续探底，德国小型光伏系统的需求有明显增长，全年新增装机容量约为 1.4GW，与 2015 年同比

---

① 中国光伏产业协会秘书处，中国电子信息产业发展研究院．2015～2016 年中国光伏产业年度报告 ［R］．2016：1－209.

持平。①

2017 年，全球光伏应用市场强劲增长，全年装机量容量超过 102GW，同比增长 39.7%，累计装机容量超过 405GW。逐步形成新兴市场遍地开花的新局面，其中有 9 个国家的新增装机容量超 86.5%，与 2016 年相比增加了 2 个。中国以 53.06GW 的新增装机容量继续领跑全球，美国和日本市场则呈现下滑趋势，新兴市场如印度、南美、中东地区则亮点纷呈，印度以 9.6GW 的新增装机容量在新兴市场中异军突起，同比增长超过 100%。中国在电价调整带来的抢装效应影响及市场驱动下，2017 年中国光伏新机容量高达 53.06GW，再创历史新高，同比增长 53.6%，连续五年成为全球第一大光伏应用市场累计并网装机容量高达 130.25GW，连续 3 年位居世界第一。美国新增装机容量为 10.6GW，在上年创历史最高后，2017 年下滑，同比下降 29.9%。受补贴下调影响，日本全年新增光伏装机容量约为 7GW，同比下降 18.6%。欧洲地区光伏应用市场回暖年度新增装机容量约为 8.61GW，同比增长 28%；土耳其是欧洲新增光伏市场中的亮点，新增装机容量为 1.79GW，同比增长 2 倍；巴西新增装机容量 1.02GW，成为南美洲首个新增装机超过 1GW 的国家。②

（4）2018～2020 年，低速整理期。全球光伏新增装机容量增速年复合增长率为 8.42%。

2018 年，全球光伏新增装机容量达到 106GW，同比增长

① 中国光伏产业协会秘书处，中国电子信息产业发展研究院 . 2016～2017 年中国光伏产业年度报告 ［R］. 2017：193.

② 中国光伏产业协会秘书处，中国电子信息产业发展研究院 . 2017～2018 年中国光伏产业年度报告 ［R］. 2018：201.

3.9%，相较于2016年37.7%和2017年39.7%的同比增长率，全球应用市场增速大幅放缓。排名前十的国家和地区新增装机容量为84.05GW，占全球新增装机容量的79.3%，同比下降7.2个百分点，集中度进一步降低。前四大光伏应用市场中国、美国、印度、日本的装机容量同比均无增长。中国的新增装机容量为44.26GW，同比下降16.6%，"531新政"对中国的光伏新增装机容量打击巨大，但仍为全球第一大光伏市场，全球占比超过40%，累计光伏装机并网容量超过174.45GW。美国新增装机容量为10.6GW，与上一年基本持平，继续保持全球第二大新增容量装机市场。印度曾被认为最有望成为全球第二大装机容量市场，但2018年新增装机容量9.2GW，同比下降3.9%，排名第三。日本市场新增光伏装机容量逐年呈现下降趋势，2018年新增光伏装机容量6.18GW，同比下降11.7%。欧洲新增装机容量11.3GW，同比增长约21.5%。①

　　2019年，全球光伏应用市场持续稳步增长并呈现"遍地开花"的局面，全年新增装机容量约115GW，同比增长8.5%，增幅较2018年上升了4.6个百分点，依然保持全球最大的新增电力来源的地位，累计装机容量约626GW。前十大光伏应用市场新增装机容量均超过3GW，仅中国的新增装机容量同比再度下降，美国、德国、荷兰、澳大利亚等市场均有不同程度的提升。中国的新增装机容量为30.1GW，同比下降32%，虽然再次同比下降，但新增和累计光伏装机容量仍继续保持全球第一；美国新增装机

---

① 中国光伏产业协会秘书处，赛迪智库集成电路研究所.2018～2019年中国光伏产业年度报告［R］.2019：209，5.

容量为 13.3GW，因次年 ITC 补贴税率退坡下降 4 个百分点，引发抢装潮，同比提高 25.5%，继续保持全球第二大新增装机容量市场；印度新增装机容量为 7.7GW，同比下降 16.5%，位列第三。此外，越南和乌克兰两个新兴市场在可再生能源电价补贴（FiT）计划推动下，表现突出，在 2019 年首次跃居全球新增装机容量前十大市场榜单。2019 年是欧盟自 2010 年以来光伏发展最好的一年，新增装机容量约 16.7GW，增幅达到 103.7%[①]

2020 年，全球光伏应用市场尽管受到新冠病毒疫情的影响仍然实现了逆势增长的局面，全年新增装机容量约 130GW，同比增长 13.0%，增幅较 2019 年上升了 4.5 个百分点，依然保持全球最大的新增电源地位，累计装机容量约 756GW。2020 年中国、美国装机容量大幅提升，其中，中国新增装机容量 48.2GW，同比提升 60.1%，装机容量创历史第二高，自 2013 年来连续 8 年位居世界第一；美国新增装机容量 19.2GW，创历史新高，同比提升 42.9%，与中国分别位列全球新增装机容量第一、第二位；由于越南补贴政策要求在 2020 年底前并网的项目才能享受当年补贴，为能拿到为期 20 年的补贴，越南市场出现抢装，新增装机容量 10.75GW，同比提升 92.0%，跃居全球第三大新增装机容量市场；德国新增装机容量 4.88GW，同比提升 25.1%，再次成为欧盟最大装机容量市场。[②]

---

① 中国光伏产业协会秘书处，赛迪智库集成电路研究所. 2019～2020 年中国光伏产业年度报告 ［R］. 2020：233－234.

② 中国光伏产业协会秘书处，赛迪智库集成电路研究所. 2020～2021 年中国光伏产业年度报告 ［R］. 2021：199－203.

（5）2021~2023年，平价上网高增长新阶段。

2021全球光伏新增装机容量170GW，同比增长30.8%，累计装机容量约926GW。中国光伏新增装机容量54.88GW，同比增长13.9%，创历史新高；美国新增装机容量23.6GW，同比增长约22.9%，再创历史新高，光伏发电站美国当年新增发电量的46%；德国新增装机容量5.26GW，同比增长7.3%；西班牙新增装机容量3.8GWW，成为欧洲第二大新增装机容量市场；荷兰新增装机容量3.3GW；印度新增装机容量10.3GW，同比增长151.2%；日本新增装机容量6.5GW；巴西光伏新增光伏规模超过5GW。[①]2021年之后，光伏发电在全球发展扩散。伴随光伏工艺技术的不断进步和成本改善，光伏发电在很多国家已成为清洁、低碳、同时具备价格优势的能源形式，光伏开始进入全面平价期，全球光伏市场开启新一轮增长。

2022年全球光伏市场需求持续保持旺盛，尽管面临疫情干扰、产业链价格波动和欧洲地发缘政治紧张局势的影响，2022年全球光伏新增装机230GW，同比增长35.3%，累计装机容量约1156GW。2022年成为全球光伏装机量突破1TW规模之年。2022年，在全球新增装机市场，中国依然保持领先地位，年新增装机87.41GW，再创历史新高，新增光伏装机量自2013年以来连续10年保持全球第一。中国市场累计装机超过400GW，累计装机量自2015以来连续8年位居全球首位。中国光伏累计装机容量接近全球装机容量的38%。美国已连续多年为全球第二大光伏装机市场，

---

① 中国光伏产业协会秘书处，赛迪智库集成电路研究所.2021~2022年中国光伏产业年度报告［R］.2022：241－243.

根据 SEIA 公布的数据，2022 年美国光伏新增装机 20.2GW，较上一年有所下降。2022 年，光伏发电占美国新增发电量的 50%，连续四年位居新增发电量榜首。美国市场对光伏的需求强劲，但受到诸多贸易措施的影响，其国内供应量有所不足。美国正在积极谋划增强其本土供应链，随着各项支持政策的相继实施，预计未来新增装机将有较大幅度的增长。印度市场在 2022 年需求强劲，光伏新增装机快速增长并创新高，根据研究机构 JMKResearch 调查数据显示，达到 13.96GW。①

2023 年全球光伏新增装机 390GW，同比增长 69.6%，累计装机容量约 1546GW。2023 年全球光伏装机量再创新高。超过国际可再生能源署（IRENA）的最新报告，2023 年全球太阳能光伏新增装机容量 345.5GW，占同期全球新增可再生能源装机容量的 73% 预计数值和比例，成为最大的新增电力来源，全球光伏累计装机容量达到 1.42TW。光伏组件价格大跌，年底较年初价格下降 40%，刺激光伏电站装机热情，中国新增光伏并网装机容量达到 216.3GW，再创历史新高，新增光伏装机量自 2013 年以来连续 11 年保持全球第一。中国市场累计装机超过 600GW，累计装机量自 2015 以来连续 9 年位居全球首位。2023 年，中国光伏新增装机量超过全球新增装机的一半，累计装机容量接近占全球的 40%。美国已连续多年为全球第二大光伏装机市场。根据 SEIA 公布的数据，2023 年美国光伏新增装机 32.4GW，在 2022 年有所下降后达到超过 50% 的年度增长。光伏占 2023 年全美新增发电装机容量的

---

① 中国光伏产业协会秘书处，赛迪智库集成电路研究所. 2022～2023 年中国光伏产业年度报告［R］. 2023：255.

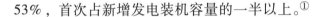

53%，首次占新增发电装机容量的一半以上。①

二、全球光伏发电量

根据国际可再生能源署的资料，2000 年，全球光伏发电量第一名是日本，当年发电量超过 350GWh，与第二名美国相比，接近后者的一倍。随后是德国、澳大利亚、中国、意大利、加拿大、西班牙、瑞士和摩洛哥（见图 1 - 9）。

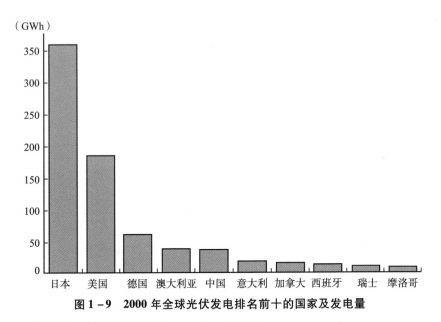

图 1 - 9　2000 年全球光伏发电排名前十的国家及发电量

资料来源：国际可再生能源署，2022 年 7 月 20 日。

---

① 中国光伏产业协会秘书处，赛迪智库集成电路研究所.2023～2024 年中国光伏产业年度报告［R］.2024：273.

2006 年，德国超过日本成为全球光伏发电量第一名。2010 年，德国的光伏发电量接近第二名西班牙的一倍。西班牙对光伏发电的扶持政策和德国类似，力度很大，2005～2009 年装机容量提升迅速，2009 年新增装机容量几乎和德国相等。随后的是日本、美国、意大利、韩国、中国、法国、捷克、比利时。法国跻身前十（见图 1 - 10）。

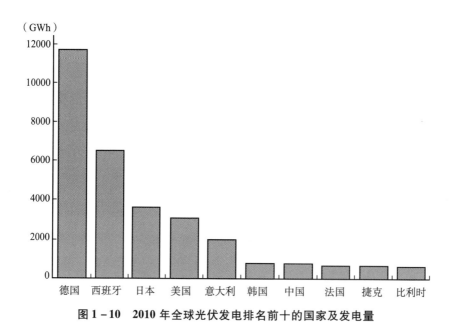

（GWh）

图 1 - 10　2010 年全球光伏发电排名前十的国家及发电量

资料来源：国际可再生能源署，2022 年 7 月 20 日。

2015 年，中国超过德国成为全球光伏发电量第一名。2020 年，中国的光伏发电量是第二名美国的一倍以上。全球光伏发电排名随后的是日本、印度、德国、意大利、澳大利亚、韩国、越南、西班牙。印度在 2015 年首次进入世界光伏发电量前十国家，

2019 年超过德国名列第四，增长迅速。越南在光伏发电补贴政策当年到期的刺激下，装机容量暴增，跻身前十（见图 1 – 11）。

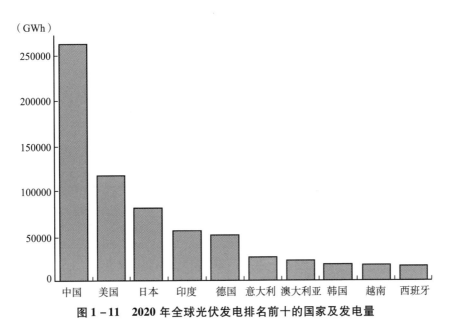

图 1 – 11　2020 年全球光伏发电排名前十的国家及发电量

资料来源：国际可再生能源署，2022 年 7 月 20 日。

2000 年以来，历年世界光伏发电量前十国家的变化：美国、日本、德国、中国、意大利、西班牙每年始终在前十榜单内（见图 1 – 12）。

2020 年，全球光伏发电占可再生能源的比例为 11.1%（见图 1 – 13），10 年前的 2010 年连 1% 都不到（0.8%），发展速度非常快。全球已有许多国家提出"碳中和"应对气候变化的目标，发展包括光伏发电在内的可再生能源已成为全球共识。

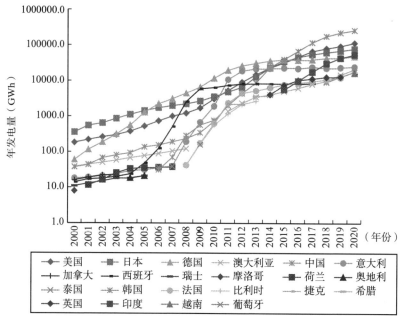

图 1－12　2000～2020 年世界前十光伏发电量国家

资料来源：根据国际可再生能源署历年资料整理。

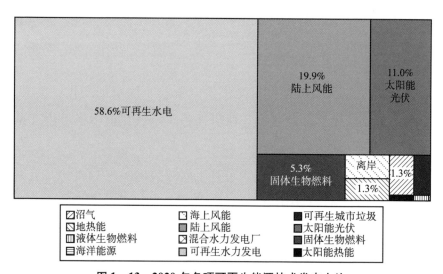

图 1－13　2020 年各项可再生能源技术发电占比

资料来源：国际可再生能源署，2024 年 7 月 11 日。

到 2050 年，计划能源场景下光伏发电占全球可再生能源能源比重 15%；转型能源场景下光伏发电占全球可再生能源比重需要大幅上升至 25%；在全球升温控制在 1.5℃ 的场景下，光伏发电占全球可再生能源比重需要进一步提升至 29%（见图 1 - 14）。

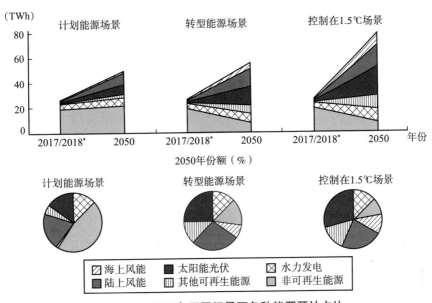

图 1 - 14　2050 年不同场景下各种能源预计占比

注：＊全球数据为 2018 年，其他地区数据为 2017 年。

资料来源：国际可再生能源署. 世界能源转型展望：通向 1.5℃ 的道路［R］. 2021；国际可再生能源署. 全球可再生能源展望：能源转型 2050［R］. 2020.

第二章

中国光伏产品的国际贸易及竞争力分析

　　近年来，中国光伏产品的进出口规模不断扩大，有利于外贸稳定、促进经济高质量发展，也有利于降低碳排放、推动全球能源转型。但是，欧美国家为扶持本国光伏制造业发展采取的"双反"调查、各种新型贸易壁垒及国内产能过剩等多种因素促使中国光伏制造企业同时面对"外压"与"内卷"，不确定性大大增加。在这种背景下，全面了解中国光伏产品的进出口贸易及竞争力情况，深入剖析中国光伏产品在国际贸易及竞争力方面存在的问题，有利于促进中国光伏产业高质量发展。基于此，本章首先采用数据统计方法阐述了中国光伏产品的国际贸易及竞争力基本情况，其次从多个角度分析了中国光伏产品国际贸易及竞争力发展面临的主要挑战，最后针对存在的问题提出相应的政策建议。

第一节 中国光伏产品的国际贸易
及竞争力基本情况

通常来说，光伏产业链上游包括高纯度多晶硅材料的生产、单晶硅和多晶硅的制造及硅片的生产；中游包括光伏电池、光伏组件（玻璃、支架等）及逆变电器环节；下游是光伏发电的应用端，包括光伏电站和分布式发电。基于数据可得性，本节重点考察多晶硅、硅片、电池片/组件三类产品的进出口贸易及竞争力情况，基于中华人民共和国海关总署海关统计数据库和联合国商品贸易统计数据库下载数据，采用数据统计方法，从三个方面分析中国光伏产品的国际贸易及竞争力基本情况，包括中国光伏产品的进口贸易情况、出口贸易情况及国际竞争力情况。

需要说明的是，本节从中华人民共和国海关总署海关统计数据库中下载的是 HS 8 位码数据[①]，从联合国商品贸易统计数据库中下载的是 HS 6 位码数据[②]，HS 8 位码数据要比 HS 6 位码数据更加准确和细致。本节在单独分析中国光伏产品的国际贸易和竞争

[①] 本节从中华人民共和国海关总署海关统计数据库中下载的是 HS 8 位码数据，三类光伏产品的具体编码如下：多晶硅的 HS 8 位码为 28046190，硅片的 HS 8 位码为 38180011、38180019，电池片/组件的 HS 8 位码为 85414020、85414200、85414300、85017100、85017210、85017220、85017230、85017240、85018010、85018020、85018030、85018041、85018042、85018043。

[②] 本节从联合国商品贸易统计数据库中下载的是 HS 6 位码数据，三类光伏产品的具体编码如下：多晶硅的 HS 6 位码为 280461，硅片的 HS 6 位码为 381800，电池片/组件的 HS 6 位码为 854140、854142、854143、854149、854150、850171、850172、850180。

力情况时采用 HS 8 位码数据，在比较中国和其他国家光伏产品的国际贸易和竞争力情况时采用 HS 6 位码数据。

一、中国光伏产品的进口贸易情况

（一）中国光伏产品的进口产品结构

2015～2023 年中国光伏产品的进口规模和进口占比情况如表 2－1 所示。从进口规模来看，中国光伏产品的进口呈现"波动"的发展趋势。2015～2017 年，中国光伏产品总进口规模从 44.14 亿美元增长至 49.12 亿美元；2017～2020 年，中国光伏产品的总进口规模从 49.12 亿美元下降到 31.75 亿美元；2020～2022 年，中国光伏产品的总进口规模从 31.75 亿美元上升到 72.02 亿美元；2023 年，中国光伏产品的总进口规模再次下降到 46.34 亿美元。分产品具体来说，中国多晶硅的进口规模呈现出"先下降后上升再下降"的发展趋势。2015～2020 年，中国多晶硅的进口规模从 20.95 亿美元下降为 9.54 亿美元；2020～2022 年，中国多晶硅的进口规模从 9.54 亿美元上升为 26.50 亿美元；2023 年，多晶硅的进口规模又下降到 17.07 亿美元。中国硅片的进口规模呈现出"先上升后下降"的发展趋势，2015～2022 年，硅片的进口规模从 7.91 亿美元上升为 29.63 亿美元，2023 年则下降为 22.74 亿美元。中国电池片/组件的进口规模整体呈现出"不断下降"的发展趋势，从 2015 年的 15.28 亿美元下降为 2023 年的 6.53 亿美元。

从进口占比来看，中国进口的第一大光伏产品逐渐从多晶硅转为硅片。2015～2018 年，中国进口的第一大光伏产品是多晶硅；2019～2023 年，硅片则成为中国进口的第一大光伏产品。中国进口电池片/组件的占比呈现出"不断下降"的趋势，从 2015 年的34.62% 下降为 2023 年的 14.09%。

表 2-1 　　2015～2023 年中国光伏产品的进口规模和进口占比情况

年份	进口规模（亿美元）				进口占比（%）		
	总规模	多晶硅	硅片	电池片/组件	多晶硅	硅片	电池片/组件
2015	44.14	20.95	7.91	15.28	47.46	17.92	34.62
2016	44.96	22.30	8.63	14.04	49.60	19.19	31.23
2017	49.12	25.06	10.57	13.49	51.02	21.52	27.46
2018	44.33	20.01	15.77	8.55	45.14	35.57	19.29
2019	34.27	12.63	18.06	3.58	36.85	52.70	10.45
2020	31.75	9.54	19.92	2.30	30.05	62.74	7.24
2021	52.38	20.40	25.24	6.73	38.95	48.19	12.85
2022	72.02	26.50	29.63	15.89	36.80	41.14	22.06
2023	46.34	17.07	22.74	6.53	36.84	49.07	14.09

资料来源：中华人民共和国海关总署海关统计数据库（http://stats. customs. gov. cn/）。此数据库中只能下载到 2015～2023 年的 HS 8 位码进出口数据，HS 8 位码的数据和所需要的光伏产品较为匹配。

（二）中国光伏产品的进口来源地结构

2015 年和 2023 年中国光伏产品进口的前十大贸易伙伴如表 2-2所示。具体结论如下：（1）中国光伏产品进口的前十大贸易伙伴较为稳定，2023 年中国进口光伏产品的前十大贸易伙伴，其中有 8 个与 2015 年的前十大贸易伙伴重合；（2）中国光伏产品的进口主要集中在前十大贸易伙伴，2015 年中国从前十大贸易伙伴进口光伏产品的占比总和为 98.28%，2023 年中国从前十大贸易伙伴进口光伏产品的占比总和稍有下降，为 97.43%；（3）中国前十大贸易伙伴的排序呈现出明显的变化趋势，2015 年中国光伏产品进口的前十大贸易伙伴分别为中国台湾、韩国、德国、日本、美国、马来西亚、菲律宾、新加坡、挪威和越南，2023 年中国光伏产品进口的前十大贸易伙伴分别为德国、日本、马来西亚、中国台湾、韩国、越南、美国、泰国、新加坡和法国。

表 2 - 2　　　　2015 年和 2023 年中国光伏产品进口的前十大贸易伙伴

贸易伙伴	2015 年		贸易伙伴	2023 年	
	进口规模（亿美元）	进口占比（%）		进口规模（亿美元）	进口占比（%）
中国台湾	15.74	35.66	德国	11.85	25.57
韩国	9.49	21.51	日本	8.99	19.39
德国	7.09	16.06	马来西亚	7.96	17.17
日本	4.51	10.23	中国台湾	4.73	10.21
美国	3.30	7.47	韩国	4.07	8.78
马来西亚	1.40	3.17	越南	2.01	4.35
菲律宾	0.60	1.37	美国	1.87	4.03
新加坡	0.45	1.02	泰国	1.80	3.88
挪威	0.41	0.92	新加坡	1.27	2.73

续表

贸易伙伴	2015 年		贸易伙伴	2023 年	
	进口规模（亿美元）	进口占比（%）		进口规模（亿美元）	进口占比（%）
越南	0.39	0.87	法国	0.61	1.32
总计	43.38	98.28	总计	45.15	97.43

资料来源：中华人民共和国海关总署海关统计数据库（http：//stats.customs.gov.cn/）。此数据库中只能下载到 2015～2023 年的 HS 8 位码进出口数据，HS 8 位码的数据和所需要的光伏产品较为匹配。

2023 年中国光伏细分产品进口的前十大贸易伙伴如表 2-3 所示。从表 2-3 中我们可以看出：（1）中国主要从德国、马来西亚、日本、美国、韩国和中国台湾这 6 个贸易伙伴进口多晶硅；（2）中国进口硅片的前十大来源地分别为日本、中国台湾、韩国、德国、美国、新加坡、法国、越南、柬埔寨和马来西亚；（3）中国进口电池片/组件的前十大来源地分别为马来西亚、泰国、越南、中国台湾、菲律宾、韩国、柬埔寨、美国、荷兰和日本。

表 2-3　　2023 年中国光伏细分产品进口的前十大贸易伙伴　单位：亿美元

多晶硅		硅片		电池片/组件	
德国	9.92	日本	8.21	马来西亚	2.36
马来西亚	5.45	中国台湾	4.51	泰国	1.80
日本	0.77	韩国	3.70	越南	1.69
美国	0.58	德国	1.92	中国台湾	0.16
韩国	0.29	美国	1.27	菲律宾	0.09
中国台湾	0.06	新加坡	1.26	韩国	0.08
法国	0	法国	0.61	柬埔寨	0.04

多晶硅		硅片		电池片/组件	
英国	0	越南	0.32	美国	0.02
列支敦士登	0	柬埔寨	0.18	荷兰	0.01
俄罗斯	0	马来西亚	0.15	日本	0.01

资料来源：中华人民共和国海关总署海关统计数据库（http：//stats. customs. gov. cn/）。此数据库中只能下载到 2015~2023 年的 HS 8 位码进出口数据，HS 8 位码的数据和所需要的光伏产品较为匹配。

（三）中国光伏产品进口与其他国家的对比情况

2010 年和 2022 年中国及重要国家的光伏产品进口规模情况①如表 2-4 所示。从纵向对比来看，美国的光伏产品进口规模明显上升，从 2010 年的 65.54 亿美元上升为 2022 年的 148.74 亿美元，2022 年在七个国家中排名第一，主要表现为电池片/组件的进口规模大幅度提升，美国的电池片/组件进口规模从 2010 年的 48.18 亿美元上升为 2022 年的 126.37 亿美元；中国的光伏产品进口规模稍有下降，从 2010 年的 122.15 亿美元下降为 2022 年的 95.28 亿美元，2022 年在七个国家中排名第二，主要表现为电池片/组件从 2010 年的 77.38 亿美元下降为 2022 年的 34.97 亿美元；德国的光伏产品进口规模大幅下降，从 2010 年的 188.03 亿美元下降为 2022 年的 64.84 亿美元，2022 年在七个国家中排名第三，主要表现为电池片/组件从 2010 年的 169.92 亿美元下降为 2022 年的

---

① 需要说明的是，2021 年海关编码发生了调整，2010 年的统计编码中包括 854140，这一海关编码中除了包含光伏电池外，还包括了很大一部分不属于光伏产品的发光二极管，2022 年的统计编码不再使用这一编码，因此，各国 2010 年电池片/组件的进口额（进口占比）很可能大于 2022 年电池/组件的进口额（进口占比）。

55.86 亿美元；日本、法国、西班牙和澳大利亚的光伏产品进口规模变化较小，2022 年这四个国家在七个国家中的排名顺序仅出现细微变化。

表 2 - 4　　2010 年和 2022 年中国及重要国家的光伏产品进口规模情况

单位：亿美元

年份	国家	总进口规模			
		总规模	多晶硅	硅片	电池片/组件
2010	德国	188.03	4.62	13.48	169.92
	中国	122.15	27.98	16.79	77.38
	美国	65.54	3.15	14.20	48.18
	日本	49.44	15.21	11.66	22.57
	法国	31.70	0.26	3.10	28.34
	西班牙	24.30	0.15	0.99	23.16
	澳大利亚	11.26	0.08	0.16	11.01
2022	美国	148.74	1.70	20.67	126.37
	中国	95.28	27.49	32.81	34.97
	德国	64.84	1.77	7.21	55.86
	日本	46.11	7.43	12.18	26.50
	西班牙	38.59	0.09	0.11	38.39
	法国	21.33	0.16	5.67	15.50
	澳大利亚	16.24	0.36	0.04	15.84

资料来源：联合国商品贸易统计数据库（UN Comtrade）。此数据库中只能下载到 HS 6 位码进出口数据，相比于从中华人民共和国海关总署海关统计数据库中下载的 HS 8 位码数据要宽泛一些。

从表 2 - 4 中的横向对比来看，2022 年中国进口的多晶硅、硅片最多，均在七个国家中排名第一，电池片/组件在七个国家中排名第四；美国进口的电池片/组件较多，在七个国家中排名第一，进口的硅片也较多，在七个国家中排名第二；德国进口的电池片/组件较多，在七个国家中排名第二。相比于西班牙、法国和澳大利亚，日本进口的多晶硅、硅片较多；西班牙、法国和澳大利亚的光伏细分产品进口规模较小且差距不大。

2010 年和 2022 年中国及重要国家的光伏产品进口占比情况如表 2-5 所示。通过对比 2010 年和 2022 年光伏产品进口占比的情况得出如下几点结论：（1）美国的光伏产品进口结构更加集中，2010 年美国进口的多晶硅、硅片和电池片/组件的进口占比分别为 4.81%、21.67% 和 73.52%；2022 年美国进口的多晶硅、硅片和电池片/组件的进口占比分别为 1.14%、13.90% 和 84.96%。（2）中国的光伏产品进口结构更加分散，2010 年中国进口的多晶硅、硅片和电池片/组件的进口占比分别为 22.91%、13.74% 和 63.35%；2022 年中国进口的多晶硅、硅片和电池片/组件的进口占比分别为 28.86%、34.44% 和 36.71%。（3）德国的光伏产品进口结构依然集中，2010 年德国进口的多晶硅、硅片和电池片/组件的进口占比分别为 2.46%、7.17% 和 90.37%；2022 年德国进口的多晶硅、硅片和电池片/组件的进口占比分别为 2.72%、11.12% 和 86.15%。（4）法国的硅片进口占比明显增加，电池片/组件的进口占比明显下降。2010 年，法国进口的硅片、电池片/组件的进口占比分别为 9.77%、89.39%；2022 年，法国进口的硅片、电池片/组件的进口占比分别为 26.59%、72.66%。（5）日本、西班牙和澳大利亚三个国家多晶硅、硅片和电池片/组件的进口占比并未发生明显变化。

表 2 – 5　　2010 年和 2022 年中国及重要国家的光伏产品进口占比情况

单位：%

年份	国家	多晶硅	硅片	电池片/组件
2010	德国	2.46	7.17	90.37
	中国	22.91	13.74	63.35
	美国	4.81	21.67	73.52
	日本	30.77	23.58	45.65
	法国	0.84	9.77	89.39
	西班牙	0.60	4.09	95.31
	澳大利亚	0.74	1.43	97.83
2022	美国	1.14	13.90	84.96
	中国	28.86	34.44	36.71
	德国	2.72	11.12	86.15
	日本	16.11	26.41	57.48
	西班牙	0.22	0.27	99.50
	法国	0.75	26.59	72.66
	澳大利亚	2.19	0.25	97.56

　　资料来源：联合国商品贸易统计数据库（UN Comtrade）。此数据库中只能下载到 HS 6 位码进出口数据，相比于从中华人民共和国海关总署海关统计数据库中下载的 HS 8 位码数据要宽泛一些。

二、中国光伏产品的出口贸易情况

（一）中国光伏产品的出口产品结构

　　2015～2023 年中国光伏产品的出口规模和出口占比情况如表 2-6 所示。从出口规模来看，中国光伏产品的出口呈现出"先下降后上升"的发展趋势，2015～2017 年，中国光伏产品出口总规模从 140.02 亿美元下降为 129.29 亿美元；2017～2022 年，中国光伏产品的总出口规模从 129.29 亿美元迅速增长为 523.31 亿美元；2023 年，中国光伏产品的出口总规模又稍有下降，为 496.43 亿美元。具体分产品来说，中国多晶硅的出口规模较为稳定，长期稳居在 0～2 亿美元。中国硅片的出口规模呈现出"长期上升"的发展趋势，2015～2023 年，硅片的出口规模从 9.98 亿美元上升为 56.27 亿美元。中国电池片/组件的出口规模整体上呈现出上升的发展趋势，从 2015 年的 128.93 亿美元上升为 2023 年的 438.40 亿美元。

表 2-6　　　　2015～2023 年中国光伏产品的出口规模和出口占比情况

年份	出口规模（亿美元）				出口占比（%）		
	总规模	多晶硅	硅片	电池片/组件	多晶硅	硅片	电池片/组件
2015	140.02	1.11	9.98	128.93	0.79	7.13	92.08
2016	124.18	0.87	10.12	113.19	0.70	8.15	91.15
2017	129.29	0.86	15.05	113.38	0.67	11.64	87.69
2018	151.39	0.28	15.47	135.64	0.18	10.22	89.60
2019	211.24	0.09	19.47	191.68	0.04	9.22	90.74
2020	219.51	0.13	21.46	197.92	0.06	9.78	90.16
2021	318.19	0.25	33.67	284.27	0.08	10.58	89.34
2022	523.31	0.51	58.42	464.38	0.10	11.16	88.74
2023	496.43	1.76	56.27	438.40	0.35	11.33	88.31

资料来源：中华人民共和国海关总署海关统计数据库（http://stats.customs.gov.cn/）。此数据库中只能下载到 2015～2023 年的 HS 8 位码进出口数据，HS 8 位码的数据和所需的光伏产品较为匹配。

从出口占比来看，中国出口的第一大光伏产品始终为电池片/

组件，2015～2023 年，中国电池片/组件的出口占比稳定在 90%
左右。中国出口的第二大光伏产品始终为硅片，2015～2023 年，
中国硅片的出口占比不断上升，从 7.13% 上升为 11.33%。中国
出口的第三大光伏产品为多晶硅，中国多晶硅的出口占比先下降
后上升，从 2010 年的 0.79% 下降到 2019 年的 0.04%，再上升为
2023 年的 0.35%。

（二）中国光伏产品的出口目的地结构

2015 年和 2023 年中国光伏产品出口的前十大贸易伙伴如
表 2-7 所示。具体结论如下：（1）中国光伏产品出口的前十大贸
易伙伴变化较大，2023 年中国出口光伏产品的前十大贸易伙伴，
仅有 4 个国家与 2015 年的前十大贸易伙伴是重合的，这 4 个国家
分别为荷兰、印度、泰国和日本。（2）中国光伏产品的出口分布
越来越分散，2015 年中国从前十大贸易伙伴出口光伏产品的占比
总和为 76.67%，2023 年中国从前十大贸易伙伴出口光伏产品的
占比总和略有下降，为 56.46%。而根据中国光伏行业产业联盟、
中国电子信息产业发展研究院（2013 年）披露，早前，欧盟市场
是我国光伏电池产品出口的主要对象，2012 年占我国光伏电池产
品出口额超过 65%。（3）中国前十大贸易伙伴的排序呈现出明显
的变化趋势，2015 年中国光伏产品的前十大贸易伙伴分别为日
本、美国、印度、荷兰、菲律宾、韩国、英国、泰国、中国台湾
和智利，2023 年中国光伏产品的前十大贸易伙伴分别为荷兰、巴
西、印度、泰国、西班牙、越南、日本、马来西亚、巴基斯坦、
沙特阿拉伯。

2023年中国光伏细分产品出口的前十大贸易伙伴如表2-8所示。从表2-8中我们可以看出，中国主要向越南、俄罗斯、印度、马来西亚、韩国、土耳其、中国香港和中国台湾等8个国家和地区出口多晶硅；中国出口硅片的前十大目的地分别为泰国、越南、马来西亚、韩国、中国台湾、印度、柬埔寨、新加坡、美国和日本；中国出口光伏电池片/组件的前十大目的地分别为荷兰、巴西、印度、西班牙、巴基斯坦、沙特阿拉伯、日本、澳大利亚、土耳其和比利时。

表2-7　　2015年和2023年中国光伏产品出口的前十大贸易伙伴

贸易伙伴	2015年		贸易伙伴	2023年	
	出口规模（亿美元）	出口占比（%）		出口规模（亿美元）	出口占比（%）
日本	34.01	24.29	荷兰	90.35	18.20
美国	17.68	12.63	巴西	37.28	7.51
印度	13.58	9.70	印度	34.47	6.94
荷兰	9.45	6.75	泰国	23.38	4.71
菲律宾	6.72	4.80	西班牙	22.33	4.50
韩国	6.18	4.41	越南	16.18	3.26
英国	5.55	3.97	日本	14.71	2.96
泰国	5.36	3.83	马来西亚	14.29	2.88
中国台湾	5.05	3.61	巴基斯坦	13.93	2.81
智利	3.76	2.69	沙特阿拉伯	13.36	2.69
总计	107.35	76.67	总计	280.30	56.46

资料来源：中华人民共和国海关总署海关统计数据库（http：//stats. customs. gov. cn/）。此数据库中只能下载到2015～2023年的HS 8位码进出口数据，HS 8位码的数据和所需要的光伏产品较为匹配。

表2－8　　　2023年中国光伏细分产品出口的前十大贸易伙伴　单位：亿美元

多晶硅		硅片		电池片/组件	
国家（地区）	出口规模	国家（地区）	出口规模	国家（地区）	出口规模
越南	1.29	泰国	12.95	荷兰	90.33
俄罗斯	0.20	越南	12.25	巴西	37.28
印度	0.10	马来西亚	9.97	印度	31.71
马来西亚	0.09	韩国	4.64	西班牙	22.33
韩国	0.05	中国台湾	4.21	巴基斯坦	13.93
土耳其	0.02	印度	2.66	沙特阿拉伯	13.36
中国香港	0.01	柬埔寨	1.94	日本	13.29
中国台湾	0.01	新加坡	1.64	澳大利亚	13.16
挪威	0.00	美国	1.49	土耳其	12.33
日本	0.00	日本	1.42	比利时	10.81

资料来源：中华人民共和国海关总署海关统计数据库（http://stats.customs.gov.cn/）。此数据库中只能下载到2015～2023年的HS 8位码进出口数据，HS 8位码的数据和所需要的光伏产品较为匹配。

（三）中国光伏产品出口与其他国家的对比情况

2010年和2022年中国及重要国家的光伏产品出口规模情况[①]如表2－9所示。从纵向对比来看，中国的光伏产品出口规模明显上升，从2010年的284.23亿美元上升为2022年的539.20亿美元，2022年在七个国家中排名第一，主要表现为电池片/组件的出口规模大幅度提升，中国的电池片/组件出口规模从2010年的

———————

① 2021年海关编码发生了调整，2010年的统计编码中包括854140，这一海关编码中除了包含光伏电池外，还包括了很大一部分不属于光伏产品的发光二极管，2022年的统计编码不再使用这一编码，因此，各国2010年电池/组件的出口额（出口占比）很可能大于2022年电池/组件的出口额（出口占比）。

255.97 亿美元上升为 2022 年的 473.40 亿美元；日本的光伏产品出口规模大幅下降，从 2010 年的 116.81 亿美元下降为 2022 年的 64.70 亿美元，2022 年在七个国家中排名第二，主要表现为电池片/组件的出口规模大幅度下降，从 2010 年的 67.74 亿美元下降为 2022 年的 9.26 亿美元；德国的光伏产品出口规模也大幅下降，从 2010 年的 117.89 亿美元下降为 2022 年的 54.30 亿美元，2022 年在七个国家中排名第三，主要表现为电池片/组件的出口规模大幅度下降，从 2010 年的 86.47 亿美元下降为 2022 年的 22.68 亿美元；美国的光伏产品出口规模也大幅下降，从 2010 年的 80.53 亿美元下降为 2022 年的 42.68 亿美元，2022 年在七个国家中排名第四，主要归因于多晶硅和电池片/组件出口规模的下降。西班牙的出口总规模出现明显下降，主要归因于西班牙出口的电池片/组件下降较多，从 2010 年的 16.92 亿美元下降为 2.02 亿美元。

表 2-9   2010 年和 2022 年中国及重要国家的光伏产品出口规模情况

单位：亿美元

年份	国家	出口规模			
		总规模	多晶硅	硅片	电池片/组件
2010	中国	284.23	2.32	25.93	255.97
	德国	117.89	16.51	14.91	86.47
	日本	116.81	8.58	40.49	67.74
	美国	80.53	26.91	10.22	43.40
	西班牙	17.46	0.00	0.53	16.92
	法国	10.46	0.02	3.78	6.66
	澳大利亚	0.22	0.01	0.03	0.18

续表

年份	国家	出口规模			
		总规模	多晶硅	硅片	电池片/组件
2022	中国	539.20	1.95	63.85	473.40
	日本	64.70	5.69	49.75	9.26
	德国	54.30	21.26	10.36	22.68
	美国	42.68	16.23	14.97	11.48
	法国	15.95	0.06	7.08	8.81
	西班牙	2.03	0.00	0.01	2.02
	澳大利亚	0.44	0.04	0.04	0.36

资料来源：联合国商品贸易统计数据库（UN Comtrade）。此数据库中只能下载到 HS 6 位码进出口数据，相比于从中华人民共和国海关总署海关统计数据库中下载的 HS 8 位码数据要宽泛一些。

从横向对比来看，2022 年，中国出口的硅片以及电池片/组件最多，均在七个国家中排名第一；日本出口的硅片较多，在七个国家中排名第二；德国出口的多晶硅最多，在七个国家中排名第一；美国出口的多晶硅较多，在七个国家中排名第二；法国和澳大利亚的光伏产品出口规模变化较小，2022 年两个国家在七个国家中的排名顺序仅有细微变化。

2010 年和 2022 年中国及重要国家的光伏产品出口占比情况如表 2 - 10 所示。通过对比 2010 年和 2022 年出口占比的情况得出如下几点结论：（1）中国的光伏产品出口结构更加分散。2010 年中国出口的多晶硅占比为 0.82%，硅片的出口占比为 9.12%，电池片/组件的出口占比为 90.06%；2022 年中国出口的多晶硅占比为 0.36%，硅片的出口占比为 11.84%，电池片/组件的出口占比为87.80%。（2）德国的光伏产品出口结构更加分散。2010年德国出口的多晶硅占比为14.00%，硅片的出口占比为12.65%，电池片/组件的出口占比为73.35%；2022年德国出口的多晶硅占比为39.15%，硅片的出口占比为19.08%，电池片/组件的出口占比为41.77%。（3）日本的光伏产品出口结构从集中于电池片/组件转向集中于硅片。2010年日本出口的多晶硅占比为7.35%，硅片的出口占比为34.66%，电池片/组件的出口占比为57.99%；2022年日本出口的多晶硅占比为8.79%，硅片的出口占比为76.89%，电池片/组件的出口占比为14.31%。（4）美国的光伏产品出口结构更加分散。2010年美国出口的多晶硅占比为33.42%，硅片的出口占比为12.69%，电池片/组件的出口占比为53.89%；2022年美国出口的多晶硅占比为38.03%，硅片的出口占比为35.07%，电池片/组件的出口占比为26.90%。（5）法国、西班牙和澳大利亚三个国家出口的光伏产品高度集中于电池片/组件，法国的电池片/组件出口占比超过55%，西班牙的电池片/组件出口占比超过99%，澳大利亚的电池片/组件出口占比超过81%。

表 2-10　　2010 年和 2022 年中国及重要国家的光伏产品出口占比情况

单位：%

年份	国家	多晶硅	硅片	电池片/组件
2010	中国	0.82	9.12	90.06
	德国	14.00	12.65	73.35
	日本	7.35	34.66	57.99
	美国	33.42	12.69	53.89
	西班牙	0.00	3.04	96.91

年份	国家	多晶硅	硅片	电池片/组件
2010	法国	0.19	36.14	63.67
	澳大利亚	4.55	13.64	81.82
2022	中国	0.36	11.84	87.80
	日本	8.79	76.89	14.31
	德国	39.15	19.08	41.77
	美国	38.03	35.07	26.90
	法国	0.38	44.39	55.24
	西班牙	0.00	0.49	99.51
	澳大利亚	9.09	9.09	81.82

资料来源：联合国商品贸易统计数据库（UN Comtrade）。此数据库中只能下载到 HS 6 位码进出口数据，相比于从中华人民共和国海关总署海关统计数据库中下载的 HS 8 位码数据要宽泛一些。

三、中国光伏产品的国际竞争力情况

本节分别采用 TC 指数和 RCA 指数衡量我国光伏产品的国际竞争力。虽然 TC 指数和 RCA 指数都是衡量国际贸易中一个国家或地区产业竞争力的指标，但它们侧重点和方法有所不同。TC 指数，也称为贸易竞争力指数，主要衡量一个国家或地区进出口贸易的差额占其进出口贸易总额的比重。RCA 指数，即显示性比较优势指数，是衡量一国产品或产业在国际市场竞争力最具说服力的指标。它旨在定量地描述一个国家各个产业（产品组）相对出口的表现。

需要说明的是，由于 HS 8 位码无法区分电子级多晶硅和太阳能级多晶硅，且经过计算我国多晶硅的 TC 指数处于 $-1 \sim -0.8$，多晶硅的 RCA 指数处于 0.2~0.3，不符合现实，因此，本节将不考虑多晶硅的国际竞争力情况，只考虑硅片、电池片/组件的国际竞争力情况。

（一）基于 TC 指数的分析

TC 指数的计算公式为：

$$TC = (X_{ij} - M_{ij}) / (X_{ij} + M_{ij})$$

其中，X_{ij} 为 i 国 j 产品的出口，M_{ij} 为 i 国 j 产品的进口，$X_{ij} - M_{ij}$ 为 i 国净出口，$X_{ij} + M_{ij}$ 为 i 国 j 产品的进出口总额。如果 TC 指数大于零，表明该类商品具有较强的国际竞争力，越接近于 1，竞争力越强；TC 指数小于零，则表明该类商品不具国际竞争力，越接近于 −1，竞争力越弱；指数为零，表明此类商品为产业内贸易，竞争力与国际水平相当。本节首先分析中国光伏产品整体的国际竞争力，其次分别计算硅片、电池片/组件两类产品的 TC 指数。如表 2−11 所示，2015~2013 年，中国光伏产品的 TC 指数不断上升，从 0.7 左右上升到 0.9 左右，这表明我国光伏产品具有竞争优势，并且从"有较强竞争优势"变为"有极强竞争优势"。

表 2−11　　　2015~2023 年中国光伏产品的整体 TC 指数

年份	TC 指数
2015	0.71
2016	0.69
2017	0.68
2018	0.72

年份	TC 指数
2019	0.81
2020	0.82
2021	0.82
2022	0.84
2023	0.89

注：作者根据从中国海关总署下载的光伏产品进出口数据计算整理得到。

2015～2023 年中国光伏细分产品的 TC 指数如表 2 – 12 所示。具体结论包括：（1）2015～2023 年，中国硅片的 TC 指数整体大于零，表明中国的硅片具有国际竞争优势，具体来看：2015～2017 年，中国的硅片有微弱竞争优势；2018 年中国的硅片有微弱竞争劣势；2019～2021 年，中国的硅片有微弱竞争优势；2022～2023 年，中国的硅片有较强竞争优势。（2）2015～2023 年，中国电池片/组件的 TC 指数不断上升，从 0.79 上升为 0.97，表明中国的电池片/组件有极强竞争优势。

表 2 – 12　　　　2015～2023 年中国光伏细分产品的 TC 指数

年份	硅片	电池片/组件
2015	0.12	0.79
2016	0.08	0.78
2017	0.17	0.79
2018	– 0.01	0.88
2019	0.04	0.96
2020	0.04	0.98
2021	0.14	0.95

年份	硅片	电池片/组件
2022	0.33	0.93
2023	0.42	0.97

注：作者根据从中国海关总署下载的光伏产品进出口数据计算整理得到。

（二）基于 RCA 指数的分析

本节采用 RCA 指数衡量我国光伏产品的国际竞争力，RCA 指数的计算公式为：

$$RCA_{ij} = (X_{ij}/X_{tj})/(X_{iW}/X_{tW})$$

其中，X_{ij} 表示国家 j 出口产品 i 的出口值，X_{tj} 表示国家 j 的总出口值；X_{iW} 表示世界出口产品 i 的出口值，X_{tW} 表示世界总出口值。当 RCA_{ij} 指数大于 2.5 时，表明 j 国 i 产品具有极强的国际竞争力；当 RCA_{ij} 指数介于 2.5~1.25 时，表明 j 国 i 产品具有很强的国际竞争力；当 RCA_{ij} 指数介于 1.25~0.8 时，表明 j 国 i 产品具有较强的国际竞争力；当 RCA_{ij} 指数小于 0.8 时，则表明 j 国 i 产品的国际竞争力较弱。本节首先分析中国光伏产品整体的国际竞争力，其次将中国光伏产品细分为硅片、电池片/组件两类产品，分别计算中国光伏细分产品的 RCA 指数。2010~2023 年中国光伏产品的整体 RCA 指数如表 2-13 所示。

如表 2-13 所示，中国光伏产品的 RCA 指数呈现出波动趋势，2010~2011 年，中国光伏产品 RCA 指数大于 2.5，表明中国光伏产品具有极强的国际竞争力；2012~2018 年，中国光伏产品 RCA 指数介于 2~2.5，表明中国光伏产品具有很强的国际竞争力；2019～2023 年，除 2020 年、2021 年外，其他年份的 RCA 指数均大于 2.5，表明中国光伏产品具有极强的国际竞争力，2023 年的 RCA 指数甚至高达 3.29。总而言之，我国光伏产品的国际竞争力是极强的。

表 2 - 13　　2010～2023 年中国光伏产品的整体 RCA 指数

年份	RCA 指数
2010	2.63
2011	2.82
2012	2.32
2013	2.24
2014	2.36
2015	2.27
2016	2.08
2017	2.13
2018	2.25
2019	2.55
2020	2.28
2021	2.49
2022	3.20
2023	3.29

注：作者根据从联合国商品贸易统计数据库下载的光伏产品进出口数据计算整理得到。

2010～2023 年中国光伏细分产品的 RCA 指数如表 2 - 14 所示。具体结论包括：（1）2010～2023 年，中国硅片的中国多晶硅的 RCA 指数均介于 1.25～2.5，这表明我国的硅片具有很强的国际竞争力。（2）2010～2023 年，除了 2016 年和 2017 年外，中国电池片/组件的 RCA 指数均大于2.5，2023 年该指数竟高达3.74，这表明中国的电池片/组件有极强的国际竞争力。总体来看，我国电池片/组件的国际竞争力要强于硅片。

表2－14 　　　2010～2023 年中国光伏细分产品的 RCA 指数

年份	硅片	电池片/组件
2010	1.65	3.04
2011	1.60	3.34
2012	1.42	2.71
2013	1.74	2.51
2014	1.96	2.65
2015	1.73	2.54
2016	2.11	2.25
2017	2.22	2.30
2018	1.64	2.58
2019	1.36	2.95
2020	1.27	2.60
2021	1.50	2.84
2022	2.00	3.71
2023	2.17	3.74

注：作者根据从联合国商品贸易统计数据库下载的光伏产品进出口数据计算整理得到。

第二节　中国光伏产品国际贸易及竞争力发展面临的挑战

本节主要分析中国光伏产品国际贸易及竞争力发展面临的六

大挑战，包括传统的贸易救济措施及关税壁垒风险仍然存在、新型贸易壁垒加重冲击我国光伏产品出口、国外产业竞争和供应链风险加大、产能过剩导致我国光伏产品国际定价权较弱、光伏产品的海外市场布局策略仍需优化调整及光伏产品绿色贸易标准制定工作仍需加快。

一、传统的贸易救济措施及关税壁垒风险仍然存在

通常来说，保护本国产业发展的最有效武器是贸易救济调查手段，常用的贸易救济调查手段包括反倾销、反补贴等（朱向东等，2019）。中国光伏产品进出口贸易发展面临的主要挑战就是光伏产品成为遭遇国外贸易救济调查的重灾区。商务部的统计数据表明，美国、欧盟、加拿大等6个国家和地区在过去10年间共计对中国光伏产品发起了17起贸易救济调查。[①] 本节以印度为例分析说明中国光伏产品仍然面临传统贸易救济措施带来的挑战。以往考虑到中国光伏产品具有较大的技术优势和成本优势，印度企业大多选择进口中国的光伏设备，相关统计数据表明，印度从中国进口的光伏制造设备超过80%。但近年来，印度政府逐渐开始通过各种优惠政策扶持本国光伏制造业发展，不仅试图通过"中国设备＋中国人才"实现对中国光伏制造的快速替代，甚至开始通过反倾销等贸易救济措施限制中国光伏产品的出口。2023年6月30日，印度商工部发布公告称，应印度国内企业提交的申请，

---

① 中国电力网．商务部：以光伏为代表的引领绿色转型的产品成为出口新增长点．2023年7月25日。网址：http://mm.chinapower.com.cn/tynfd/hyyw/20230726/210628.html。

对原产于或进口自中国的用于太阳能电池板/组件的铝边框启动反倾销调查，涉案产品包括所有类型的铝边框。[①] 此外，中国光伏产品的国际贸易除了面临贸易救济措施这一传统的挑战外，可能还会遇到关税壁垒风险，自2018年7月起，美国贸易代表办公室试图通过301关税等手段对我国光伏产品实施限制，额外对中国高达2000亿美元商品（包括光伏逆变器）征收10%的关税，后来又提高到25%。

二、新型贸易壁垒加重冲击中国光伏产品出口

中国光伏产品的国际贸易除了面临传统的贸易壁垒外，还遭遇新型贸易壁垒的冲击（王恒田和杨晓龙，2020）。相比于传统贸易壁垒，新型贸易壁垒的负面影响大、潜在覆盖面广、规避措施有限，可能会加重冲击中国光伏产品出口。第一，"碳壁垒"是中国光伏产品面临的重要新型贸易壁垒。"碳壁垒"的主要表现就是对光伏产品的碳足迹提出要求。近年来，韩国、法国、意大利、瑞典等发达国家逐渐开始对光伏产品的碳足迹提出要求。例如，欧盟出台的《新电池法案》提出对一件产品的全生命周期的碳追踪、美国出台的《清洁竞争法案（草案）》拟对含碳量超过基准线的进口产品征收碳费等，这些措施试图通过"绿色"门槛限制中国光伏产品的出口。第二，"人权壁垒"也是中国光伏产品遭遇的重要新型贸易壁垒。部分发达国家在执行光伏产品相关政策措

---

① 中国贸易救济信息网. 印度对华太阳能电池板/组件铝边框启动反倾销调查. 2023年7月4日. 网址：https：//cacs. mofcom. gov. cn/article/ajycs/ckys/202307/177112. html。

施的过程中，很有可能存在不透明和歧视性问题，这些问题构成了事实上的贸易壁垒，进而对中国光伏产品的出口产生重大影响。第三，"强迫劳动壁垒"也是中国光伏产品面临的重要新型贸易壁垒。2022 年 6 月 21 日，美国总统拜登签署一份涉疆法案正式生效，有效期 8 年。① 这项涉疆法案是美国对中国多晶硅的无理打压，实质上升级为禁止来自中国的多晶硅，直接打击了中国光伏产品出口（潘家华，2024）。

三、国外产业竞争和供应链风险加大

中国光伏产品国际贸易还可能受到国外产业竞争和供应链风险加大两种挑战。从国外产业竞争的视角来看，鉴于目前全球光伏供应链的上游产能 80% 以上都在中国，以美国、欧盟、印度等为代表的国家和地区正通过加大对本国产业的补贴和支持，积极部署制造业本地化的政策，再加上部分东南亚国家也从全球新能源产业参与、降低成本、经济增长和增加就业的角度出发开始考虑光伏供应链的本土化生产，这些都将导致中国制造的光伏产品面临激烈的国外产业竞争，从而影响中国光伏产品的国际贸易及国际竞争力（余南平，2022）。从供应链安全的视角来看，多晶硅的全球供应紧张增加了供应链的脆弱性（孙静春等，2014）。相关资料表明，到 2021 年底，全球用于制造关键太阳能光伏元件的硅

---

① 这份法案规定，凡是有关中国某地区生产的产品，都被视为所谓"强迫劳动"的产物，并且禁止进口到美国，要是美国的企业需要进口有关中国某地生产的产品，就必须能够证明其进口产品没有通过强迫劳动生产，但是证明的过程不仅门槛高而且审核时间也很漫长。

片、电池片以及由其组装成的组件的产能超过需求至少100%，相比之下，太阳能光伏关键材料多晶硅的生产则成为目前供应链的瓶颈，多晶硅的全球供应紧张导致其价格2023年翻了两番。

四、产能过剩导致中国光伏产品国际定价权较弱

光伏产业需求侧仍保持高速增长，但是供给侧的产能扩张远远快于需求侧的增长，因此，整体来看，中国光伏产业存在"产能过剩"问题（王宏伟等，2022）。根据工信部数据，2023年上半年，多晶硅、硅片、电池片、组件产量分别为60.6万吨、253.4GW、224.5GW、204GW，增幅均超65%。中国光伏产业上游、中游、下游三个产业链环节的产能利用率均低于正常水平，具体表现为：国外市场需求受阻和国内市场需求不足的双重因素导致中国光伏产业下游环节的产能过剩最为严重；由于中国光伏产业下游产能难以释放，直接导致中游电池片、电池组件等光伏组件生产企业的国内需求不断下降，进而加剧了中游企业的产能过剩问题；光伏产业上游环节的硅料生产规模飞速扩张，国内企业纷纷扩大投资，也增加了产能过剩问题。

随着2023年光伏产能过剩引发降价风潮，中国企业在海外光伏市场的内卷将更加严重，这将削弱中国光伏产品的国际定价权（刘学敏，2022）。根据光伏行业协会的统计数据，2023年前十个月，硅片、电池片、组件的出口分别同比增长90%、72%、34%，但同期出口总额近430亿美元，同比下降2.4%。特别是组件环节，由于价格下降了50%左右，导致出口额反而下降了4.6%。

这些都说明，中国光伏产品产能过剩容易引发光伏产品出口价格大幅下降，中国光伏产品面临的海外竞争更加激烈，进而导致中国光伏产品国际定价权较弱。

五、光伏产品的海外市场布局策略仍需优化调整

在美国、欧盟、印度等主要海外光伏市场积极部署制造业本地化政策、国外产业竞争日益激烈的背景下，中国光伏企业如果不积极拓展全球业务，机会可能会被其他国家抢去，即中国光伏企业仍需通过优化调整光伏产品的海外市场布局来应对"内卷"与"外压"。那么，为什么加强海外布局被称为中国光伏企业的突围策略？具体包括如下几点原因：第一，鉴于部分企业海外市场已占其出货量的70%以上，深耕新的海外市场、制定适合海外市场的产品策略是获得应有市场份额的关键（刘晶等，2015）。第二，前文的统计结果表明，中国光伏产品的进口主要集中在前十大进口来源地，2023年中国从前十大贸易伙伴进口光伏产品的占比总和为97.43%；中国光伏产品的出口也相对集中在前十大出口目的地，2023年中国向前十大贸易伙伴出口光伏产品的占比总和为56.46%。由此可以看出，中国光伏产品的进出口集中度较高，这不仅会增加中国光伏产品供应链和产业链的风险，而且也不利于中国光伏企业应对海外市场风险。第三，随着欧、美、日等传统市场对中国光伏产品不断施加反倾销、反补贴等传统贸易壁垒和"碳壁垒"等新型贸易壁垒（朱向东等，2018），共建"一带一路"国家逐渐开始成为中国光伏企业项目开发的重点，相关调查

研究表明，不少头部光伏企业已完成在东南亚等地的海外市场布局。总的来说，各种降低风险的政策（如有期限的关税豁免政策等）并没有真正消除风险，加快硅片、辅材辅料的海外产能布局才是应对反规避调查的重要举措，因此，要想更好地促进中国光伏产品的国际贸易及竞争力发展，仍需优化调整光伏产品的海外市场布局。

六、光伏产品绿色贸易标准制定工作仍需加快

光伏产品绿色贸易标准制定工作也是影响中国光伏产品国际贸易及竞争力的重要因素，中国光伏产品绿色贸易标准制定工作仍需加快。具体表现在以下几个方面：第一，以美国、欧盟为代表的一些国家和地区正准备效仿法国、韩国的做法，制定新的光伏项目碳足迹认证等招标规则，但中国缺少碳标签数据库，而国外数据库不适用于中国国情，使用国外数据库会导致中国碳核算出现偏差，这种碳核算标准的差异性可能会加大光伏产品绿色贸易标准制定工作。第二，鉴于光伏产品对欧盟的能源脱碳具有十分重要的作用，因此，欧盟委员会正在设立光伏产品的"绿色门槛"，制定针对光伏产品环境影响的监管规则，涉及光伏组件、逆变器和系统等，光伏产品必须达到欧盟委员会设定的环境标准才能进入欧盟市场（冯悦等，2018）。由此可以看出，作为中国光伏产品的重要海外市场，欧盟关于光伏产品的环境标准日益严格，这意味着中国光伏产品绿色贸易标准制定工作仍需加快。第三，新一轮的全球贸易壁垒主要围绕绿色主题展开，包括碳和 ESG

（环境、社会和公司治理）主题，绿色贸易壁垒也逐渐演变为光伏产品国际贸易需要面对的新型贸易壁垒。绿色贸易壁垒对我国光伏产品提出了新要求，国际社会对光伏产品碳足迹的要求越来越严格，欧盟发布《新电池法》以及其他国家的法规相继出台，正在形成新的贸易壁垒。然而中国目前仍然缺乏与碳相关的国家、地方或行业标准。

第三节　更好促进中国光伏产品国际贸易及竞争力发展的政策建议

本节主要阐述更好促进中国光伏产品国际贸易及竞争力发展的政策建议，包括持续提升光伏产品的技术与核心竞争力，准确把握好行业发展趋势以应对新型贸易壁垒与各类风险，大力支持企业向光伏研发、智能制造等高附加值领域转型，积极调整光伏产品的海外市场布局及加快光伏绿色贸易标准制定工作进程。

一、持续提升光伏产品的技术与核心竞争力

在中国光伏产品遭受发达国家反倾销、反补贴等贸易救济措施和关税壁垒等多方面限制的背景下，要想更好地促进中国光伏产品的国际贸易发展，就必须持续提升光伏产品的技术与核心竞争力。过去，中国基础能力薄弱、国家财力有限，光伏产业必须依靠"研发、市场两头在外"的市场格局才能逐步发展壮大，然

而当前中国的光伏产业已经发展到一定水平，要想持续提升光伏产品的技术与核心竞争力，形成自身能够主导的良性循环，政府相关部门需要从"市场"和"技术"两个方面提升中国光伏产品的核心竞争力（刘晶等，2015）。基于市场视角来看，要大力推动分布式电站和大型光伏电站的建设，继续扩大国内光伏装机规模，立足于扩大国内光伏终端市场，以国内市场平衡国外市场，长期看能够有效应对发达国家的贸易救济措施和关税壁垒。基于技术视角来看，加大光伏产业链上游环节的研发支出的税收优惠或补贴力度有利于加速提升产业自主创新能力和技术水平。光伏产品制造产业链的中下游是电池和组件制造环节，上游是晶体硅制备和切片环节，通常来说，中下游的组件环节技术门槛低、利润回报少，上游则技术门槛高且利润回报大，中国大多数的光伏产品制造企业正好处于成本竞争激烈的中下游环节，这也是为什么我国光伏产品遭到发达国家贸易救济措施的重要原因之一（史丹和白旻，2012）。基于此，政府相关部门在出台税收优惠或发放补贴时应倾向于发放给光伏产业链上游环节及中游的电池环节，提升光伏全产业链竞争力，进而增强我国光伏产品的核心竞争力。

二、准确把握好行业发展趋势以应对新型贸易壁垒与各类风险

即使中国光伏产业已经属于规模化发展的产业，但"碳关税"等新型贸易壁垒、国外产业竞争及供应链风险给中国光伏产品的国际贸易持续带来挑战。政府相关部门和光伏企业必须准确把握

好行业发展趋势以应对新型贸易壁垒与各类风险。从规避新型贸易壁垒的角度而言,中国光伏企业一方面要鼓励持续创新,让技术引领光伏产业发展,争取能够让自身制造的光伏产品超出新型贸易壁垒的门槛(郭庆方和冯冰,2021),另一方面还是要多学习欧美本土光伏企业的技术优势,并多与海外企业合作,通过成立合资公司、设立生产基地、建立全球化供应链等方式绕开新型贸易壁垒。从应对国外产业竞争的视角而言,科技创新是光伏产业发展的主要驱动力,中国光伏企业不仅要持续夯实技术基础,依靠常年积累的技术优势,研发出更高效、更环保、更低碳、更低成本的光伏产品,而且要进一步支持龙头光伏企业发展壮大,努力打造世界一流的光伏企业,以更好地应对海外产业竞争。从降低供应链风险的角度而言,政府相关部门应多举措保障多晶硅及其他辅材的供应,纾解光伏产业链产能、价格堵点,具体包括支持多晶硅企业加强技术创新研发,提升生产线自动化、数字化、信息化、智能化水平,降低能耗水平,提高生产效率与产品优良率。[①]

三、大力支持企业向光伏研发、智能制造等高附加值领域转型

如前文所说,中国大多数光伏企业曾经都处于技术门槛低、利润回报少的中下游环节,容易导致中国的光伏产品频繁遭遇发

---

① 中华人民共和国国家发展和改革委员会.关于促进光伏产业链健康发展有关事项的通知.2022 年 9 月。网址:https://www.ndrc.gov.cn/xwdt/tzgg/202210/t20221028_1339678.html。

达国家的"双反"调查，因此，为了改变这种局面，从根本上促进我国光伏产品的国际贸易发展、提升其在国际市场上的核心竞争力，光伏企业应从如下几个方面采取措施以大力支持企业向光伏研发、智能制造等高附加值领域转型：第一，光伏企业要敢于淘汰光伏业落后产能，加速产业整合。当前，中国的光伏企业虽然数量众多，但质量良莠不齐且产能严重过剩，部分企业可能会因库存过大、成本过高、资金链运转不灵等问题而停业甚至倒闭破产，在这种情形下，中国光伏企业要努力加速产业融合，一方面要鼓励光伏企业与大型国有资本（包括大型能源企业或发电集团）合作，通过大型龙头企业及国有资本的力量整合重组光伏产业，另一方面要充分发挥龙头光伏企业的带头作用，更好地促进中下游光伏企业向光伏研发、智能制造等高附加值领域转型（刘晶等，2015）。第二，相关企业要抓住技术迭代新机遇，加快更新光伏装备和光伏技术，促进光伏产业转型升级。中国光伏企业在夯实配套产业链基础、升级关键原辅料技术、提升智能化技术、开发智能光伏逆变器等配套设备的同时，更要注重新型光伏产品的开发，如研发可利用紫外光和近红外光的宽光谱光伏电池等。第三，中国光伏企业应加快建设高效光伏研发中心，合理布局光伏企业的生产基地，更快向光伏研发、智能制造等高附加值领域转型（陈艳等，2021），具体措施包括强化东部地区企业在光伏逆变器、光伏生产设备、光伏浆料等领域的优势地位，鼓励中部地区企业培育壮大光伏产业，促进龙头企业在中、西部地区布局生产基地。

四、积极调整光伏产品的海外市场布局

近年来，国内市场的激烈竞争及国外市场的贸易壁垒在很大程度上压榨了中国光伏企业的利润空间，在产能过剩的背景下，中国部分光伏企业开始将"加强海外布局"作为突围策略，并且第一批开拓海外市场布局的企业已经取得明显成效。例如，不同于国内 12 万余家储能企业的"内卷"道路，阳光电源把重心逐渐转移到海外市场的开拓方面，2023 年前三季度其储能业务营收 137 亿元，同比增长 177%，其中 80% 的营收来自海外市场，这说明在"内卷"与"外压"双重夹击背景下，积极调整光伏产品的海外市场布局是十分有效的路径，有利于促进中国光伏产品国际贸易的发展，增强中国光伏产品的国际竞争力。中国光伏企业应从以下几方面入手调整光伏产品的海外市场：第一，短期仍然要把握住欧美市场。不同于以往，目前欧美市场开始对中国的光伏产品不断施压，一方面，全球产能过剩导致欧洲多家本土企业受到冲击倒闭，据欧洲光伏产业协会统计，目前只有不足 2% 的太阳能在欧洲生产，欧洲为保护本土企业难免会采取一些措施施压中国企业（王宏伟等，2022）；另一方面，美国要在 2026 年实现 100% 光伏产品本土制造，逐渐开始对中国或者东南亚的光伏产品设卡。这些事实都表明，虽然中国光伏产品与欧美市场的"蜜月期"已经过去，但短期内欧美市场仍然存在广阔的发展空间，中国光伏制造企业仍然要把握住欧美市场。第二，长期要以"一带一路"倡议为依托，积极培育新兴市场，不断开拓东南亚市场。

由于多个领军光伏企业已陆续在东南亚地区建厂，如隆基股份、天合光能、晶澳科技和晶科能源等企业已陆续在东南亚建设光伏组件生产基地，福斯特、金晶科技、旗滨集团、海优新材等也已在东南亚建设光伏辅材的生产基地，这会大大降低光伏产品国际贸易的成本（丁嘉铖等，2024）。此外，东南亚对光伏产品需求也日益增长，东南亚地区的可再生能源装机容量占比在 2025 年将达到 35%，到 2025 年，东南亚地区对可再生能源领域的投资将超过 760 亿美元[①]，这对中国光伏产品的国际贸易发展也是有利的。

五、加快光伏绿色贸易标准制定工作进程

当前，中国光伏绿色贸易标准制定工作需加快进程。具体应做到如下两个方面：一方面，政府相关部门应尽快建立适用于中国光伏产业的碳足迹核算体系。当前，虽然很多国家都已经制定了新的光伏项目碳足迹认证等招标规则，但国家与国家之间的碳标签数据库可能存在很多差异，在这种背景下，中国政府相关部门应快建立适用于中国光伏产业的碳足迹核算体系，并做好碳足迹的国际化衔接工作，推动中国的碳足迹核算体系尽快得到国际认同（刘叶琳，2023）。另一方面，中国光伏企业也应积极响应碳足迹评价，为合规推动绿色转型、可持续发展贡献力量。光伏企业应积极响应 2023 年 1 月工信部等六部门发布的《关于推动能源电子产业发展的指导意见》，不仅要深入探索光伏"碳足迹"评

---

① 谷硕．东南亚地区成为我国光伏企业的"必争之地"．钛媒体．网址：https：//baijiahao．baidu．com/s？id＝1789527511204548442&wfr＝spider&for＝pc。

价标准并开展认证，也要提高自主创新能力，探索建立光伏"碳足迹"评价标准并开展认证。例如，上海英格尔认证策划发起了本次《产品碳足迹 光伏组件》团体标准的制定，是中国光伏制造企业的榜样。

第三章

基于市场的中国光伏产业
国际竞争力综合分析

光伏产业作为清洁能源的重要组成部分，在全球范围内受到越来越多的关注和重视。光伏产业的国际竞争力对其发展具有重要意义，体现在多个方面：第一，光伏产业国际竞争力直接影响到光伏产品的市场竞争地位。随着全球对清洁能源需求的增加，光伏产业的市场规模也在不断扩大，具备竞争力的光伏企业能够更好地在国际市场上抢占份额，实现销售增长和利润提升，因此，提升国际竞争力是光伏产业实现持续发展和壮大的关键。第二，光伏产业国际竞争力也反映了一个国家在清洁能源领域的技术水平和创新能力。随着科技进步的不断推动，光伏技术不断更新迭代，新的技术和产品不断涌现，具备国际竞争力的光伏产业往往意味着该国在光伏技术研发、生产工艺和产品创新方面具备一定的优势，有望引领行业未来的发展方向。第三，光伏产业国际竞争力也关乎一个国家在全球能源结构中的地位和影响力。清洁能源已成为全球能源转型的重要趋势，而光伏作为最具潜力的清洁能源之一，在全球能源供应中扮演着越来越重要的角色，具备强大国际竞争力的光伏产业，不仅能够为本国经济发展带来动力，还能够在全球能源治理中发挥重要作用，为国家的能源安全和环境保护作出积极贡献。因此，本章对中国光伏产业的国际竞争力进行深入分析和研究，以全面了解中国光伏产业在国际市场上的地位和竞争优势，发现存在的问题和挑战，探讨提升中国光伏产业国际竞争力的有效策略和途径，有助于为光伏产业未来的发展指明方向，提供理论和实践支撑，推动中国光伏产业实现更高质量、更可持续的发展。

第一节　中国光伏产业国际竞争力现状分析

本节重点分析中国光伏产业国际竞争力的现状，首先采用光伏发电累计装机容量、光伏发电新增装机量、光伏平准化度电成本（LCOE）等三个指标衡量中国光伏产业整体的国际竞争力；其次采用光伏产品产量和国际市场占有率两个指标衡量中国光伏产业细分产品的国际竞争力。

一、中国光伏产业整体的国际竞争力分析

本节综合采用光伏发电累计装机容量、光伏发电新增装机量及光伏 LCOE 三个指标衡量中国光伏产业整体的国际竞争力。光伏装机容量反映了中国在光伏领域的技术水平和产业规模；光伏 LCOE 则直接反映了中国光伏产品的生产成本和竞争力。通过综合

考量这三个指标，可以全面了解中国光伏产业在国际市场上的表现，并为企业和政府制定相应战略提供科学依据。

（一）光伏发电累计装机容量

光伏累计装机容量能够反映一个国家在光伏领域的技术水平、产业规模和市场份额，因此，本节首先将光伏累计装机容量作为中国光伏产业国际竞争力的衡量指标之一。中国光伏产业自从启动以来，经历了持续的快速增长。随着清洁能源的重要性日益凸显，中国政府大力推动光伏产业蓬勃发展。近年来，中国的光伏累计装机容量持续上升，取得了令人瞩目的成就，如图3-1所示。

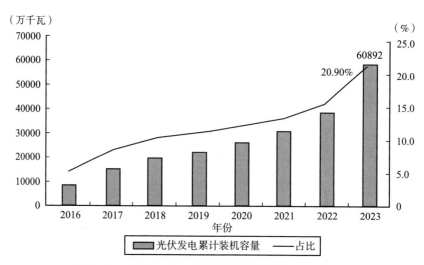

图3-1 2016~2023年中国光伏累计装机容量走势

资料来源：国家能源局，2024。

从规模来看，截至2023年底，中国太阳能光伏累计装机容量达到6.1亿千瓦，是2022年的1.55倍，连续9年位居世界首位，其中分布式光伏累计装机容量达到2.5亿千瓦，这个巨大的增长不仅反映了中国光伏产业的高速发展，也展现了中国在全球光伏市场上的巨大影响力，中国以雄厚的产能和技术实力，逐渐成为全球光伏产业的重要主导者和引领者。从占比来看，2016～2023年，中国太阳能光伏发电累计装机占比从5%左右增长为20.90%，这也证明了中国光伏企业在国际市场上的竞争实力和影响力。总的来看，中国光伏累计装机容量持续上升的表现既是中国光伏产业国际竞争力的重要体现，也是中国在清洁能源领域持续发展的有力证明。

（二）光伏发电新增装机量

如图3-2所示，光伏新增装机规模突破2亿千瓦，创历史新高。根据国家能源局发布的数据，2023年我国太阳能光伏发电新增装机容量216.3GW，同比增长147.5%，占2023年全球新增光伏装机容量的一半以上。另外，在全球光伏新增装机容量的排行中，中国以显著的优势遥遥领先。2023年，中国的光伏新增装机容量全球排名第一，远高于欧盟（55.8）、美国（32.4）、德国（14.1）、巴西（10.8）、印度（10）、西班牙（7.5）、日本（6.5）、意大利（5.2）、荷兰（4.8）、波兰（4.6）。[①] 相比其他主要国家和地区，中国在光伏新增装机容量方面表现出了强大的增长动力，这一领先地位不仅展现了中国在清洁能源领域的迅速发展，也彰显了其在全球能源转型中不可忽视的角色。

---

① 中国光伏协会根据公开数据整理。

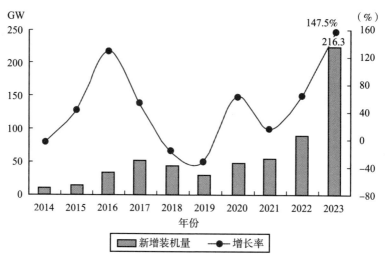

图 3 - 2   2014～2023 年中国光伏发电新增装机量情况

资料来源：国家能源局，CPIA 整理，2024。

（三）光伏 LCOE

光伏 LCOE（平准化度电成本）可以反映光伏发电的成本效益情况，能够间接代表光伏产业的竞争力。较低的 LCOE 通常意味着光伏产业具有更高的竞争力，因为它意味着企业能够以更低的成本生产电能。如图 3 - 3 所示，2023 年的非技术成本与 2022 年持平，保持在 0.56 元/W 的水平，其他技术成本比 2022 年有所降低，减少了 0.11 元/W。光伏电站投资成本的下降直接带动了 LCOE（平准化度电成本）的降低，以全球投资模型下的地面光伏电站为例，在年等效利用小时数为 1200 小时的情况下，LCOE 达到了 0.23 元/kWh，降幅超过 17%。

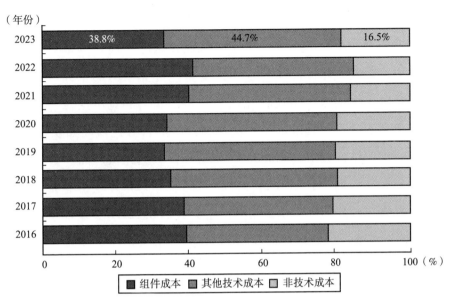

图 3 - 3　2016～2023 年我国地面电站系统成本占比变化情况

资料来源：CPIA，2024。

二、中国光伏产业细分产品的国际竞争力分析

本节主要将光伏产品产量和国际市场占有率两个指标作为中国光伏产业细分产品国际竞争力的衡量指标。光伏产品产量反映了中国在光伏市场上的生产规模和能力，而国际市场占有率则直接衡量了中国光伏产品在全球市场中的地位和影响力。通过综合考量这两个指标，可以更全面地评估中国光伏产业在国际市场上的竞争力，为企业和政府制定发展战略提供重要参考。

（一）光伏产品产量

光伏产品产量能够反映一个国家或企业在光伏产业中的生产

规模和市场份额，较高的光伏产品产量通常意味着企业具有更强的生产能力和更大的市场占有率，从而在国际市场上具备更强的竞争力，因此，光伏产品产量作为衡量国际竞争力的指标，能够全面反映一个国家或企业在光伏产业中的实力和竞争地位。中国光伏产品的产量及其占全球光伏产品产量的百分比情况如表3－1所示。主要结论如下：①2008～2023年，中国光伏产品产量不断增加，多晶硅的产量从0.50万吨上升到147.20万吨，增加了大约300倍；硅片的产量从2.40GW上升到688.30GW，增加了大约277倍；电池片的产量从2.60GW上升到591.30GW，增加了大约226倍；组件的产量从2.60GW上升到518.10GW，增加了大约198倍。②2008～2023年，中国光伏产品产量占全球光伏产品产量的百分比也不断上升，多晶硅的产量占全球多晶硅产量的比重从8.33%增长到91.60%，增加了大约10倍；硅片的产量占全球硅片产量的比重从30.00%增长到98.10%，增加了大约2倍；电池片的产量占全球电池片产量的比重从32.91%增长到91.90%，增加了大约1.8倍；组件的产量占全球组件产量的比重从37.14%增长到84.60%，增加了大约1.3倍。由此可见，中国各类光伏产品的产量及其在全球光伏产品产量中的比重都已达到相当大的规模，这表明中国在光伏产业中具有显著的国际竞争力。

表3－1 2008～2023年中国光伏产品的产量及占全球光伏产品产量的百分比

年份	产量（万吨/GW）				占比（%）			
	多晶硅	硅片	电池片	组件	多晶硅	硅片	电池片	组件
2008	0.50	2.40	2.60	2.60	8.33	30.00	32.91	37.14
2009	2.00	4.40	4.10	4.00	17.09	40.00	38.32	42.55

续表

年份	产量（万吨/GW）				占比（%）			
	多晶硅	硅片	电池片	组件	多晶硅	硅片	电池片	组件
2010	4.50	11.00	10.80	10.80	28.13	47.83	45.00	52.43
2011	8.40	20.00	19.80	21.00	35.00	51.28	56.57	60.00
2012	7.10	26.00	21.00	23.00	30.34	72.22	56.15	61.83
2013	8.46	29.50	25.10	27.40	34.39	75.64	62.28	65.71
2014	13.60	38.00	33.00	35.60	45.03	76.00	65.61	68.46
2015	16.50	48.00	41.00	45.80	47.83	79.60	66.02	72.13
2016	19.40	64.80	51.00	57.70	48.50	86.63	68.00	74.07
2017	24.20	91.70	72.00	75.00	54.75	87.17	69.03	71.09
2018	25.90	107.10	85.00	84.30	58.07	93.13	74.82	72.80
2019	34.20	134.70	110.30	98.60	67.32	97.40	78.73	71.35
2020	39.60	161.40	134.80	124.60	76.00	96.20	82.50	76.10
2021	50.60	226.60	197.90	181.80	78.82	97.29	88.39	82.34
2022	85.70	371.30	330.60	294.70	85.60	97.40	90.30	84.80
2023	147.20	668.30	591.30	518.10	91.60	98.10	91.90	84.60

资料来源：CPIA 历年中国光伏产业年度报告。

（二）光伏产品国际市场占有率

国际市场占有率是评估光伏产品国际竞争力的重要指标，对企业和国家制定发展战略、提高在全球光伏市场中的地位和影响力具有重要意义。就全球市场占有率而言，我国光伏各个产品市场占有率均十分显著。例如，光伏组件占据全球市场的75%以上，电池片占80%左右的市场份额，而硅片更是高达95%以上[1]。此

---

[1] 新华财经．光伏产业如何摆脱"薄利多销"标签．2023 年 4 月。网址：https://www.cnfin.com/yb－lb/detail/20230421/3848998_1.html。

外，光伏产业是中国先进制造业的重要代表，短短十几年从无到有，发展成为全球的领军巨头，成为中国外贸的新亮点。据商务部数据显示，2022年，中国光伏产品出口额超过512亿美元，同比增长超过80%。其中，光伏组件出口约153.6GW，硅片出口约36.3GW，电池片出口约23.8GW，分别同比增长55.8%、60.8%、130.7%；另据中国光伏行业协会统计，2022年中国光伏产品出口各大洲市场均实现增长，其中出口欧洲市场增幅最大，同比增长114.9%（王璐和于瑶，2023）。

第二节　中国光伏产业国际竞争力
迅速提升的原因分析

本节基于波特模型[①]，从劳动力成本优势、产业链上游技术领先、本土配套设备制造业的快速发展、国内同业竞争的相互促进、国际市场需求的快速增长拉动、地方政府鼓励政策等六个方面分析我国光伏产业国际竞争力迅速提升的原因。

一、劳动力成本优势

劳动力成本优势对中国光伏产业的迅速发展起到了至关重要

---

① 波特模型，即迈克尔·波特提出的"钻石模型"，用以分析一个国家或地区的产业竞争力。模型包括四个关键因素：生产要素、需求条件、相关和支持性产业、企业战略、结构与同业竞争。除此之外，政府和机会也被视为影响产业竞争力的辅助因素。本书在讨论我国光伏产业的国际竞争力时，借助波特模型，从劳动力成本优势、技术领先、产业链协同、市场需求、政策支持等多角度进行分析，以全面探讨竞争力提升的原因。

的作用。波特模型认为成本领先是企业在竞争中获取优势的重要途径之一。在中国，光伏产业得以迅速崛起，部分原因即是依赖于庞大的廉价劳动力资源。根据人社部统计数据，中国拥有世界上最大规模的劳动力人口，2022 年末我国劳动年龄人口总量约8.8 亿人[①]，其中大部分处于适龄劳动年龄段，这一庞大的劳动力资源为光伏产业提供了充足的生产力基础，降低了企业的人力成本，进而降低了整体生产成本。一个典型的案例是致力于成为全球最具价值的太阳能科技公司的隆基绿能科技股份有限公司。隆基绿能科技是全球领先的光伏产品制造商，尤其以其单晶硅光伏产品著称。公司依托中国庞大的廉价劳动力市场，在大规模生产过程中有效控制了人力成本，这使得隆基不仅能够保持产品的高质量，同时也能够大幅降低生产成本。据行业报道，隆基利用自动化生产线和高效生产流程结合大量劳动力，使得其光伏组件的单位生产成本远低于其他国家的同类产品。在光伏产业链的各个环节中，劳动力成本优势使得隆基可以在全球市场上提供具备竞争力的价格，迅速在国际市场占据主导地位。隆基的成功崛起充分展示了劳动力成本对中国光伏产业的贡献，并为整个行业的发展提供了一个范例。

二、产业链上游技术领先

通过波特模型的视角，我们可以深入分析光伏产业链上游技

---

① 新浪财经. 人社部：我国仍然是人口和劳动力庞大的发展中国家，劳动力资源依然丰富［EB/OL］.［2023 - 06 - 14］. https：//finance. sina. com. cn/jjxw/2023 - 06 - 14/doc - imyxhctc0367550. shtml.

术的领先地位，这也是推动中国光伏产业迅速发展的重要原因。首先，产业链中上游技术领先为中国光伏产业提供了关键的技术支撑（丁媛，2011）。光伏产业的中上游环节主要包括硅材料、太阳能电池片和组件制造等，这些环节对整个产业的发展至关重要（程云洁和刘旭，2024）。据中国光伏行业协会的数据，2022年底位于中国大陆企业硅片产能约为650.3GW，占全球的97.9%（丁媛，2011），占据绝对领先地位，同时，中国的光伏电池片和组件生产企业数量庞大，技术水平也逐步提升至世界领先水平，这些技术领先地位为我国光伏产业提供了稳固的技术基础，推动了产业的快速发展。其次，产业链中上游技术领先带动了产业链下游的发展和完善。中上游技术的领先地位使得光伏组件制造企业能够获取到高质量的原材料和核心技术支持，提高了组件制造的效率和品质，推动了光伏产业链的健康发展。此外，产业链中上游技术领先为中国光伏产业带来了市场竞争的优势。光伏产业是一个充满竞争的行业，技术创新是产业竞争的重要驱动力，中上游技术的领先地位使得中国光伏产品在国际市场上具备了更强的竞争力，早在2017年，中国光伏产业就占据了全球70%以上的份额，规模、产能均占全球第一①，这一优势使得中国光伏产业能够稳固地占据国际市场的主导地位，推动了产业的快速发展。综上所述，产业链中上游技术领先不仅为产业提供了稳固的技术支撑，还推动了产业链下游的发展和完善，为我国光伏产业的持续发展提供了重要保障。

---

① 北极星太阳能光伏网. 中国光伏产业创造了三个"世界第一"！[EB/OL]. [2019 – 06 – 17]. https: //guangfu. bjx. com. cn/news/20190617/986463. shtml.

三、本土配套设备制造业的快速发展

中国本土配套设备制造业的快速发展为光伏产业提供了可靠的技术支持和供应保障，不仅降低了生产成本，提高了生产效率，还推动了光伏产业的快速发展。从整体来看，随着中国本土配套设备制造业的不断成熟和壮大，光伏产业不再完全依赖于进口设备，而是可以更多地采用国产设备。据中国太阳能光伏行业协会统计数据，2020 年中国光伏设备产业规模超过 280 亿元，同比增长 40%①。这一数据表明，中国光伏设备制造业的规模和产值在逐年增长，为光伏产业的发展提供了有力支撑。从生产环节来看，光伏产业的生产涉及多个环节，包括硅材料提纯、太阳能电池片制造、组件生产及光伏电站建设等，这些环节都需要大量的设备支持，随着本土配套设备制造业的快速发展，中国光伏产业能够获得更多的国产设备和技术支持，从而不再完全依赖于进口设备。以硅材料提纯为例，当前中国光伏硅材料提纯设备的自主研发和生产能力已经达到国际领先水平，相关设备的市场份额逐年增加。此外，在太阳能电池片制造、组件生产等环节，中国本土配套设备制造业也取得了显著进展。例如，一些本土企业不断加大对太阳能电池片制造设备的研发和生产投入，推动了该领域的技术创新和产业升级。这些国产化设备的使用不仅降低了进口依赖度，还提高了生产效率和产品质量，为中国光伏产业的快速发展注入

---

① 中国光伏协会. 2020 ~ 2021 年中国光伏产业年度报告 [R]. 2021.

了新的动力（唐应斌，2024）。

四、国内同业竞争的相互促进

国内同业竞争的相互促进是推动中国光伏产业迅速发展的一个重要原因。竞争激烈的市场环境推动了技术创新、产业链的完善和升级，以及规模化生产和成本优化，为中国光伏产业的持续发展提供了有力支持。第一，国内激烈的同业竞争推动了中国光伏产业的技术创新和产品升级。波特模型中强调了技术创新对产业竞争力的重要性，而竞争激烈的市场环境促使企业不断加大研发投入，提升产品质量和性能，以获得竞争优势（成侃，2016），据中国光伏行业协会的数据，国内光伏企业在技术研发方面持续投入大量资金，不断推出新产品和技术，以适应市场需求和提高竞争力，这种技术创新和产品升级不断推动了中国光伏产业的发展，并使其在国际市场上拥有更大的竞争优势。第二，国内同业竞争的促进也加速了中国光伏产业链的完善和升级。竞争激烈的市场环境迫使企业不断优化生产流程、提高生产效率和降低成本，同时，为了满足市场需求，光伏产业的上下游企业之间加强了合作与协同，形成了更加完善的产业链。例如，硅材料、太阳能电池片和组件制造等环节的企业之间加强了技术交流与合作，使得整个光伏产业链更加协调和高效，这种产业链的完善和升级为中国光伏产业的发展提供了良好的基础和保障。第三，国内激烈的同业竞争也促进了中国光伏产业的规模化生产和成本优化。通过不断提高生产效率和降低生产成本，企业能够在竞争中获得更大的市场份额和利润空间。当前，中国光伏产业规模化生产水平逐步提高，生产成本不断降低，使得中国光伏产品在国际市场上具备更强的竞争力。

五、国际市场需求的快速增长拉动

国际市场需求的快速增长拉动激发了产业的竞争和发展，为中国光伏产业提供了广阔的发展空间，同时也推动了技术创新和产品升级，为产业的持续发展提供了动力和保障。首先，波特模型指出，国际市场需求的增长可以刺激产业的竞争和发展（付静，2013）。全球对可再生能源的需求不断增加，尤其是对太阳能光伏产品的需求量不断上升，根据中国光伏行业协会（CPIA）预测，到 2025 年全球光伏新增装机规模预计或将达到 270～330GW，这种快速增长的国际市场需求对中国光伏产业形成了巨大的拉动作用，激发了企业的生产积极性，推动了产业的快速发展。其次，国际市场需求的迅速增长为中国光伏产业提供了广阔的发展空间。随着国际市场的需求不断攀升，中国光伏企业获得了更为广阔的市场份额和发展机遇，根据中国光伏行业协会的数据，中国的光伏产品出口量连续多年保持增长，并在全球光伏产品出口市场上占据相当大的份额，这种持续增长的出口势头推动了中国光伏产业的迅速发展，使其成为全球光伏产业中的重要参与者和推动者。最后，国际市场需求的快速增长也为中国光伏产业带来了技术创新和产品升级的压力。国际市场对光伏产品的品质、性能和价格都提出了更高的要求，这迫使中国光伏企业不断加大技术研发投入，不断提升产品的品质和性能，以满足市场需求并保持竞争优势，通过不断提高技术水平和产品质量，中国光伏企业在国际市场上赢得了良好的声誉和更大的市场份额，推动了产业的进一步发展和壮大。

六、各级政府鼓励政策

各级政府鼓励政策是促进中国光伏产业迅速发展的一个重要原因，这一点可以从波特模型的视角进行深入分析。首先，波特模型强调了政府政策对产业竞争力的影响。各级政府通过出台一系列鼓励政策，如财政补贴、税收优惠、土地和用电优惠等，积极推动了光伏产业的发展，这些政策鼓励了企业增加投资，降低了生产成本，提高了产业的竞争力（李明东和李婧雯，2023）。例如，中国陆续出台了光伏扶持政策，包括政府补贴、电价优惠、土地支持甚至代建厂房、代购、投资入股等，为光伏产业的快速发展提供了重要保障。其次，各级政府鼓励政策也为光伏产业提供了良好的发展环境和支持。政策的出台使得光伏企业能够更加稳定地规划和发展业务，降低了投资风险，提高了企业的投资积极性。例如，一些地方政府通过设立光伏产业园区、提供用地和基础设施建设等方式，为光伏企业提供了良好的生产和发展条件，推动了光伏产业的快速发展。最后，各级政府鼓励政策也加速了光伏产业的地区分布和布局。由于地方政府的政策扶持，光伏产业得以在更多的地区迅速发展，形成了全国各地的光伏产业集聚区，这种地区分布和布局使得光伏产业得以充分利用当地资源，降低了生产成本，提高了产业的竞争力和整体效益。

第三节　进一步提升中国光伏产业
国际竞争力的挑战

近年来，中国光伏产业快速发展，但仍面临多重挑战。欧美国家打压趋势日益明显、对国外市场依赖度高、产能结构性过剩、技术发展水平不平衡、海外市场陷入"价格战"与"内卷"等问题制约了我国光伏产业国际竞争力的进一步提升。

一、欧美国家打压趋势日益明显

欧美国家对中国光伏产业的打压趋势日益明显，主要表现在贸易保护主义措施增加、技术封锁和限制、反倾销和反补贴调查频繁及政治压力和外交施压等方面。第一，贸易保护主义措施增加。欧美国家采取了一系列贸易保护主义措施，对中国光伏产品进行限制和打压。例如，美国在 2018 年、2024 年对进口的太阳能面板和太阳能电池设定了越来越高的关税，2024 年 5 月拜登政府对前任特朗普政府对中国光伏电池的进口税率从 25% 提高至50%，导致中国光伏产品直接销往美国市场面临更大挑战。第二，技术封锁和限制。欧美国家通过技术封锁和限制，试图阻止中国光伏企业在国际市场的发展。例如，美国政府限制了一些高端光伏设备和关键原材料的出口，使得中国光伏企业难以获得先进技术和资源（师奕等，2023）；一些欧美国家也对中国光伏企业的投资进行审查，限制其在当地的技术合作和并购活动，阻碍了中国光伏产业的国际发展。第三，反倾销和反补贴调查频繁。欧美国家频繁对中国光伏产品进行反倾销和反补贴调查，加剧了中国光伏企业在国际市场的不确定性，这些调查往往会导致对中国光伏产品的临时性关税和限制性措施，影响了中国光伏企业的出口和市场份额，中国光伏企业在国际市场面临不断变化的贸易环境和政策风险（孙海泳，2020）。第四，政治压力和外交施压。欧美国家通过政治压力和外交手段，试图影响中国光伏产业的国际竞争地位，包括在国际组织和多边谈判中提出针对中国光伏产业的贸易和技术限制建议，以及利用外交关系对中国光伏企业进行施压和制约，这些政治压力和外交施压使得中国光伏产业面临更加复杂的国际环境和挑战。

二、光伏产业对国外市场依赖度高

中国光伏产业对国外市场的依赖度高主要表现在国际化程度高、技术依赖性强、受国际市场波动和贸易摩擦影响较大及全球供应链参与度高等方面（臧静楠，2016）。第一，中国光伏产业的国际化程度较高。中国光伏企业通过国际化的战略布局，进一步加强了对国外市场的依赖。以晶科能源为例，该公司通过在海外建立生产基地、参与国际市场竞争等方式，不断拓展海外市场，截至 2022 年，晶科能源在美国、越南、孟加拉国等地均建立了生产基地，其海外市场销售额占比逐年增长，这也体现了中国光伏产业对国外市场的高度依赖及国际化程度高的特点。第二，中国光伏产业一些关键技术依赖性强。尽管中国在光伏制造方面取得了显著进步，但在高端设备、先进材料等方面，仍需要依赖国外技术和资源。例如，作为光伏原料的高纯石英原材料矿产资源短缺，主要依赖进口，表明中国光伏产业在某些关键原材料方面对国外市场的依赖程度较高。第三，中国光伏产业的发展受国际市场波动和贸易摩擦的影响较大。国际市场的需求变化、贸易壁垒及关税政策等因素都会直接影响中国光伏产品的出口情况和市场竞争力。例如，2018年美国对进口光伏电池板和太阳能电池实施关税，导致中国光伏产业在美国市场面临较大挑战，这些因素使得中国光伏产业需要不断调整策略，以适应国际市场的变化。第四，中国光伏产业的全球供应链参与度较高。中国光伏企业与国际上游企业和下游企业建立了合作关系，形成了完整的产业链条。例如，境外子公司光伏组件的生产通常需要依赖进口的硅片、太阳能电池片等原材料，中国光伏产业的全球供应链参与度不断提升，这表明中国光伏产业对国外市场的高度依赖（潘家华，2024）。

三、光伏产业存在产能结构性过剩问题

中国光伏产业快速发展的过程中，光伏电力的消纳及配套建设设施、电网智能化改造无法同步协调发展，国内及国外市场面临着产能结构性过剩的挑战。这一问题的显著表现是产能过剩、价格下跌、企业盈利能力下降、资源浪费及技术更新压力。随着光伏产业的高速扩张，过多的生产能力超过了市场需求，导致了

产能结构性过剩的局面，2023年，中国多晶硅、硅片、电池、组件产量分别达到143万吨、622GW、545GW、499GW，同比增长均超过64%，行业总产值突破1.7万亿元人民币①，这意味着产能过剩已成为一个显著的问题。根据高盛全球投资研究部，2021年以来中国光伏组件产能利用率在50%上下。产能过剩带来了价格下跌的压力，由于市场供应过剩，光伏产品的价格不断下跌。工信部的数据显示，2023年全年主要光伏产品价格出现明显下降，出口总体呈现"量增价减"态势，1~12月，多晶硅、组件产品价格降幅均超过50%，这使得光伏企业面临日益严峻的盈利压力，尤其是一些中小型光伏企业更容易受到价格下跌的影响，出现了盈利能力下降甚至亏损的情况。随着产能过剩和价格下跌的影响，中国光伏产业还面临着资源浪费的问题。大量的光伏生产线处于闲置状态或低效运行，造成了资源的浪费，这种资源的浪费不仅浪费了人力、物力和财力资源，还对环境造成了一定程度的压力，加剧了资源的不合理利用。此外，截至2024年第一季度末，119家光伏上市企业总负债规模合计18638.72亿元，约同比增长了22.49%。如果加上大量跨界的"非上市企业的负债+正在为登陆资本市场排队的光伏企业+非上市光伏企业"的负债，光伏产业总体负债肯定超过2万亿元。产能结构性过剩、企业债台高筑还给光伏产业带来了技术更新的压力。竞争日益激烈的市场环境迫使企业不断进行技术创新和产品升级，以提高产品竞争力，这种

---

① 中华人民共和国工业和信息化部.《2023年全国光伏制造行业运行情况》. 2024年2月。网址：https://www.miit.gov.cn/jgsj/dzs/gzdt/art/2024/art_23c220a8b3b34340851632dfae47a34e.html。

技术更新的压力加大了企业的研发投入，对企业的资金和人力资源提出了更高的要求。

四、光伏产业技术发展水平不平衡

中国光伏产业技术发展水平不平衡是一个制约该产业国际竞争力提升的重要问题，其主要表现如下：第一，硅基技术相对成熟，非硅基技术发展滞后。当前，中国光伏产业在硅基太阳能技术领域相对成熟，多晶硅和单晶硅太阳能电池技术水平和产能规模遥遥领先于其他技术，但在非硅基技术的研发和应用方面发展相对滞后。例如，薄膜太阳能电池、有机太阳能电池等新型技术在中国的研究和产业化进展较慢，市场份额较小。第二，产业链上、下游技术发展不平衡。中国光伏产业在硅材料、硅片、电池、组件等环节的技术水平不均衡，形成了产业链上、下游技术发展不平衡的局面。例如，硅材料和硅片领域的技术水平较为成熟，但在组件和系统集成等领域的技术创新和应用相对滞后，导致了产业链上下游技术发展不平衡（熊磊和胡石其，2018）。第三，缺乏关键技术突破。尽管中国光伏产业在硅基技术方面取得了一定的成就，但在关键技术上仍然存在的缺口。例如，在高效率、低成本的太阳能电池技术和光伏发电系统集成技术等方面，中国企业与国际先进水平之间存在差距，制约了产业的长期发展。第四，地区技术发展不均衡。中国光伏产业技术发展水平在不同地区存在明显差异，以江苏、浙江等沿海地区为代表的先进制造业基地，技术水平相对较高，拥有一批领先的光伏企业；而中部、西部地区及东北地区的技术发展相对滞后，产业结构单一，缺乏核心竞争力（练文华等，2024）。

五、在海外市场陷入"价格战"与"内卷"

近年来，中国光伏产业在海外市场上呈现出一系列"价格战"与"内卷"的主要表现，具体如下：第一，"价格战"持续加剧。中国光伏企业在海外市场上为了获取订单和市场份额，不惜以低价倾销产品，降低成本竞争，这种竞争模式进一步加剧了市场竞争的激烈程度，导致价格战不断加剧（骆建文等，2022）。第二，低价竞争带来的质量问题。为了降低成本和价格，一些中国光伏企业在海外市场上采用廉价原材料或降低生产工艺，导致产品质量参差不齐，甚至出现了一些次品或不合格产品，这不仅损害了中国光伏产品的品牌形象，也影响了行业整体的声誉和竞争力。第三，内部恶性竞争与恶性价格竞争。在海外市场上，中国光伏企业之间不仅存在激烈的外部竞争，还存在内部恶性竞争。一些企业为了追求短期销售业绩和市场份额，不惜压低产品价格，甚至采取倾销等手段，这种恶性价格竞争导致行业整体利润下滑，形成恶性循环。第四，高端市场份额不足。尽管中国光伏产业在海外市场上拥有较大的市场份额，但由于技术水平、品牌认知度等因素的限制，中国光伏产品在高端市场的份额相对较低，难以与国际品牌竞争，导致企业在利润空间和市场占有率面临挑战（宋铭越，2014）。

第四节　进一步提升中国光伏产业国际竞争力的路径

为了进一步提升中国光伏产业的国际竞争力，必须着眼于解决欧美国家打压趋势明显、对国外市场依赖度高、产能结构性过剩、技术发展水平不平衡、海外市场竞争激烈等一系列问题，通过加强相关基础科学研究、开发与光伏相关的智能电网、制定光伏产业调整规划、加强国际贸易维权及制定严格的行业标准和规范等措施进一步提升中国光伏产业的国际竞争力。

一、加强相关基础科学研究，支持重点领域技术攻关

近年来，中国光伏产业取得了长足发展，但技术发展水平不平衡的问题仍然存在，这不仅影响了产业的长期发展，也制约了中国在国际光伏市场的竞争力。解决光伏产业技术发展水平不平衡的问题，需要加强相关基础科学研究。首先，基础科学研究是光伏技术进步的基石，只有深入理解光伏材料的物理、化学和工程学原理，才能推动技术的创新和进步，通过基础科学研究，可以发现新的光伏材料、结构和工艺，提高光伏电池的转换效率和稳定性，从而促进光伏产业的可持续发展。其次，加强基础科学研究有助于缩小不同地区和企业之间的技术差距。通过国际合作和开放共享研究成果，可以加快技术传播和转化，促进光伏技术的全球普及和标准化，同时，通过建立国内的基础科学研究平台

和创新体系，可以吸引更多优秀的科学家和研究团队，推动国内光伏产业的技术创新和竞争力提升。再次，基础科学研究也有助于应对光伏产业面临的新挑战和问题。例如，如何解决光伏材料的资源稀缺和环境友好性问题，如何提高光伏系统的可靠性和耐久性等，通过基础科学研究，可以为解决这些关键问题提供理论和技术支持，促进光伏产业的可持续发展。综上所述，加强相关基础科学研究是解决光伏产业技术发展水平不平衡的关键措施，有助于推动光伏技术的创新和进步，促进产业的健康发展。最后，重点支持光伏产业关键技术领域的攻关和突破，特别是在薄膜太阳能、多晶硅电池、组件制造等方面，可以设立专项资金，引导企业加大对关键技术的研究和开发力度，以进一步促进我国光伏产业技术发展水平的平衡（方忠，2022）。

二、开发与光伏相关的智能电网，就地消纳光伏电能

中国光伏产业发展迅速，但过度依赖国外市场仍然是一大挑战。以下是解决这一问题的政策建议：第一，开发与光伏相关的智能电网。开发与光伏相关的智能电网不仅可以通过优化能源管理、提高电网响应速度等方式，更有效地将光伏发电纳入电网系统，提高其消纳率，还能够实现对光伏发电的精准监测和控制，调节电网负荷以适应光伏发电的波动性，有利于降低对传统能源的依赖，减少对国外市场的需求，提升光伏产业的自主性和可持续发展能力（于丽敏等，2011）。第二，建设就地消纳光伏电能的工业、光伏屋顶等是解决光伏产业对国外市场依赖度高问题的关

键举措。一方面，要将光伏电能就地消纳于工业企业和商业建筑，以满足其清洁能源需求，降低能源成本，提高竞争力；另一方面，要通过大规模建设光伏屋顶电站，将光伏发电直接用于居民和企业自身用电，实现自给自足，减少对传统电力的需求，有利于降低对国外市场的依赖，促进国内光伏产业的独立发展（程云洁和刘旭，2024）。此外，降低光伏产业对国外市场的依赖度，还需优化国内政策环境。政府不仅要制定更加稳定、透明、可预见的政策措施，为光伏企业提供良好的发展环境，还要通过降低光伏项目准入门槛、简化审批流程、提高项目建设效率等方式，鼓励企业增加在国内市场的投资和布局。

三、制定光伏产业调整规划，加强光伏人才培养与引进

中国光伏产业发展迅速，但由于过度扩张和技术进步等因素的影响，导致产能结构性过剩问题日益突出。以下是解决中国光伏产业产能结构性过剩问题的政策建议：第一，制定产业调整规划。政府应制定光伏产业调整规划（翟嘉港等，2023），明确产业发展方向和发展重点，引导企业调整产品结构、优化产能布局，并加大对技术领先、产能适度、市场需求稳定的企业的支持力度，增强产业的核心竞争力。第二，推动光伏产业转型升级。政府可以加大对光伏产业绿色智能制造、高效利用资源、低碳循环发展等方面的扶持力度，引导光伏企业转型升级，提高产业的竞争力和可持续发展能力（徐璇等，2022）。第三，加强光伏人才培养与引进。一方面要建立光伏产业领域的人才培养机制，设立专业课

程和培训项目，提高行业人才的技术水平（魏代娉和王利，2011）；另一方面要加大对国际先进技术和人才的引进力度，促进中国光伏产业技术水平的提高。整体来看，通过以上政策建议的实施，有助于解决中国光伏产业存在的产能结构性过剩问题，推动产业的健康发展。

四、加强国际贸易维权，开拓多元化国际市场

针对欧美国家打压中国光伏产业趋势日益明显的问题，中国应采取多种措施提升产业的抗风险能力和国际竞争力。第一，要加强对国内光伏产业的法律法规支持，建立健全贸易保护法律体系，确保中国光伏产业的合法权益得到充分保护，包括出台反倾销、反补贴等相关法规，加大对侵权行为的打击力度等。第二，要及时启动反倾销和反补贴调查程序，依法维护中国光伏产业的合法权益，同时，也要建立健全贸易调查机制，及时了解并应对国际市场的贸易保护措施，保障中国光伏产品的出口利益。第三，政府可以向与世界贸易组织（WTO）等国际组织提出合理的贸易争端解决方案，推动国际贸易规则的公平化和透明化。第四，通过媒体和国际舆论渠道，积极宣传中国光伏产业的优势和贡献，提升国际社会对中国光伏产业的认知和支持度，同时，及时回应国际贸易争端和贸易保护主义行为，维护中国光伏产业的形象和利益。第五，光伏企业自身要积极拓展多元化的国际市场，减少对单一市场的依赖，降低贸易风险，重点开拓新兴市场，如东南亚、中东、非洲等地区，以及加强与共建"一带一路"国家的合

作，拓展中国光伏产业的国际市场份额。

五、制定严格的行业标准和规范，注重国内行业间的协同与合作

中国光伏产业在海外市场上的"价格战"与"内卷"现象引发广泛关注，不仅对行业的可持续发展构成威胁，也对中国光伏产业的国际竞争力提出新的挑战。为解决这一问题，首先，应通过制定严格的行业标准和规范加强对光伏产品质量的监管，这对解决中国光伏产业在海外市场上的"价格战"与"内卷"问题至关重要。制定更为严格的行业标准和规范，确保光伏产品的生产和质量控制符合国际标准，包括对光伏电池、组件及其他相关产品的质量要求进行明确规定，以确保产品的稳定性、可靠性和安全性（袁潮清和朱玉欣，2020）。其次，需要实施强制性认证制度，对光伏产品进行严格的认证和检测，确保产品符合相关标准和规定。通过认证制度，可以杜绝低质量产品流入市场，提高产品的质量和竞争力，维护行业的声誉和形象（徐蕾等，2010）。最后，鉴于国际市场竞争激烈，中国光伏产业应更加注重国内行业间的协同与合作，在建立产业联盟、共享研发资源和技术创新成果的同时，还应出台政策鼓励企业进行技术合作，共同攻克关键技术难题，以减少恶性竞争，从而有助于行业整体向高端市场迈进，提高中国光伏产品在国际市场上的地位和竞争力。

第四章

基于创新驱动的中国光伏企业国际竞争力分析

近年来，我国坚持把科技创新摆在国家发展全局的突出位置，深入实施创新驱动发展战略，完善国家创新体系。创新驱动政策既是推动经济增长的重要动能，更是打造中国光伏企业培育发展新质生产力、提升国际竞争力的根本支撑。纵观中国光伏产业发展历程，从最开始的"世界光伏产业代工厂"到如今领跑世界、布局全球，再到未来的全球合作共赢，中国光伏企业一直在以"加速度"向前奔跑。在此过程中，也遇到了一系列的问题和挑战。回归本源，中国光伏企业只有通过创新驱动式发展，从拼规模、拼价格转向拼技术、拼质量，不断培育自身的核心竞争力，方能在不断变化的外部形势和激烈的行业竞争中立于不败之地。

第一节 创新驱动与新兴产业技术追赶：理论回顾

对现有研究产业技术追赶的文献进行回溯发现，以往研究分析强调通过技术转化来获取外部知识，并利用这些知识提升自身技术能力对后发国家产业追赶的重要性（Lee and Lim，2001；Touret et al.，2011；Fu and Zhang，2011；Lee and Malerba，2017）。同时，原始资源禀赋和低劳动力成本也是后发国家实现产业追赶的重要因素（Kiamehr et al.，2015）。在这些以经济学和战略管理为主的研究中，后发国家和企业似乎依托技术学习、低成本生产要素和政府支持等资源就可以掌控全新的产业链。遗憾的是，中国轿车产业迟迟无法摆脱世界轿车代工者地位的惨痛教训告诉我们，这种分析代表了新兴产业培育和发展相关研究的局限。与轿车产业相反的是，近十年来，中国光伏产业迅速发展，并成功追赶和超越其他发达国家成为全球光伏产业领导者（董彩婷等，2022）。在产业"领跑者"设置高进入壁垒的情境下，"追赶者"如何实现后发追赶？学术界主要关注了以下几种追赶路径。

一、基于技术积累和资源整合的追赶

技术积累和资源整合要求"追赶者"强化战略管理、提升系统集成能力。"追赶者"需要及时优化公司战略，寻求市场、客户、技术和组件供应商及领先的跨国公司等多方支持，通过加强与本地客户联系、利用有利的政府政策和不断增长的国内需求，实现工程设计、投标和项目管理、研发等多方位的能力积累，这就要求"追赶者"从功能系统、项目和战略3个方面加强后发追赶的系统集成能力，有效调动各类外部资源和技术实现追赶（Kodama and Shibata，2014）。

二、基于技术机会窗口的追赶

技术机会窗口通常伴随着新技术的出现而产生。对于"领跑者",使用新的技术有较大的投资风险,因此在新技术出现时,"领跑者"会对采用新技术保持谨慎。在这种情况下,"追赶者"可以利用这一机会窗口通过新技术带来的颠覆性创新实现追赶,比如 20 世纪 90 年代韩国企业从日本企业手中获取电子行业的市场控制权,就是因为把握了从模拟技术向数字技术的转变这一关键机会(Lee and Malerba,2017)。

三、基于市场机会窗口的追赶

市场机会窗口包括内生和外生两类。内生市场机会窗口是随内需的快速增长带来的用户市场规模扩大,形成了"国产替代"等新需求。外生的机会窗口则是在"领跑者"面临金融危机等不利的市场环境时,寻找国外新商机的过程中产生,"追赶者"可利用这一时机,获取"领跑者"的核心知识库和技术。比如,由于中国经济的快速发展,新能源汽车等领域的跨国公司在其本土的生产难以满足中国市场的需求,许多中国本土公司进入相关领域并迅速成长起来。部分中国企业在 2008 年全球金融危机期间,也曾通过海外并购等方式获取外资先进技术(程鹏等,2019)。

四、基于政府作用的追赶

发达国家政府的作用通常以税收补贴、制定行业新标准和公共采购等间接手段为主（Vértesy，2017）。在中国高铁产业追赶的过程中，政府发挥了至关重要作用，包括制定以高铁替代传统铁路的长期规划（路风，2019）、在产业初创期发挥"架构者"的角色、通过行政干预自上而下构建产业创新生态系统雏形（谭劲松等，2021）。在中国光伏产业形成初期，政府帮助光伏产业提升合法性有利于光伏企业扩大规模。同时，政府制定应用型政策也可以促进光伏技术的市场扩散速度，如上网电价和光伏产品使用补贴等政策。

五、基于创新生态系统的追赶

从创新生态系统的角度看，中国在高铁、核电领域的成功追赶证明了技术、市场、用户、互补企业、政府等创新生态要素均对后发国家在战略性新兴产业领域的技术成功追赶起着重要作用（柳卸林和葛爽，2023）。新兴产业是典型的知识技术密集型产业（彭华涛和Sadowski，2014），仅依靠企业自身资源无法高效地完成创新活动，必须形成以资源共享、技术互补为目的的产业互联网络（Sveiby et al.，2012）。基于复杂系统知识的技术进步导致创新主体间的联系更为快速和紧密，逐渐形成具有共同进化和共生机制的创新生态系统。与轿车产业相反的是，本土光伏产业凭借创新生态系统的嵌入与重构，迅速成长为行业的领导者（程鹏等，2019）。企业要成功的嵌入生态系统，就需要识别潜在风险与机会（Zahra and Nambisan，2011），在理解自身的比较优势基础之上确定嵌入创新生态系统的决策（Adner and Kapoor，2010），以及嵌入利于自己的战略位置（Deog－Seong et al.，2016），从而最大化降低风险，并保持嵌入后的市场地位。当一些企业创建、重新定义和重构生态系统时，这些新企业提供知识要素使现有生态系统的基础发生改变，最终的结果可能是刺激新生态系统的建立或是基于原有创新公司新物种的出现（Autio et al.，2014）。

第二节　中国光伏产业追赶特征：事实描述

回望 2004 年，中国光伏产业看不到最终成为世界光伏领导者的任何迹象。例如，中国基本上没有多晶硅的本地供应，非常有限的人力资本，过时的光伏技术和较弱的创新能力，在国内无法获得大多数关键设备（Touretal et al.，2011），几乎没有相关或支持行业（Zhang and White，2016）。国内需求很小，仅限于少数政府项目用途（卫星和远程地面通信）和政府资助的区域发展项目（西藏光明工程），国有企业正在满足这些需求（Furr and Kapoor，2018）。然而，从 2007 年中国光伏组件产量排名世界第一，到 2010 年开始破解"两头在外"的行业困境，再到 2014 年中国掌控全球晶硅光伏创新生态系统。根据从市场份额占比的角度对产业追赶的定义，中国光伏产业已经从一个后发者发展成为全球领导者，成为中国可参与国际竞争并取得领先优势的战略性新兴产业和崭新名片。本文主要采用探索性案例分析方法，复盘我国光伏产业技术追赶的历程和关键性事件，探究光伏产业追赶的特征与机制。

一、案例背景

光伏产业链涵盖了从原材料生产到最终应用的全过程，主要可以分为上游、中游和下游三个部分，每个部分都有其独特的发展核心和特点（见图4-1）。

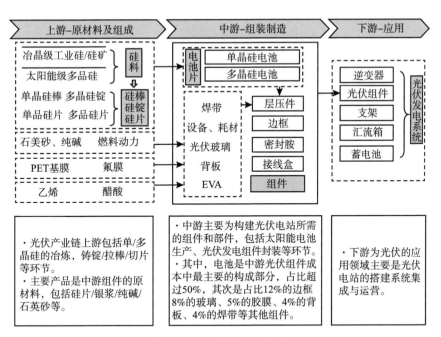

图 4-1 光伏产业链构成

资料来源：艾瑞咨询. 光伏产业观察：探索光伏利润变化及未来发展空间［R］. 艾瑞咨询，2023.

在光伏产业链的上游环节，主要包括硅料、硅片等原材料的生产和加工。这一环节的发展核心是产能。硅料是制造太阳能电池的主要原材料，其产量和质量直接影响到整个光伏产业链的效率和成本。因此，提高硅料的生产能力和质量是上游环节的主要任务。国家十分重视硅产业的发展。例如，2005 年国家发展改革委将 6 英寸以上的单晶硅、多晶硅和晶片列为国家重点鼓励发展产业项目，极大推动了中国光伏产业和电子信息工程的发展速度。从 2011 年开始，中国多晶硅产量排名世界第一，产业竞争力不断提升。

中游环节主要包括太阳能电池的生产和光伏发电组件的封装。这一环节的发展核心是技术变化。电池片能够实现光能向电能转化。电池片是硅片经过制绒、扩散、刻蚀等一系列环节后加工而成的，电池片加工需要较高的技术能力与资本投入。根据硅衬底不同，晶硅电池分为 P 型电池和 N 型电池。P 型电池的钝化发射极和背面电池（PERC）技术是当前晶硅电池的主流技术，效率普遍超过 22%。N 型技术是下一代晶硅电池技术，具有制程短、转换效率高、抗衰减、温度系数低等特点，有利于提高光伏发电量、降低发电成本，发展前景广阔。组件是将一定数量的电池片采用串并联的方式连接，并经过严密封装后形成的光伏发电设备。组件是光伏发电系统最重要的设备，在很大程度上决定了光伏发电成本。

下游环节主要是光伏电站的建设、系统集成和运营。这一环节的发展核心是终端需求。随着全球对可再生能源需求的增加，光伏电站的建设和运营需求也在不断增长。同时，系统集成技术的进步也使得光伏电站的建设和运营更加高效和稳定。中国光伏新增装机容量、累计装机容量高速增长，并连续多年位居全球首位。到目前中国光伏产业在制造业规模、产业化技术水平、应用市场拓展、产业体系建设等方面均位居全球前列。

专利申请数量、有效发明专利数量的变化情况能直观反映我国光伏产业技术追赶的发展动态。根据国家工业信息安全发展研究中心、工业和信息化部电子知识产权中心、中国光伏行业协会知识产权专业委员会发布的《光伏产业专利发展报告》数据显示（见图4-2），截至2023年中国光伏全产业链专利申请总量16.8万件，有效专利总量7.4万件，有效发明专利总量2.2万件，均位居全球首位，中国已经成为全球光伏产业创新的重要一极。2003～2023年，中国光伏产业专利申请量增长迅速，年均增速达到23.1%，硅料、硅片、电池、组件、逆变器等重点领域专利申请量不断扩大，分别达到1.3万件、2.8万件、4.3万件、4.8万件、3.8万件，产业链关键环节创新水平不断提高。从专利被引证次数来看（见图4-3），被引证超过10次的光伏专利3509件，超过50次引证次数的专利194件，专利影响力不断扩大。

光伏企业将提高技术创新水平作为提高利润和保持竞争力的重要手段，技术进步非常明显，技术创新也有较强的市场适用性。表4-1总结了光伏产业各技术分支的核心技术，进一步对全球核心专利技术进行分析。中国上游硅料生产环节技术进步明显，2009年发生了光伏行业的第一次技术跃迁点"硅料革命"；2013年发生了第二次技术跃迁点"单晶硅革命"。同时，多晶硅的冶炼技术也取得了长足进步（罗来军等，2015）。从制造工艺上来看，

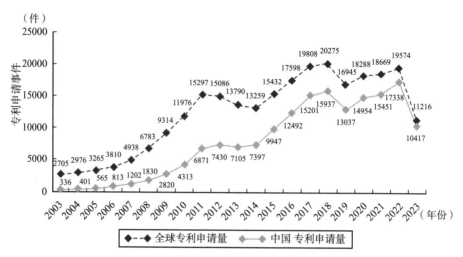

图 4 - 2 2003~2023 年光伏产业全球和中国专利申请趋势

资料来源：国家工业信息安全发展研究中心，工业和信息化部电子知识产权中心，中国光伏行业协会知识产权专业委员会.光伏产业专利发展报告［R］.北京：国家工业信息安全发展研究中心，2024.

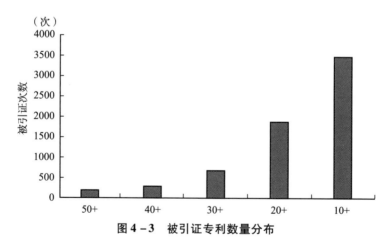

图 4 - 3 被引证专利数量分布

资料来源：国家工业信息安全发展研究中心，工业和信息化部电子知识产权中心，中国光伏行业协会知识产权专业委员会.光伏产业专利发展报告［R］.北京：国家工业信息安全发展研究中心，2024.

中游环节的电池制造工艺改进较快，特别是电池转换效率明显提高，加上光伏切割技术的不断升级、光伏组件技术的不断发展，以及半导体产业技术进步外溢效应的带动，使得光伏行业的技术更迭周期大大缩短，光伏电站的初始投资成本和度电成本也得到极大降低。

表4－1　　　　　　　　　核心专利涉及技术一览

序号	技术领域	核心专利涉及技术
1	单晶硅	问题：由于硅晶圆缺陷密度的种类非常多，包括金属污染、氧化层斑点、晶圆细微不平坦、异物等。这些缺陷对硅晶圆的电性能、机械强度和热特性等都会产生影响 核心专利：集中在低缺陷密度硅制备 核心技术：控制生长条件，例如，生长速度V、一个瞬时的轴向温度梯度G0、冷却速率等
2	多晶硅	问题：有技术生产多晶硅会产生严重的灰尘沉积会破坏沉积过程，灰尘和废气也会引起诸多问题从而降低经济性 核心专利：集中在多晶硅的制备 核心技术：通过调整阿基米德数的范围来最大程度地减少高平均沉积速度下的粉尘沉积，并防止杆和/或桥的排放
3	硅片	问题：当GaAs外延生长在Si上时，GaAs和Si之间的4%晶格失配会引起较大的缺陷密度，从而导致性能大大降低 核心专利：集中在Si（001）上制备用于Ⅲ/Ⅴ（元素周期表中的Ⅲ族与Ⅴ族元素相结合生成的化合物）集成的虚拟Ge基板 核心技术：在Si衬底的顶部上生长单晶缓冲层，这种缓冲层适合用作随后生长适用于高效太阳能电池的氮化镓（GaN）薄膜
4	晶硅电池	方向1 核心专利：集中在半导体器件、光电子器件的制造及其相关处理等 核心技术：通过蚀刻硅半导体基板的表面以形成对太阳能电池有利的凹凸形状；在n型半导体衬底上通过涂覆、干燥、烧制等步骤制备形成n－掺杂的半导体衬底；设置在n型（电子导电）层和p型（空穴导电）层之间的光吸收或发光钙钛矿薄膜的光电器件等 方向2 核心专利：集中在将薄膜电池基底进行处理 核心技术：通过制备CZTS及其硒类似物膜作为半导体层，从而提高传统薄膜电池的安全性和经济性；通过层转移方法Ⅲ－Ⅴ基础衬底的相对薄的基础层，从而制备轻质和柔性的异质结（HJT）Ⅲ－ⅤPV电池等

续表

序号	技术领域	核心专利涉及技术
5	新型电池	核心专利：集中在新型光伏器件及新型太阳能电池相关 核心技术：通过包含至少一种卤化物阴离子的多孔钙钛矿材料作为光伏器件的光敏层，从而提高光伏器件的太阳能；通过在两个对应的基板上形成纳米线，纳米线上的纳米颗粒可以更多地吸附染料，从而增加染料的吸附面积，形成转换效率更高的染料敏化太阳能电池
6	光伏组件	核心专利：主要涉及光伏组件本身及相关附件 核心技术：主要涉及比如从美观方面考虑，建立泳池池壁的太阳能发电装置；比如将多个太阳能电池中相邻太阳能电池的端部以带状方式重叠布置地串联连接，从而提高太阳能电池的美观性，同时在相同照明下匹配每个电池输出的电流
7	光伏电站	核心专利：主要涉及光伏电站电力的传输和获取 核心技术：通过源磁谐振器响应于电子驱动信号而产生振荡磁场近场，使接收到输出的直流电压生成频率为 f 的电子驱动信号，从而实现无线传输的方式向太阳能电池板周围的区域中的电子设备提供电力；通过形似树叶的光伏太阳能电池阵列，更好地获取太阳能
8	逆变器	核心专利：集中在逆变器组成的电力转换系统和采集系统 核心技术：通过监视分布式功率收集装置中的各个 DC 电源并调节来自每个 DC 电源的电流和电压以最大化来自每个 DC 电源的功率输出的分布式 DC 电源采集系统；将多个逆变器从多个太阳能电池板接收电能的智能逆变器阵列的系统

资料来源：作者根据网络公开资料整理。

硅片龙头企业聚焦于单晶硅片大尺寸突破和效率提升。单晶硅片的市场份额于 2018 年超越多晶硅片，确定主导地位。在相同电池工艺条件下，单晶电池转换效率高于多晶电池；在相同组件尺寸条件下，单晶组件的功率高于多晶组件的功率，可以有效降低系统端的成本。2020 年 6 月 24 日，隆基绿能、晶科能源、晶澳科技等七家公司，倡议建立边长为 182mm 的硅片（M10）标准。2020 年 7 月 9 日，600W + 光伏开放创新生态联盟正式宣告成立，边长为 210mm 的大硅片（M12）高速推进。2021 年中国硅片产能利用率达到 73.23%，硅片产能利用率高于全球水平。

多晶硅企业在降低硅料成本上竞相发力。目前，多晶硅最主要的生产工艺是改良西门子法，三氯氢硅西门子法生产工艺相对成熟，硅料质量好且致密度高，2020 年中国采用此方法生产出的棒状硅已达到全国总产量的 97.2%。根据 CPIA 数据，改良西门子法的多晶硅还原电耗从 2009 年的 120kwh/kg – Si 降低至 2021 年的 46kwh/kg – Si；综合电耗从 2009 年的 200kwh/kg – Si 降低至 2021 年的 63kwh/kg – Si。2021 年中国多晶硅行业的平均电耗为 63kwh/kg – Si，较上一年度下降 3.5kwh/kg – Si；其中，头部企业的综合电耗已降至 50kwh/kg – Si 左右，主要得益于规模优势和能量回收带来的公辅能耗的降低，预计至 2025 年还有 5% 以上的下降空间。据协鑫科技推广资料，与改良西门子法生产棒状硅相比，颗粒硅可降低电耗近 70%，生产效率更高。协鑫科技已实现万吨级颗粒硅产能。

PERC 单晶电池片转换效率不断提升。随着 PERC 电池技术的成熟，2021 年中国 PERC 单晶电池片转换效率已达 23.1%。中国太阳能光电转化效率全球领先，光伏电池转化效率多次打破世界纪录。目前 PERC 电池片的效率已接近理论极限，转化效率更高的 HJT 电池片和 TOPCON 电池片成为新的技术增长点。2021 年，晶科能源高效 N 型单晶硅单结电池技术转化效率达到 25.4%，隆基股份硅基异质结电池转化效率高达 26.3%，隆基电池研发中心单晶 P 型 TOPCon 电池研发实现高达 25.2% 的转化效率。电池转换效率数度打破世界纪录，展现了中国电池片企业强大的研发能力。

组件采用 166、182、210 大尺寸芯片，转化效率更高。2020年以来，中国龙头厂商纷纷布局大尺寸产品，硅片尺寸扩大可以节约组件端的成本，新型组件能以更高的性价比提升竞争力。中国 PERC 单晶电池片、HJT 电池、TOPCon 电池转化效率频频打破世界纪录，也提供了强劲的技术支持。

二、不同阶段技术追赶的特征

（一）追赶起步阶段（1997～2005 年）：借助国际市场需求机会窗口进行追赶，以"引进～消化～吸收"为主导进行技术学习

日本、美国和欧盟等发达国家和地区政府在 1997 年率先制定了《京都议定书》，随后制定了创造光伏市场的法律和政策，先于发展中国家政府认识到通过可再生能源实现可持续发展的重要性。此时，光伏技术仍处于萌芽阶段，光伏发电的成本要远高于传统发电方式。因此，发达国家政府出台了一系列政策刺激消费需求，为光伏发电技术创造市场。2000 年，德国通过了《可再生能源法》，并于 2004 年出台了新的《可再生能源法》，通过相关法律和上网电价补贴率先创建了光伏发电市场，为全球其他国家的光伏市场培养提供了参考，欧洲其他国家也效仿了这个模式，如意大利、西班牙等国家。由于应用型政策的目标是促进清洁能源技术

在世界范围内的扩散，因此创造光伏市场的欧洲政策对后发国家光伏市场发展也具有相当大的溢出效应，为后发国家的光伏企业提供了一个市场机会窗口。为了抓住国际光伏市场提供的机会窗口，中国光伏企业充分嵌入全球创新生态系统来利用国内外生态成员的资源，以"引进～消化～吸收"为主导进行技术学习。其中，无锡尚德和阿特斯的创始人都是海归，由于他们具有在发达国家学习和工作的经验，所以他们所拥有的知识和技术都处于整个产业的前沿。英利能源、天合光能，2001年创办的阿特斯也都在复制根公司（Root Firm）、尚德的商业模式过程中，迅速增加中国光伏电池和组件的产能。

在追赶起步阶段，中国光伏产业总体上面临"三头在外"的格局——原材料在外、市场在外、核心设备在外，整个行业基本处在受制于人的状态。中国主要靠引进国外的技术、设备及生产线，进行太阳能电池、组件的生产。外国通过提供相关的技术和设备，并进行资本的投入，中国负责生产制造，很快中国就成为世界上光伏设备产量最高的国家。但是，由于企业生产大部分集中在产业链中游的电池和组件生产上，主要靠引进国外的技术、设备及生产线，资金投入较少、劳动密集型产业属性强烈、产品技术含量低。在光伏产业链上游缺少多晶硅等光伏产业的必备原材料，因此主要通过进口满足需求。尽管存在许多挑战和阻碍，中国光伏企业仍然在早期进入阶段通过利用低劳动力成本进行大规模制造的优势嵌入全球光伏创新生态系统获取所需资源，从而提高企业绩效并扩大规模，为后续追赶做好准备。

（二）渐进追赶阶段（2006～2015 年）：通过技术创新和组织商业模式创新二者的匹配与协同，嵌入全球光伏生态系统

2008 年，全球金融危机爆发，欧洲等国的政府支持力度减弱，国际市场对光伏产品需求量急剧下滑，以出口为导向的中国光伏制造业遭到重挫。中国光伏产业的现状是缺乏上游技术和下游需求，产品绝大多数销往国外。因此，当国外多晶硅价格快速下跌时，国内由于生产技术落后，光伏上游制造商缺乏价格优势，金融危机的爆发也冲击了资金流向光伏产业的信心，因此就导致很多光伏企业因融资难而难以正常经营。2011 年，西方国家爆发了欧债危机，对光伏行业的补贴逐渐退坡，加之美国、欧盟和澳大利亚等国家和组织宣布对中国光伏企业向其市场倾销产品展开调查，并征收反倾销税（ADs）和反补贴税（CVD），中国企业海外光伏市场也随之迅速收缩。中国光伏企业不得不解决两个问题：第一个问题是处于光伏供应链中游环节的本土企业，如何与上游企业互动，实现上、下游交易模式向上、下游互补模式转变，对冲原材料价格波动对中游企业的风险；第二个问题是正在进军光伏上游的本土公司，如何克服高技术门槛，最终能够在国内外企业竞争中获得竞争优势。

中国本土光伏企业主要通过技术创新和组织商业模式创新二者的匹配与协同，最终实现生态系统的嵌入。协鑫科技在多晶硅领域站稳脚跟后，发现多晶硅产量比较大，容易面临下游硅片厂商压价的被动局面。2010 年协鑫科技改变策略，采取垂直一体化的方式，打通上、下游的全产业链，使得光伏多个环节具有明显

的联动效应。例如，介入硅片环节将加速多晶硅扩产过程中的良品率爬坡速度，使得公司的多晶硅扩产往往快于同业 1~2 个季度完成产能释放，这个是公司的核心竞争力之一。与协鑫科技从上游向下游拓展不同，阿特斯垂直一体化采取从下游向上游的拓展。阿特斯创始人认为垂直一体化战略在产业供需平衡或者供大于求的情况下，会显现出它的竞争力。阿特斯采取的经营模式是一种灵活的复合垂直产业链模式，即在制造产业链上，采取"组件产能比电池片大，电池片产能比硅片大，不进入多晶硅"的布局。阿特斯总裁办公室主任认为，在供应大于需求的大环境下，阿特斯倒三角形垂直一体化模式确实能够成功地控制成本。同时，为了维持垂直一体化的稳定性，保持供应链体系的平衡和弹性，阿特斯在电池片、组件产能依然有富余的情况下，给电池片供应商分配一定生产量，作为对合作企业长期支持的回报。

在这一阶段，中国政府制定了一系列反应型政策来帮助光伏企业培育国内的下游需求，稳固了本地创新生态系统。中国光伏产业开始摆脱国外依赖，走向独立自强。2009 年，中国政府开展光伏特许权招标、太阳能光伏建筑示范项目、金太阳工程，成为中国光伏战略反攻、开拓国内市场的肇始，此时中国光伏补贴仍然以激励竞价和投资安装补贴为主，即容量补贴。2011 年，国家发改委下发《关于完善太阳能光伏发电上网电价政策的通知》，该政策成为中国光伏标杆电价的里程碑，从此中国光伏补贴政策开启电量补贴时代。2012 年，中电光伏牵头国家 863 项目，正式吹响了中国 PERC 电池产业化的号角。随着多次装料拉晶（RCZ）

技术、金刚线切割技术的突破，单晶逐渐取代多晶成为市场主流。与此同时，由于 PERC 电池技术被快速导入量产使单晶技术的降本优势更加凸显，单晶 PERC 加速成为光伏产业的主流技术，并引领光伏行业进入"PERC 时代"。

（三）加快超越阶段（2016 年至今）：创新链与产业链加快融合

在国家政策支持下，中国新增注册光伏企业大量增加，助推中国光伏产业链各环节产能提升，形成规模效应。2016 年，国家能源局实施的"光伏领跑者计划"引领国内 PERC 电池正式开启产业化量产，平均效率达到 20.5%，隆基绿能开始大规模量产PERC 电池与组件，由此带动了单晶 PERC 的产业革命。2017 年，中国光伏产业占据了全球 70% 以上的份额，规模、产能位居全球第一。2018 年 5 月 31 日，国家发改委、财政部、能源局联合发布了《关于 2018 年光伏发电有关事项的通知》，指出要加快光伏发电补贴退坡，降低补贴强度。补贴力度的下降叠加贸易战的影响，使得中国光伏企业的新增数量在 2017 年达到高峰后，2018 年首次下降。2020 年和 2021 年中国相继提出"3060""双碳"目标，行业重新复苏。补贴退坡倒逼行业从扩张产能向提升技术转型，增长路径由粗放向精细转变，技术迭代成为核心。光伏企业以民营企业为主，竞争激烈，龙头企业多因技术突破而提升竞争力，或率先获得成本优势，或开发高效产品提高市场份额。在企业厮杀的过程中，优势产能逐渐淘汰落后产能，推动行业整体技术进步。

第三节　中国光伏企业国际竞争力的动态
考察：全要素生产率视角

一、光伏企业层全要素生产率估计方法

一般认为，技术含量和全要素生产率（TFP）决定了出口产品的国际竞争力，TFP 高的出口产品竞争力自然就高。TFP 是相对于单要素生产率（劳动生产率、资本生产率）而言的。单要素生产率在多种要素投入的情况下有一个缺陷，就是无法刻画由于要素间的替代作用而导致的生产率的变动。为了弥补这一缺陷，学者们将所有投入要素进行某种形式的加权平均，得到一种合成要素投入。最后，根据生产率的定义（产出除以投入），得到合成要素生产率，即全要素生产率。

估计全要素生产率首先需要估计生产函数，常用的方法有两种：一种是采用 Cobb – Doulas（C – D 函数）生产函数；另一种是采用超越对数生产函数（Trans-log）。虽然超越对数函数放松了常替代弹性的假设，并且在形式上更灵活，但是 C – D 函数结构简单，且对于规模经济测度直观且符合常理，因此在实际的运用中更受青睐，本节也采用 C – D 函数进行分析。常用的 C – D 函数表达形式为：$Y_{it} = A_{it} L_{it}^{\alpha} K_{it}^{\beta}$。其中，$Y_{it}$ 表示产出，L_{it} 与 K_{it} 分别表示劳动与资本要素投入，两边取对数后转化为：$\ln Y_{it} = a + \alpha \ln L_{it} + \beta \ln K_{it} + u_{it}$，

考虑到残差项所包含的部分信息也会影响到资本、劳动要素，即残差项与回归项是相关的，此时可能影响到最小二乘法等回归方法的准确性和有效性，因此可将 u_{it} 进一步分解为：$u_{it} = w_{it} + e_{it}$。其中，w_{it} 为影响企业当期要素选择的可变的残差项，而 e_{it} 为真正的残差项。

　　关于企业全要素生产率计算方法，常见的有 OLS、FE、OP、LP、GMM 等几种，学术界对此存在较大的争论（Van Beveren，2012）。一般认为，用 OLS 和 FE 的方法计算企业全要素生产率有较大的缺陷，不足以解决内生性问题，且会损失有效信息量。奥利和帕克斯（Olley and Pakes，1996）发展了基于一致半参数估计值方法（OP 法）。该方法假定企业会基于当前的生产力水平来作出自己的投资决策，因此用企业的当期投资作为生产率冲击的代理变量，可以有效克服内生性偏差问题。在实际估计过程中，OP 法采取两步估计的形式：第一步，利用上述生产率线性方程控制生产率内生性后，估计出劳动投入和中间投入品系数的一致估计量；第二步，以企业生存概率方程控制样本选择性偏差，从而可以将资本投入等对投入决策的影响在其对产出的影响中分离，进而估计出资本投入等变量系数的一致性估计量。为尽可能真实反映企业的技术水平，我们假设同行业企业的生产模式较为相似，然后以两位数行业分类为基础，分行业估算资本和劳动系数，从而计算企业层面 TFP。

　　按照生产率定义所得到的全要素生产率应为：

$$TFP = \frac{Y}{K^{\beta} L^{\alpha}}$$

其中，α 和 β 分别为正规化后的劳动和资本的产出弹性，即 $\alpha +$

$\beta = 1$。对上式求全微分并整理，得到：

$$\frac{\partial TFP}{TFP} = \frac{\partial Y}{Y} - \alpha \frac{\partial L}{L} - \beta \frac{\partial K}{K}$$

此时，推导出一般生产函数的 TFP 增长率表达式为：

$$TFP_{it} = \ln Y_{it} - \alpha \ln L_{it} - \beta \ln K_{it}$$

二、研究样本、变量选取与数据说明

（一）研究样本

本节选取 2010～2020 年沪深股市的光伏企业作为研究对象，测度 2010～2020 年我国光伏企业全要素生产率。选取了东方财富光伏板块、沪深光伏 ETF 指数所包含的成份股中主营业务涉及光伏产业生产制造环节的企业，共计 104 家，后剔除了样本期间关键变量缺失以及连续三年经营亏损的数据。处理后，剩余 82 家光伏企业作为研究样本，其中上游 7 家，中游 24 家，下游 20 家，还有 31 家同时涉及不同产业链位置的企业（见表 4－2）。其中，有主营业务涉及多个产业链位置的企业，则同时计入产业链不同位置分别进行计算。企业特征变量来自国泰安数据库、WIND 数据库及各上市企业的年度报告。

表 4－2　　　　光伏企业主营业务对应产业链环节及数量分布　　　单位：家

产业链环节	主营业务	数量
上游	硅原料的生产，单晶硅、多晶硅的加工	7
上、中、下游	硅原料的生产，单晶硅、多晶硅的加工；光伏组件封装和光伏电池生产；光伏电站的应用与服务	9

产业链环节	主营业务	数量
上、下游	硅原料的生产，单晶硅、多晶硅的加工；光伏电站的应用与服务	3
中游	光伏组件封装和光伏电池生产	24
中、下游	光伏组件封装和光伏电池生产；光伏电站的应用与服务	19
下游	光伏电站的应用与服务	20

（二）变量选取

产出指标。在企业 TFP 估计中使用增加值生产函数相当普遍。从宏观经济学角度来看，增加值是对实际经济成果的更好测度，生产法统计的 GDP 就是每个企业的增加值之和。然而，在微观层面上只有总产值（销售收入）才是企业进行生产经营决策时考虑的实实在在的概念，增加值只不过是一个统计构造。增加值生产函数十分苛刻的设定与现实不符，用它估计企业 TFP 是不合适的。因此，本节使用企业销售收入作为产出指标估计企业的 TFP。

投入指标。根据生产函数理论，资本和劳动力是企业最基本和最关键的投入要素。资本投入方面，宏观层面实际资本存量估计已经相对成熟，但对于微观企业层面的资本存量估算，现有文献主要直接采用固定资产原值或者固定资产净值作为企业的实际资本存量。实际上，由于固定资产原值和固定资产净值都是以历史初始购入价值表示的资本价值的累计，又因为各年度经济价值连续变动，所以对各年度名义投资价值也就没有办法在统一的基础上予以加总。同时，也因为这种名义上的固定资本存货都是从历史初始价值计算的各年度资本余额累积而成，所以很可能低估了累积折旧，与实际的资本储备总量形成系统性误差。因此，本节从企业每年报告的固定资产原价推算出企业开业以来每年的名义投资；然后运用每年的投资平减指数转化为实际投资，再根据永续盘存法得到每年使用的实际资本。计算公式为 $K_t = (1 - \delta)K_{t-1} + k_t$，其中，$K_{t-1}$ 为上一期的资本存量，k_t 为当期的资本支出，δ 为折旧率，这里借鉴其他学者普遍做法，取值为 0.15。本节用企业员工人数（年平均数）测量劳动投入。

（三）中国光伏企业全要素生产率测度结果

如图 4 - 4 所示，考察期内光伏全产业 TFP 增速平均达 5.53%。从时间变化上来看，2009 ~ 2012 年光伏全产业 TFP 增速较快，其中 2012 年 TFP 增长达 5.88% 的最高点。2013 ~ 2015 年 TFP 呈下降趋势，随后 TFP 增速呈现平稳态势。

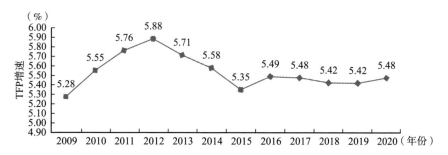

图 4 - 4　2009 ~ 2020 年中国光伏企业全要素生产率（TFP）增速情况

资料来源：由作者测算。

如图 4 - 5 所示，在光伏产业链中，上游 TFP 增速呈现前高后低态势，而中游和下游则相反。2015 年作为拐点年份的特征较为明显，在该年份之前光伏产业链上游 TFP 明显高于中游和下游。

2015 年之后绝大多数年份，中游和下游的 TFP 增速高于上游。究其原因：第一，上游企业涉及硅料的加工与提纯，技术门槛高，全要素生产率保持持续提升的难度较大；第二，下游产业主要涉及组件的安装与电站的应用，技术门槛低，创新难度低，全要素生产率提升的后劲更足。

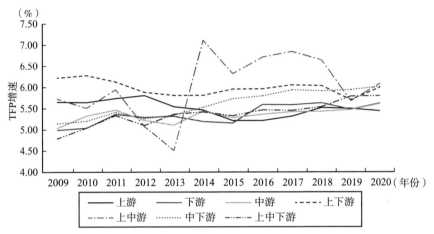

图 4-5　中国光伏产业链各环节企业全要素生产率（TFP）增速情况

资料来源：由作者测算。

上下游、上中游、中下游、上中下游企业的全要素生产率增速高于仅从事某一环节企业的全要素生产率增速。究其原因，这种垂直一体化的战略满足了企业降低成本的要求，促使光伏产业链条多模块之间合作成为可能，为全要素生产率实现高水平增长提供了保障。超越多模块的界限增加了生态系统参与者提供的产品或服务的吸引力，增加合作倾向。例如，协鑫科技采用黑硅 PERC 技术的光伏组件，就是从原料端切割到电池和组件，一体化研发出来。垂直一体化增加了生态系统多主体连接的强度和密度，有利于后发企业从代工者身份转变为互补者，乃至最终形成全球领先的市场竞争力。

（四）中国光伏企业全要素生产率的影响因素检验

1. 影响因素分析

根据中国光伏上市公司发展的实际情况，本节将以下因素作为控制变量引入模型中。

研发投入。通常认为企业研发会提高企业 TFP，且研发投入可以反映一个企业的科技实力和核心竞争力，因此本节将研发投入作为控制变量纳入模型。将上市公司财务报告附注中"支付与其他经营活动有关的现金流量"中包括研发费用、开发费用、技术研究费用视为研发支出，对其取对数衡量。

海外收入。"出口学习效应"理论认为出口会促进 TFP 的提升。一家企业开始出口，它可能会遇到挑战，这可能会影响其全要素生产率水平。出口企业在市场中竞争的客户态度和偏好与国内市场不同、文化和制度距离、汇率差异及全球/区域经济不确定性不同，为了应对上述问题，企业建立了新的机制和惯例，以支持出口过程。通过这种方式，企业可以有效地管理与市场相关和与技术相关的外部知识流动，这两者都有助于改善生产率。借鉴刘霞等（2021）的做法，采用海外营业收入的对数来衡量。

数字化转型。在新一轮产业变革和科技革命迅猛发展之际，以大数据、云计算、人工智能等数字技术为代表的创新活动日趋活跃，数据作为新的生产要素深入渗透到产业链、供应链的全领域、全过程。这为企业高质量发展并提高全要素生产率提供利好条件。借鉴吴非等（2021）的做法，本节以企业年度报告中"云计算""人工智能""区块链""大数据"等38个关键词出现的词频与报告中英文字数的比值来衡量。

2. 实证结果分析

2015年前后，国家及各地方政府针对光伏市场、产品等陆续出台了相关规范和标准，以增强中国光伏企业在国际市场中的竞争力。2012～2017年，光伏发电装机容量逐年增加，行业补贴也逐渐达到顶峰，光伏产业链收到投资增多。2018年，国家出台"531新政"要求光伏电价补贴逐步降低，国家通过调整政策提升行业集中度，更新光伏发电技术提高产能，光伏产业链进入政策转换的新阶段。政策变化可能对光伏企业全要素生产率的影响因素作用产生不同程度的影响，由此，本节将研究时段划分为两个阶段，即2013～2017年、2018～2019年。中国光伏企业全要素生产率的影响因素回归结果见表4-3。

表4-3　　　中国光伏企业全要素生产率的影响因素回归结果

变量	(1)	(2)	(3)	(4)	(5)	(6)
	2013～2017年			2018～2019年		
海外收入	0.0136 ** (0.0058)			0.0360 *** (0.0133)		
研发投入		0.0670 *** (0.0163)			0.0452 ** (0.0179)	
数字化转型			-1.7774 *** (0.3444)			-0.3330 ** (0.1643)
常数项	1.9891 (2.5821)	18.3122 *** (0.2662)	17.6552 *** (0.1341)	17.0657 *** (0.2092)	16.8317 *** (0.9690)	17.6485 *** (0.0610)

续表

变量	(1)	(2)	(3)	(4)	(5)	(6)
	2013～2017 年			2018～2019 年		
样本数	229	229	229	138	138	138
Adj R²	0.695	0.227	0.304	0.118	0.547	0.085

注：括号内为标准误：* p<0.1，** p<0.05，*** p<0.01。

　　海外收入与中国光伏企业全要素生产率在两阶段均呈现显著正相关。说明中国光伏上市公司存在显著的"学习效应"，出口有助于提高光伏上市公司 TFP。一方面，通过出口可以帮助光伏企业进入更广阔的国际市场，增加销售额和规模，提高产量，实现规模经济效益，有助于为技术进步提供资金保障；另一方面，面向不同国家和地区的市场需求，光伏企业需要不断改进技术和产品性能，从而促进技术创新和提高生产效率。此外，通过开拓海外市场，光伏企业可以获取更广阔的资源支持，包括人才、资金、原材料等，从而促进生产效率和竞争力的提升。

　　研发投入对中国光伏企业全要素生产率的影响显著为正。2013～2017 年，研发投入的影响系数为 0.0670，且通过了 1% 的显著性检验。2018～2019 年，该系数虽然也通过显著性检验，但数值有所下降，为 0.0452。2018 年，国家出台"531 新政"要求光伏电价补贴逐步降低，短期内企业盈利水平下降，可能降低了企业研发投入的意愿。但是从长期来看，补贴减少能够激励企业不断进行自主创新，自发降低成本，产业生产成本持续下降，光伏产业链发展方向正由成本控制向提高光电转换效率迈进。

　　数字化转型对中国光伏企业全要素生产率的影响呈现显著负

相关，与传统理论有所差异。究其原因可能如下：一是技术成熟度不足。光伏企业数字化转型需要先进的技术基础和信息系统支持，如果企业的数字化基础设施、数据收集和处理能力等方面不够成熟，那么数字化转型可能无法有效地提高生产率。二是组织和管理问题。数字化转型需要企业内部对流程进行重新设计，员工需要适应新的工作方式和技术工具。如果企业缺乏合适的组织机制和管理能力来引导数字化转型，可能会导致转型过程中的阻力和混乱，从而影响生产效率的提高。三是变革管理不彻底。数字化转型是一个全面的变革过程，涉及组织结构、流程、文化等多个方面的调整和改进。如果企业只是在表面上做了一些改变，而没有进行全面的变革管理，那么数字化转型很可能无法取得预期的生产率提高效果。需要注意的是，光伏企业的数字化转型是一个长期的过程，在转型过程中会面临各种挑战和困难。尽管现阶段可能没有立即提高生产率，但数字化转型仍然是必要的，它可以为企业提供更好的数据分析、决策支持和信息共享能力，为未来的生产率提高奠定基础。

（五）拓展性分析：中国光伏企业绿色全要素生产率

绿色全要素生产率（GTFP）是在环境监管日益严格的背景下，衡量经济可持续发展水平和技术进步程度的重要指标之一，也是评估企业和产业竞争力的重要标准。相比传统的全要素生产率，绿色全要素生产率是一种综合考虑资源与环境代价的净生产率，强调经济效益与环境效益的协调性和可持续性，被视为加快增长方式绿色化转型的关键驱动力和实现经济高质量发展的根本途径。

　　本节参考钟等（Zhong et al.，2022）的做法，运用方向性距离函数和全局 Malmquist - Luenberger 指数（GML）测算。具体投入和产出指标选取如下：（1）期望产出选用企业主营业务收入进行衡量，并以 2009 年为基期进行平减处理；（2）非期望产出指标选取工业三废排放量（工业废水、工业二氧化硫、工业烟粉尘）进行衡量，由于难以获取企业层面数据，本节借鉴崔兴华和林明裕（2019）的做法选用城市排放数据进行加权处理；（3）投入指标选取劳动力、资本及能源进行衡量。能源要素投入采用天然气、液化石油气、电力三种能源，考虑到数据可得性，本节使用城市能源投入进行加权处理，具体计算公式为：

$$IE_t = IEC_t \times O_t / OC_t$$

其中，IE_t 为企业当期的能源要素投入，IEC_t 为当期城市的能源要素投入，采用天然气、液化石油气及电力进行估算，O_t 为当期企业的产出，OC_t 为当期城市的工业总产值。

　　根据方向性距离函数和 GML 生产率指数测度法，基于 2000 ~ 2020 年中国光伏上市公司投入产出数据，本节得到光伏全产业和产业链各环节绿色全要素生产率（见图 4 - 6）。考察期内，光伏全产业 GTFP 均值为 1.00593，即平均增速为 0.593%。光伏产业链各环节都在不断提高绿色全要素生产率，促进产业的可持续发展。其中，上游环节 GTFP 均值最大，为 1.00966，增速高于中游和下游环节。光伏上游的硅原料、单晶硅、多晶硅生产加工是光伏产业链中的起始环节，其绿色全要素生产率受到采矿、提炼等过程的影响。随着环保意识和环境规制的加强，越来越多的生产企业开始采用清洁生产技术，如水力选矿、气浮分选等，以降低污染物排放和能耗，提高资源利用效率。在光伏产业链中，光伏组件制造是中游环节，也是整个光伏系统中能效损失较大的环节之一，因此相关企业绿色全要素生产率增速较低。近年来，随着技术进步和市场需求的不断提升，光伏组件制造企业积极推进绿色生产，采用更环保的生产工艺和材料，提高组件的能效和可持续性，降低生产过程中的碳排放和废弃物排放。

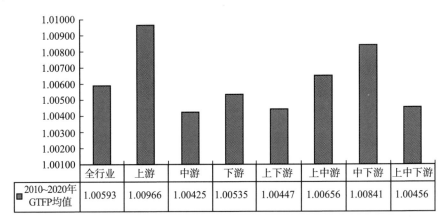

	全行业	上游	中游	下游	上下游	上中游	中下游	上中下游
2010~2020年GTFP均值	1.00593	1.00966	1.00425	1.00535	1.00447	1.00656	1.00841	1.00456

图 4-6 2010~2020 年中国光伏企业绿色全要素生产率（GTFP）增速情况

资料来源：由作者测算。

从 GTFP 的影响因素来看（见表 4-4），研发投入对光伏企业绿色全要素生产率的正向影响显著，并存在两阶段的一致性。研发投入对光伏企业的绿色全要素生产率具有促进技术创新、提高资源利用效率、优化产品生命周期等积极影响。可以帮助光伏企业引进和开发先进的光伏技术，提高光伏组件的效率和可靠性。一方面，通过研发投入，企业可以不断改进生产工艺、开发高效光伏材料，从而提高光伏系统的能量转换效率和发电性能，减少能源消耗和原材料浪费；另一方面，研发投入可以改进硅片、制造、组件生产等环节的工艺技术，降低能源成本和碳排放，实现绿色生产。此外，加大研发投入有助于光伏企业在整个产品生命周期中优化绿色环境表现。通过改进材料的循环利用率、减少可持续性风险等方面的研发投入，企业能够降低产品在制造、使用和处理过程中对环境造成的负面影响。因此，光伏企业通过增加研发投入，能够推动光伏技术的发展和应用，更好地满足可持续发展的需求。

表 4 - 4　　　　中国光伏企业绿色全要素生产率的影响因素

变量	2013 ~ 2017 年			2018 ~ 2019 年		
	（1）	（2）	（3）	（4）	（5）	（6）
海外收入	-0.0018 ** (0.0009)			-0.0016 ** (0.0008)		
研发投入		0.0051 * (0.0027)			0.0009 ** (0.0004)	
数字化转型			-0.6151 ** (0.2833)			1.4501 ** (0.6965)
常数项	1.0413 *** (0.0148)	0.9832 *** (0.0117)	1.0260 *** (0.0078)	0.9273 *** (0.1622)	0.8526 *** (0.1352)	0.9947 *** (0.0341)
样本数	229	167	229	138	138	138
Adj R^2	0.213	0.306	0.216	0.111	0.041	0.150

注：括号内为标准误；* $p < 0.1$，** $p < 0.05$，*** $p < 0.01$。

数字化转型对光伏企业绿色全要素生产率的影响在第二阶段

显著为正。在补贴退坡的政策背景下，光伏企业数字化转型对自身绿色全要素生产率的影响主要体现在资源优化、智能化生产、精准监控、绿色技术创新和环境管理优化等方面。通过数字化转型，光伏企业可以更好地实现绿色生产目标，提高生产效率，降低环境风险，增强可持续竞争力。例如，数字化转型可以帮助光伏企业更好地监控和管理生产过程中的资源利用情况，实现资源的优化配置和利用效率提高，通过实时数据分析和智能控制，企业可以更精细地调整生产参数，降低能耗、减少废物排放，从而提高绿色全要素生产率；数字化转型使得企业能够实现对生产过程的全方位监控和实时数据采集，通过数据分析和预测，可以提前发现并解决可能影响绿色生产率的问题，进而采取有效的改进措施，降低生产环境风险，提高绿色生产水平；数字化转型也能够帮助光伏企业建立健全的环境管理体系，提高环境监测、信息共享和沟通协调的效率，这有助于企业更好地识别和管理环保风险，推动绿色生产理念贯穿于企业全过程，提高绿色全要素生产率。

出口对于光伏企业绿色全要素生产率的影响未通过显著性检验，说明出口并不是直接导致光伏企业绿色全要素生产率增长的主要因素。光伏企业的绿色全要素生产率增长主要依赖于政府的政策支持、技术创新、数字赋能等多方面因素的综合作用。

第五章

中国光伏产业链供应链韧性和安全分析

党的二十大报告指出，当前我国产业链供应链可靠性和安全性还存在一些亟待解决的重大问题，要加强重点领域安全能力建设，确保粮食、能源资源、重要产业链供应链安全。近年来，以美、欧为代表的新能源需求重点区域正加大力度推进光伏制造回流，"贸易壁垒" + "产业政策扶持"已成为部分国家或地区发展本地光伏产业、遏制中国产品的组合拳。光伏产业作为中国能源资源的重要一环，必须将提高光伏产业链供应链韧性和安全水平摆在更加突出的位置上来，不断增强中国光伏产业链供应链韧性和安全水平。这不仅有助于提高中国光伏产业国际竞争力水平、推动光伏产业的高质量发展，也能够为全球能源转型和碳中和目标的顺利实现提供强大动力。

第一节 产业链供应链韧性和安全的定义与特征

产业链是以生产或服务阶段的分割为基础而形成的分工网络，

指的是产业内或产业间的联系；供应链是以企业的分工为基础而形成的企业之间分工协作关系，指的是企业将产品或服务提供给最终用户所形成的循环流转体系，两者重合度很高（亚洲开发银行，2021）。产业链、供应链二者侧重点有所不同，但很难截然分开，所以通常统称为产业链供应链。在全球社会化大生产时代，产业链是指有供需关系的行业或企业组成的一个供需链、生产分工链。产业链、供应链、价值链是从不同角度看待同一个事物，供应链是基于企业视角看待企业生产和产业的上、下游关系，产业链是基于更大尺度（国家或地区）看待企业社会化生产分工组织关系，价值链是从价值创造和价值转移角度看待产业链供应链。

从全球范围内来看，在经历新冠疫情冲击、俄乌冲突的影响后，各国愈发重视对产业链供应链安全的保障。早在 2020 年的 7 月 30 日，中共中央政治局会议提出："提高产业链供应链稳定性，提升国际竞争力。"与此同时，2021 年 2 月 24 日美国拜登政府也提出："美国需要更有韧性、多样性及安全性的供应链，以确保美国经济的繁荣，且要以供应链韧性重建国内制造业能力，保持美国在高科技领域的竞争优势。""韧性"也可称为"弹性"，最早是物理学的概念，指的是事物受外力冲击后恢复原样的能力。此后，"韧性"这一概念被管理学充分借鉴，特别是在供应链韧性领域取得了一系列丰富的成果。借鉴物理学的概念，供应链韧性被定义为供应链在受到外部冲击后恢复原样甚至更佳状态的能力。该定义主要从三方面强调了供应链韧性：一是事前应对突发风险的能力；二是事中应对供应链条断裂的能力；三是事后重建断裂的供应链条的能力。这些能力要求选择合适、多样及灵活的供应商来提升供应链韧性。马丁等（MaRtin et al.，2012）提出适应性韧性的四个研究维度：脆弱性、可恢复性、适应性与创新性，被众多学者采纳认可，并将此框架广泛应用于区域经济领域研究经济韧性（Junaid et al.，2019）。产业链供应链韧性的概念最早由中国提出，是一个政策性概念，代表一种特殊形式的社会分工协作网络，更聚焦于产业链抵御风险能力与恢复能力，是反映产业安全的一个重要属性。目前，学界对如何测算产业链供应链韧性和安全水平并没有达成一致意见，通行的做法是，参考经济韧性研究为产业链供应链韧性机理提供的支撑进行指标体系构建，进而评估产业韧性和安全水平。

在光伏产业链供应链韧性与安全方面的国内研究较为稀少。在光伏产业链供应链研究方面：赵勇（2024）指出随着欧美加快推动光伏供应链多元化和产业链本土化的趋势日趋明显，全球光伏企业的竞争格局或将发生变化，中国宜加快推动"出口导向"向"技术换市场"战略转变，加大对光伏电池技术研发和应用的支持力度，优化光伏产业链供应链全球布局，为光伏企业走出去做好服务支撑。孙广彬等（2024）认为中国光伏产业经过高速发展，摆脱了早期设备、原料与市场"三头在外"的发展局面，光伏企业的全球化发展也已从早先的内产外销的出口贸易模式（全球化1.0阶段：本地化服务国际化），过渡到深耕东南亚供应链的产业模式（全球化2.0阶段：国际化服务全球化），再逐步向构建全球区域产业链一体化的商业模式（全球化3.0阶段：全球化服务全球化）转变。为积极应对全球化所面临的困难与挑战，中国光伏企业应在合规经营的基础上，通过加大研发创新力度、强化渠道管理、优化供应链布局、深化与当地机构的合作等措施，不断提升企业综合竞争力，并力争在新一轮全球化竞争中保持行业领先地位。

在光伏产业安全方面，常啸（2023）认为产品价格恶性竞争影响光伏产品制造行业健康发展。他指出，近年来光伏产品制造企业为争夺市场，快速提升产能，出现了光伏产品产量供给不足与供给过剩并存的现象，造成市场价格竞争激烈、产品质量参差不齐。在市场竞争激烈的情况下，部分企业打起了价格战，导致光伏产品价格下降、企业利润空间缩小。为了降低成本，一些光伏企业采用低成本原材料，导致产品质量降低。光伏产业的病态竞争，直接影响中国能源生产材料供应安全与光伏产品制造行业的健康发展。陈仁坦（2024）以光伏大省江苏为例，指出供应链稳定性不足的技术现实包含江苏省光伏产业中金刚线线体材料、丝网材料（网版）、银粉（正面银浆）、背板内层材料氟碳涂层和电池生产设备中部分零部件等仍完全依赖进口，原材料供给和价格的稳定性无法保障。绝缘栅双极晶体管（IGBT）元件虽然已实现国产化，但是为保证产品稳定性和可靠性，国内逆变器厂商仍旧优先使用进口元器件，导致国产产品市场占有率很低，影响供应链相关企业的研发、生产积极性。

综合考量学术界意见、国家政策文件的相关表述及本书总体研究主旨，本章主要从开放经济视角出发，通过产业链、供应链、价值链及其相互之间的关系入手来理解产业链供应链的韧性和安全，从而对光伏产业链供应链韧性和安全进行测度评估。采用系统视角分析一国产业链供应链韧性和安全问题，由表及里解构该问题。首先，产业链供应链韧性和安全应从供应链畅通方面入手，这是最表层的方面。无论是供应（输入、进口）还是销售（输出、出口），渠道是畅通的，如有部分供应商（进口国家）或销售商（出口国家）试图切断渠道，那也应该很快可以找到替代的渠道。其次，产业链供应链韧性和安全更深一层次即中间层的要求是产业具有较好的国际竞争力，这是产业链供应链具有可恢复性、适应性与创新性的基础。最后，产业链供应链韧性和安全的根本要求是产业具有较好的创新能力和盈利能力，也就是在全球价值链中处于优势地位、具备价值链掌控能力，这是谋求产业链供应链韧性和安全的长期的根本落脚点。从长期来看，如果一个产业盈利能力很薄弱，那么其竞争力水平会有相当局限，即使该产业进、出口渠道是畅通的，也是没有多少价值的。可见，由表及里来看产业链供应链韧性和安全问题，供应链的畅通是表层的，产业有竞争力是中间层，而价值链掌控能力和产品盈利能力是底层。所谓产业链供应链韧性和安全问题，其实就是供应链、产业链、价值链的"健康程度"问题，是一个由表及里反映其韧性和安全水平的过程。

第二节 中国光伏产业链供应链韧性和安全评估

一、评估思路

按照前述由表及里的思路，对产业链供应链韧性和安全的测度，其实就是供应链、产业链、价值链"韧性和安全程度"的测度。第一，供应链的"韧性和安全程度"，即供应链是否畅通，主要与进口市场集中度和出口市场集中度有关。（进口或出口）市场越集中，意味着少数国家可能垄断（进口或出口）市场，则该国该产业的供应链韧性与安全堪忧，反之，市场越多元化，则该国该产业的供应链就安全和有保障。本章借鉴产业经济学中用于衡量市场集中度的 N 指数来度量供应链的畅通程度，具体包括进口集中度 N 指数和出口集中度 N 指数。第二，产业链的"韧性和安全程度"，即产业是否具有国际竞争力，如果一国某产业的国际市场竞争力强，那么该产业链供应链的韧性和安全度就比较高。测度产业国际竞争力指标很多，本章采用最常用的两个指标，即贸易竞争力指数（TC）和显示性比较优势指数（RCA）来测度。第三，价值链的"韧性和安全程度"，即在全球价值链所处的位置。若一国产业能掌控全球价值链或处于全球价值链高端环节，就越能获利，则该产业链供应链韧性和安全程度就越高。本章创造性采用两个指标来进行测度，即出口价与进口价之比（T）和出口价格相对优势指数（R）两个表征指标。由此构建光伏产业链供应链韧性和安全测度的指标体系，如表 5 - 1 所示。

表 5 - 1　　　　　光伏产业链供应链韧性与安全测度指标体系

评价维度	指标	评价标准				
		极差	较差	一般	较好	极好
供应链"韧性和安全度"	进口集中度 N 指数	$1 \leq N < 4$	$4 \leq N < 8$	$8 \leq N \leq 12$	$12 < N \leq 20$	$N > 20$

评价维度	指标	评价标准				
		极差	较差	一般	较好	极好
供应链"韧性和安全度"	出口集中度 N 指数	$1 \leqslant N < 4$	$4 \leqslant N < 8$	$8 \leqslant N \leqslant 12$	$12 < N \leqslant 20$	$N > 20$
产业链"韧性和安全程度"	贸易竞争力指数（TC）	$-1 \leqslant TC < -0.6$	$-0.6 \leqslant TC < -0.2$	$-0.2 \leqslant TC \leqslant 0.2$	$0.2 < TC \leqslant 0.6$	$0.6 < TC \leqslant 1$
	显示性比较优势指数（RCA）	$0 \leqslant RCA < 0.4$	$0.4 \leqslant RCA < 0.8$	$0.8 \leqslant RCA \leqslant 1.25$	$1.25 < RCA \leqslant 2.5$	$RCA > 2.5$
价值链"韧性和安全程度"	出口价与进口价之比（T）	$0 < T < 0.4$	$0.4 \leqslant T < 0.8$	$0.8 \leqslant T \leqslant 1.25$	$1.25 < T \leqslant 2.5$	$T > 2.5$
	出口价格相对优势指数（R）	$0 < R < 0.4$	$0.4 \leqslant R < 0.8$	$0.8 \leqslant R \leqslant 1.25$	$1.25 < R \leqslant 2.5$	$R > 2.5$

表 5-1 提到的指标体系，计算公式和取值范围分别是：N 指数 = 1/HH 指数 = 1/市场份额的平方和。N 指数为 HH 指数（赫芬达尔-赫希曼指数）的倒数，HH 指数是产业组织和反垄断事务中经常用到的一种测量产业集中度的综合指数，但 HH 指数的经济学含义不清晰，而 N 指数具有很好的经济学解释就是相当于市场上有多少个"势均力敌"的竞争者是一个"当量"的概念（竞争者个数）。N 指数取值范围为 [1, ∞)，若 N 指数越趋近于 1 表示市场越集中，数值越大表示市场越分散。一般地，若 N 指数在 10 左右，意味着市场上有 10 个左右的竞争者在竞争，则哪一

个参与竞争的企业（国家）都不能垄断市场。

贸易竞争力指数 TC =（出口额 − 进口额）/（出口额 + 进口额）。取值范围是［−1.1］。取值在 0 附近，表示竞争力一般，越趋近于 −1 表示越没有国际市场竞争力，越趋近于 1 表示国际市场竞争力越强。

显示性比较优势指数 RCA =（本国 i 产业出口额/全球 i 产业出口总额）/（本国出口额/全球出口总额）。取值范围为［0，∞），越趋近于 0 表示越缺乏国际市场竞争力，数值越大表示国际市场竞争力越强。经验表明，取值在［0.8，1.25］表示竞争力一般。

出口价与进口价之比 T = 本国平均出口单价/本国平均进口单价。T 的取值范围为（0，∞），数值越接近于 0 表征该国该产业越处于全球产业链价值链的低端环节，数值越大越能表征该国该产业处于产业链价值链的高端环节，以及对全球产业链价值链的掌控能力越强。一般地，取值范围介于［0.8，1.251］，表示处于价值链的中游环节。

出口价格相对优势指数 R = 本国平均出口单价/世界平均出口单价。R 的取值范围为（0，∞），数值越接近于 0 表明该国该产业越处于全球产业链价值链的低端环节，数值越大越能表明该国该产业处于产业链价值链的高端环节，以及对全球产业链价值链的掌控能力。一般地，取值范围介于［0.8，1.25］，表示处于价值链的中游环节。

二、测算和评估

本节首先从联合国贸易和发展会议数据库（UN Comtrade）下

载 HS6 位码的光伏产品进出口数据，其次测算表 5 - 1 中的六个指标，并以此来评价中国光伏的产业链供应链韧性与安全。需要说明的是，UN Comtrade 数据库中只能下载到 HS 6 位码的光伏产品进出口数据，三类光伏产品的具体编码如下：多晶硅的 HS 6 位码为 280461，硅片的 HS 6 位码为 381800，电池片/组件的 HS 6 位码为 854140、854142、854143、854149、854150、850171、850172、850180。

（一）供应链"韧性和安全程度"：进出口市场多元化评估

总体而言，目前基于供应链视角中国光伏产业在国际市场的供销能力处于健康水平，出口韧性和安全性较优，进口韧性和安全性一般。从表 5 - 2 来看，2010 ~ 2023 年，光伏产品进、出口集中度 N 指数均呈现上升趋势。

表 5 - 2　　　2010 ~ 2023 年光伏产业进、出口集中度 N 指数变化情况

年份	进口集中度 N 指数				出口集中度 N 指数			
	光伏产品	多晶硅	硅片	电池片/组件	光伏产品	多晶硅	硅片	电池片/组件
2010	7.08	4.13	5.01	5.96	7.07	5.19	3.88	6.22
2011	7.00	4.54	5.46	5.54	9.41	2.88	3.18	8.38
2012	6.34	3.84	4.22	5.10	10.33	2.42	3.46	9.30
2013	5.74	4.01	3.84	5.01	10.50	2.87	3.19	9.47
2014	5.93	3.90	4.33	5.05	9.59	3.10	2.97	8.75
2015	6.03	3.74	4.77	5.36	10.52	4.70	2.89	9.72
2016	6.33	3.39	4.99	5.30	11.54	3.32	4.60	10.02
2017	6.76	3.49	4.89	5.87	11.76	5.73	6.03	9.67
2018	7.03	3.75	4.67	6.23	16.92	4.68	6.73	15.11

年份	进口集中度 N 指数				出口集中度 N 指数			
	光伏产品	多晶硅	硅片	电池片/组件	光伏产品	多晶硅	硅片	电池片/组件
2019	7.07	3.80	4.59	6.06	19.55	4.08	7.24	18.40
2020	7.02	3.28	4.67	6.25	17.20	4.51	7.76	16.26
2021	7.39	3.32	4.55	6.58	15.94	3.75	7.65	14.05
2022	7.73	2.57	4.90	6.26	14.10	3.86	7.13	11.69
2023	8.24	2.48	5.42	6.66	17.96	3.20	7.72	15.16

资料来源：作者根据从联合国商品贸易统计数据库下载的光伏产品进出口数据计算整理得到。

其中出口集中度 N 指数上升幅度较快，2023 年达到 17.96，是 2010 年的 1.54 倍，处于较好区间；进口集中度 N 指数为 8.24，处于一般区间，较 2010 年增长 16.4%。分类来看，无论是多晶硅、硅片，还是电池片/组件，进口集中度 N 指数在大部分时间均小于出口集中度 N 指数，表明这些类别的保销能力比保供能力要强。多晶硅的进出口 N 指数均呈现显著下降趋势，表明多晶硅供销国际市场均趋于集中，保供、保销情况不容乐观。而电池片/组件的进出口集中度 N 指数要高于多晶硅和硅片，说明电池片/组件的保供保销能力更强。

（二）产业链"韧性和安全程度"：产业国际竞争力评估

表 5 - 3 列出相关计算结果，中国光伏产业国际竞争力呈现稳步上升趋势，尤其是在新冠疫情以来的 2022～2023 年，光伏产品的贸易竞争力指数（TC）与显示性比较优势指数（RCA）均迈入了极好区间，显示出当前中国光伏产业整体突出的国际竞争力与

较优的产业链韧性和安全程度。分类来看，电池片/组件的 TC、RCA 指数优于硅片，后者又优于多晶硅。从 TC 指数来看，多晶硅在考察期内均为负值，2023 年为 -0.75，说明中国多晶硅贸易逆差较为严重，贸易竞争力极差。但从显性比较优势来看，多晶硅由 2010 年的 0.29 上升为 2023 年的 0.35，反映出其在国内乃至全球出口的占比增长。硅片、电池片/组件两大环节，我国 TC、RCA 指数均呈现增长态势，其中电池片/组件表现较优，目前已处于极好区间。

表 5 - 3　2010～2023 年光伏产业贸易竞争力指数（TC）、
显示性比较优势指数（RCA）变化情况

年份	贸易竞争力指数（TC）				显示性比较优势指数（RCA）			
	光伏产品	多晶硅	硅片	电池片/组件	光伏产品	多晶硅	硅片	电池片/组件
2010	0.40	-0.85	0.21	0.54	2.63	0.29	1.65	3.04
2011	0.37	-0.90	0.13	0.54	2.82	0.22	1.60	3.34
2012	0.25	-0.88	0.05	0.37	2.32	0.22	1.42	2.71
2013	0.21	-0.80	0.29	0.27	2.24	0.30	1.74	2.51
2014	0.23	-0.87	0.38	0.30	2.36	0.20	1.96	2.65
2015	0.28	-0.84	0.43	0.34	2.27	0.26	1.73	2.54
2016	0.23	-0.88	0.49	0.29	2.08	0.19	2.11	2.25
2017	0.21	-0.89	0.48	0.27	2.13	0.21	2.22	2.30
2018	0.25	-0.90	0.26	0.33	2.25	0.18	1.64	2.58
2019	0.42	-0.89	0.11	0.52	2.55	0.18	1.36	2.95
2020	0.42	-0.86	0.10	0.51	2.28	0.19	1.27	2.60
2021	0.43	-0.88	0.17	0.54	2.49	0.21	1.50	2.84
2022	0.70	-0.87	0.32	0.86	3.20	0.22	2.00	3.71
2023	0.77	-0.75	0.42	0.91	3.29	0.35	2.17	3.74

资料来源：作者根据从联合国商品贸易统计数据库下载的光伏产品进出口数据计算整理得到。

（三）价值链"韧性和安全程度"：出口盈利能力评估

表5－4列出相关计算结果显示，无论从出口价与进口价之比（T）还是出口价格相对优势指数（R）来看，中国光伏产品均处于不容乐观水平。其中出口价与进口价之比（T）呈现波动下降趋势，2023年仅为0.13，位于极差区间，而出口价格相对优势指数（R）虽然有所上涨（2023年为0.80），但也处于较差区间。分类来看，2023年多晶硅的T和R指数分别为0.96和0.94，表现相对较好，位于一般区间。电池片/组件T和R指数2023年分别为0.21和0.94，出口价与进口价之比表现极差，而出口价格相对优势指数表现一般。硅片T和R指数2023年分别为0.12和0.47，二者均呈现明显下降趋势。诸多细分产品出口价与进口价之比和出口价格相对优势指数偏低的事实，反映了中国光伏产业处于全球产业链价值链的低端环节。

表5－4　　2010～2023年光伏产业出口价与进口价格之比及
出口价格相对优势指数变化情况

年份	出口价与进口价之比（T）				出口价格相对优势指数（R）			
	光伏产品	多晶硅	硅片	电池片/组件	光伏产品	多晶硅	硅片	电池片/组件
2010	0.15	1.40	0.51	0.06	0.63	1.41	1.17	0.71
2011	0.13	1.38	0.53	0.04	0.62	1.59	0.75	0.73
2012	0.13	2.06	0.28	0.04	0.60	1.51	0.51	0.71
2013	0.13	1.59	0.26	0.04	0.61	1.01	0.61	0.69
2014	0.71	1.88	0.30	—	2.48	1.40	0.59	—
2015	0.15	1.20	0.32	0.04	0.64	0.93	0.53	0.73

续表

年份	出口价与进口价之比（T）				出口价格相对优势指数（R）			
	光伏产品	多晶硅	硅片	电池片/组件	光伏产品	多晶硅	硅片	电池片/组件
2016	0.04	—	—	0.05	0.55	—	—	0.67
2017	0.16	1.26	0.25	0.05	0.57	1.05	0.45	0.66
2018	0.11	2.94	0.12	0.03	0.55	2.27	0.32	0.69
2019	0.10	4.64	0.11	0.02	0.61	2.60	0.27	0.78
2020	0.07	2.48	0.11	0.02	0.62	1.43	0.27	0.78
2021	0.08	0.67	0.15	0.04	0.65	0.55	0.35	0.81
2022	0.18	0.51	0.19	0.28	0.89	0.50	0.45	1.07
2023	0.13	0.96	0.12	0.21	0.80	0.94	0.47	0.94

资料来源：作者根据从联合国商品贸易统计数据库下载的光伏产品进出口数据计算整理得到。

第三节　中国光伏产业链供应链韧性和安全存在的挑战和问题

近年来，受新冠疫情冲击、原材料价格高企与国际政治经济由合作转为竞争为主的格局等多种因素的影响，全球产业链供应链朝着多元化、内向化、区域化方向进行系统重构，对中国光伏产业链供应链韧性和安全带来了巨大的挑战。在此情形下，鉴于我国供应链渠道畅通方面面临挑战，特别是主要出口国家试图切断渠道，光伏产业国际竞争力仍有提升空间、少数原材料与核心零部件仍存在"卡脖子"现象，抵御外部冲击能力有限，提升光伏产业链供应链韧性和安全面临的局面复杂、不确定性很大。

一、各国均强调产业链供应链安全，加剧"脱钩"风险

一方面，通过近20年的努力，中国光伏产业链凭借规模和成本优势、技术水平的持续提高，已经确立并保持产业规模全球第一、生产制造全球第一、技术水平全球第一的领跑地位；另一方面，一些观点认为，全球供应链的集中程度也带来了潜在挑战和脆弱性。

2022年，国际能源署（IEA）发布《太阳能光伏全球产业链特别报告》指出，到2025年，世界将几乎完全依靠中国来供应太阳能电池板生产的关键构件，全球供应链的地理集中程度也带来需要解决的潜在挑战，应当考虑制定产业政策并多样化原材料和光伏进口路线以减少供应链的脆弱性。事实上，各国也已开始通过加大补贴、改善产业生态等方式进行光伏产业扶持，吸引制造业回流本土。例如，2022年8月，美国《通胀削减法案》（IRA）出台，从制造端角度来看，政策包括了对光伏产业链各环节的税收抵免，抵免额度分别为光伏硅料（3美元/kg）、硅片（12美元/m^2）、电池片（4美分/W）、组件（7美分/W），并提出获得ITC（美国国际贸易委员会）补贴中本土制造10%额外奖励的计算细则，要求钢铁须100%来自美国，制成品（光伏组件、逆变器、支架等）中的美国本土制造占比需超40%以上；2023年3月，欧盟《净零工业法案》和《关键原材料法案》提案指出，到2030年，关键原材料加工、本土制造能力接近或达到欧盟年度部署需求的40%以上；印度近年来推出生产关联激励（PLI）计划，合计激励本土组件产

能达 51.6GW。在助力光伏技术创新研发和商业化发展方面，欧盟将"创新基金"作为补贴光伏产业的重要金融工具，截至 2023 年底已公示三轮资助项目，涉及 5 个光伏制造项目，主要采取异质结技术，资助总额超 4 亿欧元；美国能源部公布 2022 年度光伏研发资金扶持项目，旨在开发与改进钙钛矿等电池技术，资助总额超 2000 万美元；澳大利亚可再生能源署（ARENA）于 2022 年初公布了超低成本光伏（ULCS）扶持计划，已覆盖钙钛矿/硅叠层技术。在当前形势下，如果各国"各自为政"，片面强调自身产业链供应链安全，将产生"合成谬误"效果，反而不利于全球产业链供应链安全，将加剧"脱钩"风险。

二、发达国家试图降低对华光伏供应链依赖度，出口贸易的应对难度不断增大

出于维护能源安全、加快净零碳转型、提高能源经济竞争力等目的，欧美等经济体利用反倾销、反补贴、反规避等贸易壁垒手段，试图降低对中国光伏供应链的依赖。从美国来看，采取"大棒 + 胡萝卜"方式，通过"双反"征收高额关税等措施限制中国光伏产品进入其市场，早在 2011 年，美国就开始启动对中国太阳能电池（板）的反倾销和反补贴"双反"调查，2012 年终裁征收 14.78% ~ 15.97% 的反补贴税和 18.32% ~ 249.96% 的反倾销税。自此，中国光伏产业遭遇了来自海外不同国家或地区制定的一系列贸易壁垒，包括美国 201 和 301 条款、印度光伏基本关税（BCD）等。为应对全球重要市场——欧美地区"双反"等系

列调查与制裁，天合光能、晶澳科技、晶科能源、阿特斯、正泰电器、隆基绿能科技股份有限公司等约 20 家中国光伏企业在东南亚投资建厂，在规避贸易壁垒的同时，也引发了新的贸易风险。2024 年 5 月 15 日，美国商务部宣布对进口自柬埔寨、马来西亚、泰国和越南的晶体硅光伏电池发起反倾销和反补贴调查；5 月 22 日，美国贸易代表办公室就对华加征 301 关税发布公告称，对光伏电池等一系列中国进口商品大幅加征关税的部分措施于 8 月 1 日生效；5 月 16 日，白宫公告表示将取消目前进口双面光伏组件所享受的 201 关税豁免。"双反"调查叠加取消 201 关税豁免或将影响中国企业在东南亚基地的产品出口，中国光伏企业面临需要再次通过转移出口国来规避经营风险的选择。

三、部分原材料与核心零部件"卡脖子"现象突出

在主产业链中的多晶硅、硅片、电池片、组件主要环节上，中国产能均占全球的 80% 以上，拥有全球最完整的光伏产业供应链优势，中国光伏产业配套完备，产能产量优势明显，成为全球当之无愧的"顶流"。然而在某些环节，中国光伏仍然在被"卡脖子"（见表 5 – 5）。这些环节主要包括石英砂、胶膜、封装材料、电池生产设备中部分零部件等，进口依赖度高。光伏逆变器（IGBT）元件虽然已实现国产化，但是为保证产品稳定性和可靠性，国内逆变器厂商仍旧优先使用进口元器件，导致国产产品市场占有率很低，影响供应链相关企业的研发、生产积极性（陈仁坦，2024）。

表 5 – 5 中国光伏"卡脖子"环节梳理

"卡脖子"环节	功能用途	市场分布及表现
石英砂	高纯石英砂在光伏产业主要应用于光伏玻璃制造及硅片上游石英坩埚内层材料	全球仅三家企业具备规模量产高纯石英砂的能力，分别是美国尤尼明（Unimin）、挪威石英（TQC）和国内江苏太平洋石英股份有限公司。我国高纯石英砂的制备研究起步较晚，并且只能生产中、低端产品，高端石英砂仍需从国外进口
聚烯烃弹性体（POE）粒子	POE 胶膜的核心上游原材料，成本在光伏胶膜的生产总成本中占比超80%	世界主要 POE 粒子供应企业：陶氏化学公司（Dow）、埃克森美孚公司（Exxon）、三井物产株式会社（Mitsui）、SK 综合化学与沙特基础工业公司（SK – SABIC）、乐金集团（LG）等。POE 粒子生产迄今被海外垄断，目前在国内尚未形成工业化量产。国内多家企业从 2017 年以来开始陆续在 POE 产品领域开始相关研发布局，目前东方盛虹子公司斯尔邦石化、万华化学等多家企业 POE 项目进展到中试阶段，中试装置规模普遍在千吨级别，预计 2024 年底国内自主开发的工业化 POE 装置能够投产
乙烯 – 醋酸乙烯酯共聚物（EVA）光伏料	光伏 EVA 胶膜生产所需原料 EVA 树脂技术含量高，生产工艺难度更大，投产时间长。受专利技术所限，目前国产 EVA 以中、低端料为主，EVA 光伏料 60% 左右依赖进口	国产 EVA 以中、低端料为主，EVA 光伏料60% 左右依赖进口。我国具备量产 EVA 光伏料能力的厂家仅有江苏斯尔邦石化有限公司、联泓新材料科技股份有限公司和台塑工业（宁波）有限公司三家。2022 年浙江石油化工有限公司、陕西延长中煤榆林能源化工有限公司、中化泉州石化有限公司、中国石化扬子石油化工有限公司等企业都增加了国产化比重
低温银浆	光伏银浆是电池片的核心辅材。浆料分为低温银浆和高温银浆。高温银浆是当前市场的主要产品，占光伏银浆供应总量的98%以上。低温银浆主要供异质结（HJT）电池使用	HJT 低温银浆市场占有率最大的供应商是来自日本的京都电子，此外贺利氏、LG、北陆涂料株式会社（Namics）、杜邦公司也有比较成熟的产品，国内厂商中南通天盛新能源股份有限公司、苏州晶银新材料科技有限公司、常州聚和新材料股份有限公司、帝科电子材料（宜兴）有限公司都有一些较为稳定的产品，但供 HJT 电池使用的低温银浆国产化程度则仍然较低

续表

"卡脖子"环节	功能用途	市场分布及表现
跟踪支架	能够自动调整组件角度以跟随太阳运动的光伏支架系统，以最大程度地提高光伏组件的捕捉太阳能效率	在跟踪支架市场，北美、拉美、中东市场占有率都达到了 80% 以上。跟踪支架仍然是国外垄断的行业，前十名只有江苏中信博新能源科技股份有限公司、天合光能股份有限公司
光伏逆变器绝缘栅双极晶体管（IGBT）	绝缘栅双极型晶体管，是光伏逆变器的核心器件，IGBT 模块占光伏逆变器成本的 15%～20%	全球 IGBT 市场目前被德国、日本和美国企业垄断，大厂商主要为英飞凌、三菱、富士电机、安森美和赛米控。目前国产 IGBT 厂家产品在 35KW 以内的光伏应用场景性能指标已经基本满足需求，可以应用于全球户用光伏市场，但较大功率的逆变器所需的 IGBT 模块仍存在国产替代空间
光伏靶材	主要用于制备光伏电池片中所需要的薄膜，是光伏电池的关键原料。光伏薄膜电池用靶材纯度要求一般在 99.99% 以上，仅次于半导体，氧化铟锡（ITO）靶材是当前光伏电池主要的溅射靶材	四大日、美企业包括日矿金属、霍尼韦尔、东曹和普莱克斯占据 80% 市场份额，ITO 靶材更是几乎由日矿金属、三井矿业、东曹、韩国三星等日、韩企业垄断。国内 ITO 靶材约有 20 多家企业，约占国内市场 30% 的份额，主要企业有福建阿石创新材料股份有限公司、洛阳隆华传热节能股份有限公司、株洲冶炼集团股份有限公司、广东先导稀材股份有限公司等
清洗制绒、等离子体增强化学气相沉积（PECVD）、物理气相沉积（PVD）等设备	HJT 生产仅有四大工艺步骤，对应的设备分别为清洗制绒设备、PECVD 设备、PVD 设备、丝网印刷设备	清洗制绒海外设备商主要以日本 YAC 株式会社、德国星格乐斯（Singulus）和德国莱纳（Rena）为主，国际先进低压扩散主要集中于欧洲少数几家公司，PVD、PECVD 装备也以国外供应商为主，国产装备的性能和稳定性还有待提升

资料来源：作者根据公开材料整理。

四、产业链供应链海外布局成本高，针对欧美市场投资动力不足

优化光伏产业链供应链布局，完善在国际市场的投资分布，是我国光伏企业降低内部交易成本、增加产业发展灵活性、提高市场风险预判与抵御能力的一项重要选择。目前，中国企业"出海"布局光伏产业的制造端成本相比国内仍不具备优势。据欧盟委员会测算，中国光伏制造总成本较欧洲地区低35%，较美国和印度分别低20%和10%。以组件制造为例，2022年，中国光伏组件生产商的制造成本较美国和欧盟低50%以上。据信息链咨询（InfoLink）资料显示，如在美国投资建厂，不考虑前期固定资产投入，仅就生产制造环节的成本而言，美国的人工、水电成本比中国高出10%左右，同时考虑到部分组件辅材采购自中国以外区域，成本还会再增加10%～25%，该两项成本就已经大幅推高了生产成本。同时，调查中国企业在选择海外地区布局产能时也发现，与国内配套环境相比，大部分国家的光伏产业处于起步阶段或初期阶段，基础设施方面还比较薄弱，且缺乏相关的配套产业。例如，欧洲地区具备部分铝浆、银浆、减反射膜、EVA、POE等材料供应，而美国地区具备一定的钢、铝、树脂等生产条件，但光伏主要材料与部件仍来源于中国。很多地区的辅材辅料难以达到生产工艺要求，增加了海外工厂的供应链管理难度。在未来的几年里，中国光伏企业如何完善当地的产业链配套，面临较大的挑战。

五、创新加速背后专利稳定性存在隐患

从技术角度来看，2014～2023年底，中国企业、研究机构共打破光伏电池片实验室效率世界纪录62次。中国成为推动产业创新的重要一极，为全球光伏技术进步贡献了"中国力量"。随着新技术、新产品的产业化加速推进，企业愈发重视创新、专利布局和知识产权保护。但根据《光伏产业专利发展年度报告（2024）》（见表5-6），在TOPCon电池领域，中国授权、实审及公开专利占总申请量的58.1%。失效专利占总申请量的41.9%，即近一半的专利失效。其中，撤回和被驳回超过26%，因未缴年费而失效的专利近13%。在BC电池领域，中国授权、实审及公开专利占总申请量的64.9%。失效专利占比35.1%，其中，撤回和被驳回专利数量占比超过23%；因未缴年费而失效的专利占比超过11%。在HJT电池领域，中国授权、实审及公开专利占总申请量的68.5%。失效专利占比31.5%，其中，撤回和被驳回专利数量占比超过18%，因未缴年费而失效的专利占比超过10%。报告指出，中国创新主体在三种电池领域申请的专利仍存在质量不高的问题，光伏产业专利质量水平与数量优势不匹配的问题依然存在，部分专利缺乏战略意义而使创新主体丧失维护权利的主动性，最终导致大量申请专利失效。海外企业重点关注钙钛矿、异质结等新型光伏技术路线，力争弯道超车。据不完全统计，2022年以来，以欧洲为例，异质结、钙钛矿光伏电池产能建设计划已超过13GW，在各类型电池中份额占比超过60%，排名第一。欧美各国

企业正试图对中国光伏产业发展进行制约与抗衡，给中国光伏产业在全球保持领军地位带来了一定的挑战。

表 5 - 6　　　　　　　　光伏电池专利授权状态分布情况

法律状态	TOPCon 电池专利法律状态		BC 电池专利法律状态		HJT 电池专利法律状社	
	专利数量（件）	失效占比（%）	专利数量（件）	失效占比（%）	专利数量（件）	失效占比（%）
撤回	839	13.37	344	12.10	180	8.09
驳回	835	13.31	314	11.04	237	10.66
未缴年费	810	12.91	314	11.04	224	10.07
期限届满	98	1.56	17	0.60	34	1.53
避重放弃	29	0.46	15	0.53	15	0.67
放弃	20	0.32	5	0.18	11	0.49
部分无效	1	0.02	1	0.04	0	0.00

资料来源：中国光伏行业协会知识产权专业委员会．光伏产业专利发展年度报告（2024）［R］．2024．

专利稳定性输出问题还体现在核心技术制裁所导致的出口受限。欧美等国家企业频频针对中国企业提起知识产权诉讼，通过"专利之争"以限制相关产品进口，试图遏制中国光伏企业在欧美市场的发展，并在全球光伏市场"蛋糕"争夺战中获利。比如，2019 年，韩华集团在美国、德国和澳大利亚等国针对隆基和晶科等企业提起有关涉嫌侵犯专利权的诉讼；2020 年，索拉瑞亚（SolaRia）与迈为太阳能技术（Maxeon）两家公司分别针对阿特斯在美国、日本等国提起专利侵权诉讼；2021 年，超硅（Advanced

Silicon）公司就专利侵权问题向美国国际贸易委员会提起包括中国在内的 28 家企业的 337 调查申请；2023 年，迈为在德国杜塞尔多夫地方法院对通威太阳能有限公司提起了专利侵权诉讼。尽管隆基与韩华于 2023 年 5 月正式达成专利交叉许可，这类事件也为中国光伏企业加强对知识产权、核心技术管理与保护工作敲响了警钟。

第四节　提升中国光伏产业链供应链韧性和安全水平的思考

一、注重强链补链延链，夯实本土产业链供应链根植性

（一）需求牵引，重点发展高转换率太阳能电池

一是积极发展上游关键配套节点。大力发展颗粒硅、电子级多晶硅，积极培育发展大尺寸、薄硅片，以及与下游工艺需求相匹配的高品质硅片制备技术，提升单晶硅片工艺技术。支持光伏玻璃、铝型材等量大、面广的配套材料发展，积极发展宽幅、超薄光伏玻璃；重点引进浆料、EVA 树脂、TCO（透明导电氧化物）导电玻璃、PVF 膜（聚氟乙烯）、接线盒等上游配套产品。二是支持重点技术突破和提升。支持国内研发机构和企业重点突破高转换率长寿命光伏电池相关技术，支持金属穿透（MWT）组件技

术、背面钝化技术、浆料技术、贱金属电极技术的突破和提升，加大 N – TOPCon（N 型双面钝化）、HJT（异质结）、IBC（交叉指式背接触）等新型高效电池技术研发。三是加大光伏多场景应用推广。抓住国内光伏市场大规模应用加速发展机遇，推进光伏在经济社会发展中的深度应用与示范，重点推进光伏建筑一体化、光伏工厂和光伏社区建设，开展分布式智能光伏电站、"光伏 + 5G"、"光伏发电 + 电解水制氢 + 储能"、"光伏 + 交通"、"光伏 + 户外景观"等应用示范，带动发展光伏下游应用环节及其相关产品，培育形成一批拥有自主知识产权、技术水平较高和竞争能力较强的光伏发电系统的制造、设计、施工及服务产业集群。

（二）高端布局，培育发展高效组件和跟踪支架

一是支持高效光伏组件的研发和产业化。对标国际先进技术产品发展动向，大力发展智能高效光伏组件，重点关注大尺寸组件、双面双玻组件、半片封装组件，适度发展双玻与宽版大尺寸光伏玻璃、TCO（透明导电氧化物）导电玻璃等；积极开展提高光电转换效率及降低衰减、发电成本等工艺技术研究，培育引进基于 N 型 TOPCon、HJT 和 IBC 技术的高效组件产品。二是培育高效逆变器及配套装备。基于因地制宜、科学设计的理念，强化技术创新，重点研发适用于各种应用场景的智能逆变设备，打造集电力变换、远程控制、数据采集、在线分析、环境自适应等于一体的高效智能光伏逆变器、控制器、汇流箱等智能装备，持续提升电网友好性。适应光储融合、光伏制氢的发展趋势，重点发展逆变储能光伏系统等光储一体化产品，抢先布局光储、光氢一体

的电力转换设备研发及产业化。三是大力发展智能跟踪支架。突破单轴和双轴跟踪支架核心技术及产业化技术，聚集提高跟踪效率、降低成本，推进科技成果产业化，提升材料和支架等保障能力。

(三) 创新策源，前瞻布局薄膜电池部件和系统

一是规划发展薄膜电池部件和系统。针对光伏建筑一体化 (BIPV) 发展趋势及柔性化应用的需求，鼓励有条件地区重点发展碲化镉薄膜 (CdTe) 电池和铜铟镓硒 (CIGS) 薄膜太阳能电池产品，实现本地化产业链优势。二是研发储备非晶硅电池核心技术。引导企业通过产学研合作等途径进行低成本薄膜电池制备技术研发及产业化，力争突破碲化镉薄膜 (CdTe) 电池和铜铟镓硒 (CIGS) 薄膜太阳能电池大规模低成本制备技术。密切关注钙钛矿电池技术进展，支持相关技术突破。

(四) 绿色发展，加大产业循环发展力度

一是填补政策空白。科学合理测算光伏组件大规模废弃时间点，以供行业从业人员和政策制定人员参考。由能源部门牵头，研究、制定和发布《废弃光伏组件回收处理管理办法》，对废弃光伏组件回收责任主体、处理企业资格认定、回收处理流程等进行明确的规定。由光伏协会牵头成立光伏组件回收处理专委会，梳理完善组件回收技术标准体系和认证规则，做好标准顶层设计，加快标准制修订，探索光伏组件回收点设置、委托处理等工作。二是加强技术攻关。支持开展光伏组件回收基础研究和关键技术开发，超前布局光伏循环利用的产业体系，不断提高光伏产品的

回收率和再循环率。通过提高电池产品梯级利用与资源回收再利用比例，实现光伏电池行业的健康可持续发展。加强光伏产品绿色化设计，从材料选择和产品设计端即考虑后续回收处理问题，如开发更有利于胶膜、背板、玻璃等分离的封装材料，研发并推广柔性组件产品等。三是理顺回收机制。参照家电领域"生产者责任"，即生产企业不仅要在产品的生产过程之中负责，还要将其延伸到产品的整个生命周期，特别是废旧后的回收和处置，将其废件回收内化为企业自身的一部分。以光伏组件的生产、销售、安装的销售网络为依托，逆向建立废件回收网络，在废旧光伏组件回收工作中积极承担相应的社会责任。鼓励光伏生产企业加大回收技术的储备，推动具备条件的企业参与废旧电池回收利用体系建设。破解分布式光伏组件回收等行业性难点，以及电力国企因担心国有资产流失不提供废弃组件、废弃组件省级流通等政策性障碍。

（五）数智赋能，构建智能光伏生产与运维系统

围绕制造业重点企业，大力加强光伏产业智能工厂和数字化车间建设，同时鼓励中小光伏企业有序开展智能化升级改造，重点提升光伏电池及其部件的智能制造水平，加大电池生产自动化设备的推广应用，包括自动上下料、自动导片插片、自动串焊、自动装框、自动灌胶、自动包装等生产环节的自动化、智能化水平。提高逆变器的制造效率和可靠性，完善逆变器检测、包装、安装等过程的自动化和智能化。鼓励研发具有自动控制关断、实时监测运行功能的智能光伏组件产品，发展集自动控制、信息采

集与处理、环境适应等一体化的智能控制器、汇流箱、储能系统与跟踪系统，不断提升智能光伏产品的研发和生产水平。充分应用物联网、大数据、人工智能、5G 通信等新一代信息技术，支持智能清扫、智能跟踪、智能监控技术等先进运维技术的研发及应用。重点开发智能光伏发电管理系统，实现信息采集与分析、远程监控与调度、智能检测与诊断、故障报警与处理的一体化运行与管理，提高光伏系统效率和减少运维费用，降低度电成本。鼓励存量光伏电站智能化升级改造，加快智能清扫机器人、智能巡检无人机等智能化设备和产品的应用，探索智能运维和共享运维模式。

二、推进产学研深度融合，推动创新链、产业链、人才链深度融合

（一）打造创新平台

鼓励光伏企业、高校和科研院所、金融机构等共建光伏创新发展平台，形成联动互补的融合发展和创新氛围。强化产业生态与创新扶持的助推作用，避免同质化竞争，提升产业技术创新能力与核心竞争力，形成引领光伏产业技术创新的联合团队。建设一批集技术研发、项目中试、成果转化、孵化投资、创业服务、人才培养等功能于一体，独立核算、自主经营、独立法人的新型光伏研发机构。发挥重点（工程）实验室、工程（技术）研究中心、企业技术中心、工业设计中心、质检中心等各类创新平台作用，着力提升光伏产业技术创新水平。

（二）加快"互联网＋"科技成果转移转化

组织实施大型科技行动计划，开展跨学科、大协作、高强度的科技创新活动。以"互联网＋"科技成果转移转化为核心，集聚成果、资金、人才、服务、政策等各类创新要素，打造线上与线下相结合的光伏技术市场平台。支持企业、高校、科研院所建设一批运营机制灵活、专业人才集聚、服务能力突出、具有较大影响力的光伏技术转移机构，打造连接国内外技术、资本、人才等创新资源的光伏技术转移网络。

（三）夯实人才支撑基础

加快建设高素质光伏产业人才队伍，为光伏产业的技术创新提供人才支撑。支持和鼓励企业根据自身发展所需培养、引进相关人才，加大人才自主培养力度。鼓励高校、科研院所与企业联合培养光伏产业高级人才、专业技术人才、高技能人才和管理人才，探索建立人才联合培养机制。进一步提升和完善人才的服务保障，鼓励各地将更多光伏及新能源产业人才纳入高层次人才目录，统筹解决住房、教育、医疗等实际问题，营造良好人才环境。

三、加快形成高水平制度型开放格局，优化光伏产业链供应链海外布局

（一）因地制宜，优化光伏产业链供应链海外布局

对于美国市场，考虑到政策风险大、熟练劳动力紧缺、用工

成本高，在美国本土仅布局组件环节，在墨西哥、加拿大、巴西、东南亚等国家和地区布局电池环节。对于欧盟市场，因能源成本高、存在单一来源比重限制，在欧盟布局组件等下游环节，在临近欧盟且具有成本竞争力的东南欧、北非、土耳其等地布局中上游环节。对于印度市场，考虑到政策限制和产业配套不完善，可优先布局组件、电池环节，待政策环境和产业配套成熟时，再布局硅料和硅片等中上游环节。

（二）加强国际合作与外交努力

一是国际合作可采取多种形式，包括与外国企业的合资、技术合作、共同研发等，这些合作不仅有助于共享资源、降低研发成本，还能促进技术和知识的交流，加速新技术的应用和推广。例如，中德光伏合作项目，中国和德国都是全球光伏产业的重要国家。中国在光伏制造方面处于领先地位，而德国则以先进的光伏技术和深厚的研发积累著称。因此，中德合作通常包括技术交流、共同研发和投资项目。中国光伏企业与德国研究机构或企业通过共同开展研发项目，以改进太阳能电池的效率和生产工艺。此外，双方企业还可以共同在第三国建立生产或销售基地，利用各自的优势实现互补。通过这种合作，中国企业能获得关于提高太阳能电池效率的新技术；德国企业则能扩大其产品在中国及其他市场的销售范围。二是积极参与国际组织和论坛是提高产业国际影响力的重要途径。通过参与国际能源机构、可再生能源论坛等组织，光伏企业可以参与国际能源政策的制定过程，为产业发声，影响国际规则的制定。参与国际标准的制定也是提高产业国际竞争力的关键。加快建立重点产品全生命周期碳足迹标准，构建全生命周期低碳标准计量体系，提高产品及其零部件信息的可追溯性。鼓励龙头企业积极参与国际标准制定，推动先进适用国际标准转化应用。加强与国外标准化研究院、国际合作机构精准对接，组织开展技术交流、法规解读等活动，推动国内标准与国际标准体系兼容。三是与政府的合作也是实现国际合作的重要途径。光伏企业与行业协会应积极与政府沟通，争取政府在国际贸易协定谈判中支持产业的利益。同时，企业可以通过政府渠道在国际贸易争端的解决过程中，寻求政策的支持和保护。

（三）为光伏企业走出去做好服务支撑

对于光伏企业而言，需要综合考虑当地的准入标准、贸易与产业政策、法律法规、营商环境、人文风俗等因素，政府部门与行业协会应通过举办政策宣讲、业务培训、出国考察等形式，帮助相关光伏企业深入学习、了解目标市场的国别情况，制定切实可行的本土化战略，并建立安全风险预警机制，确保其当地战略具备一定程度的抵御供应链风险的效能。支持行业协会牵头建立健全光伏企业境外竞争自律和协调机制，共同应对劳工、环境、专利谈判和诉讼。加快推进光伏产品碳足迹核算体系、绿色低碳认证标准与国际接轨，推行适应国际通行规则的环境、社会和公司治理（ESG）体系。鼓励相关企业依托第三方服务机构，在投资指引、运营管理、法律合规等多方面为自身提供一体化专业服务。高效解决企业在"走出去"过程中面临的共性与差异化问题，助力企业在开拓海外市场的过程中，提高风险防范意识，熟悉并融入当地环境，合理开展业务布局，进而帮助其更好地拓展海外市场，促进高质量发展。

第六章

中国光伏企业的国际投资分析

对外投资（OFDI）是企业在全球范围内优化资源配置、增强竞争力和开拓市场的重要途径，因其能够充分利用全球范围内的资源、技术和市场，发挥本国比较优势、弥补资源和能力短板，尤其对于一个国家形成有国际竞争力的制造业具有重要意义。投资数量和技术水平显示其国际竞争力。

第一节　对外投资相关理论述评

一、对外投资提升企业国际竞争力的理论机制

对外投资提升企业国际竞争力，研究这一问题的文献主要分成五类。第一，对外投资有利于企业扩大国际市场，提升企业国际竞争力。中国制造业企业将生产基地选址于主要市场的国家，有利于实现终端产品属地化生产、组装和销售，通过贴近市场能

及时了解用户需求、提高供应链的反应速度、降低物流成本，同时可通过更加本地化的营销策略增强当地用户的认可度，从而扩大销售规模。鲁朝辉（2021）认为，跨国并购是我国制造业企业进行国际市场拓展的重要途径。通过跨国并购，直接并购同一行业领域内的企业或者生产链条上的企业，能够节省企业新设海外企业的成本，同时获得产品生产的资源和销售渠道，有利于企业进行产品市场的战略布局，提高国际市场的占有额。通过绿地投资或并购，也有利于企业突破贸易壁垒，减少关税成本，达到市场准入条件，提高企业的盈利能力和市场竞争力。

第二，资源开发型对外投资有利于保障制造业原材料供应。通过在资源丰富的国家进行投资获得自然资源开发权，实现原材料成本内部化，直接掌握产业发展所需资源，是保障国内产业链原材料稳定供应和价格平稳的有效手段。陈芳益（2018）认为，从中国经济发展状况来看，对资源的依赖程度会越来越深，在国有资源不充足的情况下，通过国内资源型企业跨国并购就可以有效地解决能源不足和能源依存度过高而影响到国家安全的问题。李林泰、孙强和江飞涛（2021）以镍矿资源为例，分析了中国通过红土镍矿冶炼技术的研发、生产工艺的发展、在印度尼西亚大规模的产业链投资，与印度尼西亚形成相互依存、紧密合作的关系，较大程度上保障了中国镍资源的供应安全。

第三，成本导向型对外投资有利于企业保持其在全球市场的竞争力和优势地位。随着一国经济发展水平提高，生产经验与技术逐渐积累，支撑本国制造业发展的劳动力、土地资源、森林资源等生产要素成本逐渐上升，致使本国制造业的比较优势逐渐降低，必然会导致一些制造业向国外转移。刘佳骏、李晓华（2021）认为，通过在劳动力供给丰富和工资水平低的国家投资建厂，中国制造业能够继续发挥其在劳动密集型加工制造环节积累的技术、能力和供应链资源优势，而且企业可以通过对加工制造环节的保留，形成对国内企业向价值链更高附加值的研发设计环节攀升的有力支撑。

第四，制造业对外投资有助于企业提高科技创新水平和能力，从而提升国际竞争力。陈爱贞、刘志彪（2016）认为，在面临双重国际竞争压力和新一轮科技革命背景下，基于自身产业结构失衡困境与产业升级的内在要求，中国需要实施"以并购促进创新"战略，通过"走出去"跨国并购获取国外高级要素，尤其是创新要素。张二震、孙利娟（2020）认为，近年来我国对外直接投资产业结构不断优化，逐渐步入价值链高端环节，向对外直接投资强国转变。以研发投资为例，在中国对外直接投资不断发展的过程中，一部分企业将接近先进技术、获取逆向技术外溢效应作为投资动机，通过向发达国家技术密集型产业的直接投资，得到先进研发要素，提升全要素生产率，提升价值链地位。陈晔婷（2020）认为，与发达国家跨国企业进行境外投资不同的是，中国等新兴经济体国家的企业对外直接投资并不单单以技术利用为主要目的，而是期望通过进入国际市场获取创新所需的资源和学习机会。其实证结果显示，对外直接投资深度和对外直接投资广度对因变量创新绩效均具有显著的正向影响。这说明深入、广泛地在东道国进行对外直接投资有益于企业提高创新能力。蒋冠宏等（2014）用倍差法检验了中国工业企业的技术效率问题。他们得出的结论支持了后发企业能够实现技术追赶这一观点。岳中刚（2014）基于中国汽车行业的面板数据，实证发现设立境外研发中心对创新绩效提升具有显著作用。企业间的联合研发某种程度上可以降低研发费用和风险，这有助于企业开展研发活动，进而促进企业技术进步。

第五，制造业对外投资有利于实现产业链现代化。张宇、蒋殿春（2021）认为，通过制造业对外直接投资进行全球资源优化配置，可以有效降低贸易顺差并规避贸易壁垒，从而提升中国产业技术创新能力和在全球价值链中的分工地位。刘佳骏、李晓华（2021）认为，通过制造业对外直接投资，兼并收购全球制造业领域具有各类优势的龙头企业，可以快速提高产业链技术水平，并提出对外投资推进中国产业链现代化的路径选择，包括要继续支持对国外制造业优势企业的兼并收购，提升中国产业链控制能力；继续推进与共建"一带一路"国家的国际产能合作，构建高水平区域价值链；通过全球布局前沿技术和新兴产业合作，提升中国产业链核心竞争力；发挥中国数字经济发展新优势，以数字化转型提升全球产业链掌控力；完善现代服务业配套与应急产业支持，积极应对对外直接投资给产业链现代化带来的挑战。

二、对外投资的模式

对外直接投资的模式按照母公司与被投资公司的经营方向划分，可以分为横向型、垂直型和混合型（见表6-1）。

按照投资的进入模式划分，可以分为绿地投资和并购投资

（见表6-2）。决定企业进入模式的因素有很多。

表6-1　　　　　　　　　国际直接投资的类型

投资类型	经营方向	目标
横向型	生产相同或相似的产品	获得协同效果、变对手为同伴、增强竞争力、提高市场集中度
垂直型	从事同一行业产品的生产，但处于不同工序	延伸产业链和价值链
	从事不同的行业，但相互关联	
混合型	生产不同的产品，且没有关联	业务多元化、分散风险

表6-2　　　　　　　　　投资进入模式的一般选择

因素	划分指标	绿地投资	并购投资
企业本身微观因素	发展战略和目标	建立组织紧密的国际化企业	快速增大企业规模或快速占领国外市场
企业所处行业因素	行业技术水平	母国企业行业技术相对较高	母国企业行业技术相对不一定
	销售网络、品牌实力	母国实力强于东道国	东道国实力强于母国
企业面临宏观因素	投资保护	东道国投资保护差	东道国投资保护好
	文化差异	差异大	差异小

表6-2描述的投资进入模式选择只是一般理论情况下的，例外的情况也很多，特别是中国企业对欧美的直接投资，在面临技术水平和文化差异两个因素时，往往是逆向并购，也就是行业技术较低的企业并购欧美技术较高的企业，文化差异大越倾向于选择并购，借助欧美企业现有的符合东道国文化的管理和运作模式

快速进入东道国市场。

是否采用混合并购及多元化战略，最直接地取决于企业是否有相当的剩余资源。企业资源包括资金、技术、市场、人才、管理能力等。所谓剩余资源是指企业在保证主营业务经营与市场占有份额和企业发展战略不受影响的情况下，资源还有所富余。一般来说，企业不拥有或拥有不多的剩余资源，应优先保证原有战略的可持续实施，即专业化企业应优先拓展专业化的深度（技术核心能力）和广度（市场份额），多元化的企业则要巩固现有的市场地位。只有当剩余资源达到相当程度时，企业才有基础通过混合并购实施多元化战略。

混合并购要有所建树，必须时刻紧扣企业的核心竞争力。以资源为基础的竞争优势理论——核心竞争力战略理论认为，企业经营战略的关键在于培养和发展能使企业在未来市场中居于有利地位的核心竞争力。企业并购行为也应围绕这一战略展开。核心竞争力是指能够创造独特的客户价值的专门技能或技术，是企业竞争力中最为基本的、使整个企业具有长期稳定的竞争优势、使企业可以获得长期稳定的高于平均利润水平收益的竞争力。

除了绿地投资和跨国并购，还可以在海外建立研发机构。尤其是在发达国家建立研发分支，这一策略不仅有助于直接获取海外技术，而且还可以享受东道国的技术外溢效应。综观发达国家跨国公司全球布局的历程可以发现，跨国公司在继续向海外布局产能的同时，正不断加强研发中心、财务中心等职能型总部及地区性总部向海外的迁移和拓展，强化跨国公司对全球资源的配置力。海外研发中心可以帮助跨国公司更好地获得销售渠道、吸收高端人才、了解当地市场需求特征、跟踪世界先进技术、把握行业发展方向。

民营中小企业还常常进行"集聚式对外投资"。我国民营中小企业的规模小、分布广、经营灵活。当进行海外直接投资时，它们通常会充分利用海外华侨的网络力量以便更好地获取东道国的投资机会和经营风险等信息。中国政府通过在海外建立工业和科技园区，在帮助中小企业集聚式走出去过程中也发挥了重要的作用。大多数工业和科技园区位于发展中国家，以便转移中国部分劳动密集型产业或产能过剩产业。但也有一些位于发达国家，以便获取当地的技术溢出效应，联络当地产品市场，以及获取消费者信息。

三、发展中国家对外直接投资的可行性

在过去数十年发展起来的数种跨国公司理论中，邓宁的国际生产折衷理论（the eclectic theory of international production）是理解对外直接投资程度和模式的最强大的工具之一。其核心是所有权特定优势、内部化特定优势和区位特定优势，也就是所谓的OLI范式。

所有权特定优势包括两个方面：一是由于独占无形资产所产生的优势；二是企业规模经济所产生的优势。主要来自产品市场不完全的优势，如产品的差异性、商标；要素市场不完全的优势，如专利、专门技术等知识产权，凭借较高的金融信用等级在资本市场筹资的能力、管理技能的优势、规模经济的优势。正是这些

跨国公司才能克服海外投资的附加成本，抵消东道国当地企业的优势，确保海外投资活动有利可图。

内部化特定优势，是指跨国公司运用所有权特定优势，以节约或消除交易成本的能力。内部化的根源在于外部市场失效。邓宁把市场失效分为结构性市场失效和交易性市场失效两类，结构性市场失效是指由于东道国贸易壁垒所引起的市场失效，交易性市场失效是指由于交易渠道不畅或有关信息不易获得而导致的市场失效。

区位特定优势是东道国拥有的优势，企业只能适应和利用这项优势。它包括两个方面：一方面是东道国不可移动的要素禀赋所产生的优势，如自然资源丰富、地理位置方便等；另一方面是东道国的政治经济制度，政策法规灵活等形成的有利条件和良好的基础设施等。

企业必须同时兼备所有权特定优势、内部化特定优势和区位特定优势才能从事有利的海外直接投资活动。如果企业仅有所有权特定优势和内部化特定优势，而不具备区位特定优势，这就意味着缺乏有利的海外投资场所，因此企业只能将有关优势在国内加以利用，而后依靠产品出口来供应当地市场。如果企业只有所有权特定优势和区位特定优势，则说明企业拥有的所有权特定优势难以在内部利用，只能将其转让给外国企业。如果企业具备了内部化特定优势和区位特定优势而无所有权优势，则意味着企业缺乏对外直接投资的基本前提，海外扩张无法成功。

邓宁的OLI范式存在两大疑问：一是区位特定优势只是指东道国的区位优势，只是从企业的角度去研究对外直接投资行为，而国家、社会、文化等因素被忽视；二是所有权特定优势、内部化特定优势和区位优势之间是静态的，不可转化的。OLI 范式强调利用东道国的区位特定优势把所有权特定优势内部化，但是通过对外投资整合企业国内外资源，提升企业所有权特定优势或者创造新的所有权特定优势的可能性被其忽略。

我们认为，母国对对外直接投资的政策措施方面的支持等，也可以归结到区位优势之内，不应该被忽略。现代经济生活中国家的作用越来越大，作为后起国家或发展中国家对外直接投资时，国家的政策、措施发挥越来越大的作用。来自母国的区位优势，如发展中国家通过放松对海外投资的外汇供给、行政审批等管制措施，出台相关的优惠政策例如补贴、低息贷款以及投资风险保险等鼓励本国企业到国外进行直接投资，这些将增强部分动态的所有权特定优势如融资能力、经营能力、规模经济效应等；通过跨国并购、绿地投资，整合东道国和母国资产，内部化其他的所有权特定优势，如专利、技术、品牌、研发能力、营销渠道和网络等，提升或创造新的企业所有权特定优势。

第二节　中国光伏企业对外投资历程

中国光伏企业对外直接投资起步还是比较早的，2009 年无锡尚德就开始了在美国的投资，紧随其后的是江西赛维。然而，短短三年内，尚德和赛维的美国工厂却宣告破产倒闭。然而这并没有阻止中国企业"走出去"的步伐。

一、起步阶段（2009～2014年）

随着中国光伏企业实力增强，自 2009 年便开始"走出去"，在海外建设生产基地。

2009 年 11 月，无锡尚德宣布在美国进行绿地投资 1000 万美元建设太阳能发电厂。次年，江西赛维斥资 3300 万美元收购了美国太阳能公司 70% 的股权，并投资了两家光伏企业。2011 年，中国蓝星（集团）股份有限公司以 20 亿美元收购的太阳能级硅生产商埃肯（Elkem）公司；阿特斯在加拿大、中电光伏在土耳其、正泰太阳能在德国、晶科能源在南非投资或收购 100～300MW 的光伏组件产能，河北英利准备在泰国新建 600MW 的电池组件厂。2014 年卡姆丹克在马来西亚 300MW 的单晶硅锭及硅片投产。[1][2]

汉能控股分别于 2012 年 9 月 25 日与 2013 年 1 月 9 日完成对德国 Q - cells 旗下企业索力博（Solibro）与美国美亚光电（MiaSolé）的并购，掌握了全球先进的 CIGS 薄膜生产工艺；2012 年 2 月，鑫明光集团收购 CIGS 柔性太阳能薄膜公司升华太阳能（Ascent solar）41% 的股权，作为相对控股股东鑫明光集团正式接管 Ascent solar 全部管理权。[3]

---

① 中国光伏产业协会秘书处，中国电子信息产业发展研究院 . 2015－2016 年中国光伏产业年度报告［R］. 2017：17－18.

② 中国光伏产业协会，中国电子信息产业发展研究院 . 2014－2015 年中国光伏产业年度报告［R］. 2015：19.

③ 中国光伏产业联盟，中国电子信息产业发展研究院 . 2012－2013 年中国光伏产业年度报告［R］. 2013：149.

顺丰光电收购德国破产光伏企业萨格太阳能股份有限公司（SAG Solarstrom AG），并更名顺峰国际清洁能源；汉能集团完成对美国阿尔塔设备公司（Alta Devices）的并购；中国蓝星（集团）股份有限公司43.4亿挪威克朗（约6.40亿美元）收购挪威光伏电池及组件生产商REC太阳能公司；阿特斯以2.47亿美元收购夏普从事光伏发电站开发的美国子公司循环能源（Recurrent Energy）。[①]

总的来说，这段时间，企业对外投资的方式主要是到产品销售市场绿地投资建厂，满足贴近市场的需求，到生产成本低的国家新建工厂以降低成本。不过，也有少量并购占领市场的行为，甚至还有通过签订代工协议绕道布局全球市场。昱辉阳光在7个国家与11家制造工厂建立长期代工关系，组建产能高达1.1GW。[②] 在中国境外投资早期，尤其是对发达经济体的投资者中，企业自身拥有显著优势不是普遍存在的情况，以"借力""补短板"为目的进行的投资较多，而中国光伏企业与一般行业对外直接投资不同。一是全部"走出去"对外直接投资的企业都是民营企业，而不是从国有企业开始；二是一开始就是绿地投资模式，绿地投资与并购共存；三是从中国光伏产业形成到对外直接投资开始只有十年左右的时间，国际投资能力发展的速度极快。

---

① 中国光伏产业协会，中国电子信息产业发展研究院. 2014－2015年中国光伏产业年度报告［R］. 2015：17.

② 中国光伏产业协会，中国电子信息产业发展研究院. 2014－2015年中国光伏产业年度报告［R］. 2015：20.

二、爆发阶段（2015～2017 年）

中国光伏产业大规模对外投资始于 2015 年。2015 年 2 月，国务院常务会议提出"一带一路"倡议，促进我国重大装备和优势产能"走出去"，实现互利共赢，各级政府也相继出台了一系列鼓励政策。为响应国家"走出去"大政策，就近满足市场需求，调整供应布局，天合光能等企业开始实施中国创造、中国品牌和全球制造的战略布局，在共建"一带一路"国家积极推进海外产能建设，马来西亚、泰国、越南等国均有布局，后正常运营投产。

2015 年，晶科能源位于葡萄牙莫拉市投资租赁的组件厂投产，位于马来西亚槟城的 500MW 多晶硅电池 450MW 组件正式投产。阿特斯以 2.65 亿美元（约合人民币 16.56 亿元）收购夏普位于美国的子公司；中电光伏在越南与当地公司合资组建组件厂，在韩国仁川投产 200MW 光伏电池生产线，将土耳其项目扩充至 200MW 电池及 400MW 组件；晶澳太阳能位于马来西亚槟城的 400MW 光伏电池片厂竣工投产；天合光能投资约 1.6 亿美元在泰国建设 700MW 光伏电池及 500MW 组件工厂；顺风国际收购美国光伏电池和组件供应商太阳艾瓦（Suniva）公司 63.13% 的股权；塞拉弗位于美国密西西比杰克逊的一个产能 300MW 太阳能组件装配厂投入运营；中利腾晖在泰国泰中罗勇工业园开工建设的 500MW 一体化全自动化高效太阳能电池和组件装配厂投产。①

---

① 中国光伏产业协会秘书处，中国电子信息产业发展研究院.2015－2016 年中国光伏产业年度报告［R］.2016：17－18，142.

此外，众多公司制订对外投资计划：江苏中来拟在意大利设立境外全资子公司，并由该公司收购飞影剪辑股份有限公司（FILMCUTTER S. P. A.）拥有的与太阳能电池背板生产经营相关的经营性资产；卡姆丹克表示计划产能至 2016 年底将扩充至600MW；晶澳太阳能表示，与 EIL 在印度签署一份谅解备忘录（MOU），将在印度合资建设一座产能 500MW 的光伏电池和组件厂；天合光能与印度威尔斯潘（Welspun）公司签署合作谅解备忘录，将合作在印度建设 1GW 电池、1GW 组件制造基地；通威集团下的昱晶（泰国）公司正在规划 1GW 的电池产能与电池450MW 的组件产能，将增加通威光伏产品生产能力；比亚迪计划在巴西投资 1.50 亿雷亚尔（4980 万美元）建设 400MW 光伏组件厂，计划于 2016 年上半年投产；东营光伏计划在韩国新万金投资3000 亿韩元，建设电池组件工厂。第一阶段投资 2383 亿韩元建设组件工厂，第二阶段投资 620 亿韩元建设太阳能电池生产设施。预计将于 2017 年动工。隆基股份将投资 14.19 亿元在印度安德拉邦建造 500MW 单晶高效电池和组件生产项目。河北英利已经和泰国得墨忒耳（Demeter）公司旗下得墨忒耳力量（Demeter Power）签署协议，双方计划通过成立合资公司，在泰国打造 300MW 太阳能组件工厂。

2016 年，上海电气通过下属子公司出资收购曼兹股份公司（Manz AG），通过收购获得 CIGS 薄膜电池整线生产设备和技术；天合光能收购荷兰光伏电池厂索兰太阳能（Solland Solar），新增200MW 光伏电池产能，位于泰国的 700MW 电池、500MW 组件厂投产，位于越南的 700MW 电池厂投产；协鑫集成收购澳洲一站式

仓储（ONE STOP WAREHOUSE）公司（以下简称"OSW"）51%
股权，OSW主要从事光伏系统业务。通过收购实现境外光伏电站
本地化安装；隆基股份收购了SunEdison位于马来西亚的切片工厂
并计划在马来西亚形成300MW拉棒及1GW切片的产能，此外隆
基股份还收购了卡姆丹克在马来西亚的产能；保利协鑫对外宣布，
与美国光伏产业巨头太阳爱迪生公司（SunEdison）签署协议，以
总代价约1.5亿美元收购该公司和其附属企业相关资产；阿特斯
位于越南的300MW组件工厂投产；正泰太阳能位于泰国的
350MW电池厂投产；晶澳太阳能计划在越南投资10亿美元建设
一座新的1.5GW硅片厂；晶澳太阳能也计划在越南新建年产能为
1GW硅锭和硅片的工厂。卡姆丹克太阳能将以5220万元购买住宅
太阳能开发商富林（亚洲）51%的股份。①

　　2017年，天合光能在越南的1GW电池、0.8GW组件投产；
航天机电在土耳其0.3GW电池、0.6GW组件投产；协鑫系在越
南0.6GW高效电池投产；苏美达在土耳其0.4GW高效组件投产。
2015~2017年，中国光伏企业组件海外产能分别增长3.78GW、
6.3GW、9.5GW。②

　　欧美等国家与地区相继对中国光伏产品出口实施"双反"调
查，并出台高额税率，影响占中国光伏产品产量40%左右的出口
市场，倒逼中国光伏企业海外建厂以规避"双反"措施。由于比
较优势、规模优势、后发优势，中国光伏产品的大规模出口导致

　　① 中国光伏产业协会秘书处，中国电子信息产业发展研究院.2016-2017年中国光
伏产业年度报告 [R].2017：2，9-10.
　　② 中国光伏产业协会秘书处，中国电子信息产业发展研究院.2018-2019年中国光
伏产业年度报告 [R].2019：115.

国际市场价格大跌，欧美国家的企业由于高成本难以为继。为进入国际市场特别是欧美国家市场，中国光伏企业大量并购、租赁欧美光伏企业。不过，这一阶段的投资重点是东南亚的泰国、越南、马来西亚。总的来说，中国光伏企业对外投资规模也比上一阶段大很多，投资的国家也更多，有的大企业投资多个国家和项目。进入2016年，随着中国海外组件厂运转逐渐步入正轨，企业对海外市场、经济、人文、政治环境逐渐熟悉，企业投资重点从投资门槛低的中游组件、电池片延伸到上游的硅锭、拉棒、切片和下游的太阳能电站、光伏系统业务，以形成本地配套。甚至瞄准收购专利技术等战略资产。2017年，我国光伏制造企业呈现出高涨的对外投资热情。

民营企业为主的中国光伏企业，在国内外市场的历练中迅速培养出"垄断优势"和跨国经营能力，以绿地投资为主，也收购兼并在世界各地的欧美发达国家行业内的知名公司，反映了中国光伏企业强大的跨国投资能力和在世界的强势崛起。

三、低潮期（2018～2022年）

2018年，美国特朗普政府通过"201条款"，对进口光伏产品征收30%关税；同年，美国还开始对华正式征收301关税，对中国光伏产品征收25%的关税。组件五巨头之一的晶科能源是最早赴美建厂应对的企业。2018年，晶科能源在美国佛罗里达州投资建设400MW组件厂；阳光电源、上能电气在印度各投资3GW光伏逆变器产能。同年，天合光能宣布收购西班牙恩达韦（Ndave）

光伏跟踪支架公司。

2018 年，国内光伏企业海外组件产能增长迅速。晶科能源、隆基绿能在马来西亚分别增加 900MW、700MW 产能，海泰、正泰在越南分别增加 500MW、200MW 产能，苏州辉腾在泰国增加 250MW 产能，赛拉弗在南非增加 300MW 产能。本年，我国光伏企业海外产能 18.1GW。[①] 一些中国光伏企业宣布了投资计划。协鑫系计划在印度生产 4GW 硅锭、硅片及电池组件等；协鑫系签订协议在埃及投资 5GW 产能太阳能电池；天合光能在印度签署合作谅解备忘投资电池及组件各 1GW；爱康科技发布拟在越南收购 4.5G 组件和 1.8GW 电池设计产能。

2019 年，中国光伏企业对外投资集中在印度。隆基股份在印度建成 1GW 单晶组件，1GW 单晶高效电池；特变电工在印度也投产了 2GW 的逆变器产能。

此段时间中国光伏企业对外投资不活跃：一是由于双重高税率下，中国光伏组件企业增加了在东南亚的生产转进美国市场。美国政府宣布 2022 年 6 月到 2024 年 6 月停止对东南亚四国太阳能电池板征收关税，给予中国光伏企业不急于投资美国的理由。二是与新冠疫情影响有关，新冠疫情期间中国企业人员出国很不方便，没法对投资的可行性与合作事宜进行必要的考察与充分的沟通，影响了对外投资行为。这段时间中国光伏企业投资较多集中在印度，但是由于印度投资环境复杂多变，加上新冠疫情原因并没有能完全展开。

---

① 中国光伏产业协会秘书处，中国电子信息产业发展研究院 . 2018 - 2019 年中国光伏产业年度报告 ［R］. 2019：115.

四、复苏期（2023 年至今）

2023 年，新冠疫情的影响过去，中国光伏企业掀起了轰轰烈烈的对外投资潮。

1 月，晶澳科技率先宣布已在美国亚利桑那州凤凰城租用一家制造工厂，投资 6000 万美元，用于生产商业和住宅及公用事业屋顶应用的高效太阳能电池板。该项目预计在 2023 年第四季度投入运营，最大年产能可达 2GW。

3 月，隆基绿能也宣布与美国清洁能源开发商英威能源（Invenergy）合作，在美国俄亥俄州建设 5GW 光伏组件厂。投资 6 亿多美元，2024 年上半年投产，将成为美国最大的光伏组件制造厂之一；同月，昊能光电表示，公司正在美国建立一家晶体硅太阳能电池板组装工厂，将向南卡罗来纳州奥兰治堡现有的 20 万平方英尺（约 1.86 万平方米）的设施投资 3300 万美元，以支持 1GW 的太阳能电池板年产能。

4 月，晶科能源拟出资 8137 万美元在美国佛罗里达州杰克逊维尔市投资新建年产 1GW 太阳能组件生产线。这是晶科能源对其在美国的光伏组件工厂的进一步升级扩产。

5 月，硅片龙头 TCL 中环公告称，已与远景产业公司（Vision Industries Company）签署合作条款清单，拟共同成立合资公司，并在沙特投资建设光伏晶体晶片工厂项目，产品将主要销往中东及非洲地区。与此同时，硅料巨头协鑫科技近日也对外表示，正在考虑在沙特设厂。①

6月，阿特斯表示将在得克萨斯州梅斯基特建立太阳能光伏组件厂，年产量为5GW组件。该工厂投资超过2.5亿美元，全面投产后将创造约1500个熟练工岗位，预计2023年底左右开始生产。②

8月，TCL中环股份为第一大股东的新加坡迈为太阳能公司（Maxeon Solar）表示，将斥资超过10亿美元在新墨西哥州阿尔伯克基建造一座3GW太阳能电池和组件工厂。迈为太阳能公司还表示考虑将该工厂的规模增加到4.5GW，将于当年下半年作出最终决定。晶澳科技发布公告称公司拟投资约27.15亿元建设越南年产5GW高效电池项目，建设周期预计10个月。

9月，天合光能宣布，将斥资2亿美元，在美国得克萨斯州威尔默建造太阳能光伏生产厂。该厂将使用在美国和欧洲采购的多晶硅年产约5GW组件，预计2024年投产。

10月，阿特斯宣布投资8.39亿美元，在美国建厂生产N型电池片，供应给自家在美国组件生产基地。占地约480亩的新厂房将落地印第安纳州，预计2025年底建成，年产能可达5GW。③天合光能与印度尼西亚国家电力公司等成立合资企业，将在印度尼西亚中爪哇的肯德尔（Kendal）工业园建设一家太阳能光伏工厂，主要进行光伏组件的生产。④隆基绿能投资18亿令吉特（约合28

① 中国光伏"出红海记"［EB/OL］. https：//mp. weixin. qq. com/s/De3Tw5GH3h3oXA0 B6BZaug.

② 卷到美国去！隆基、晶澳、晶科、天合…中国光伏巨头争相在美建厂！［EB/OL］. https：//caifuhao. eastmoney. com/news/202309141515091242421050.

③ 赴美建厂，中国光伏企业的动机与无奈［EB/OL］. https：//letschuhai. com/66de5400.

④ 又遭"双反"调查，中国光伏企业要离开东南亚？［EB/OL］. https：//www. sohu. com/a/784436488_121262668.

亿元人民币）在马来西亚雪兰莪州双文丹设厂，进一步扩大在马来西亚的版图。预计 2024 年 3 月竣工。所有项目完成及投入运营后，组件产能可达 8.8GW。①

11 月，阿特斯宣布公司计划在泰国春武里府投资建设年产能为 5GW 的太阳能硅片生产基地。②

这波对外投资主要集中在美国，中国头部太阳能电池企业如隆基绿能、天合光能、晶科能源、晶澳科技、TCL 中环、阿特斯等基本到齐。投资类别集中在太阳能组件等太阳能制造业的后段，有 6 家企业投资太阳能组件厂，2 家企业投资电池片。中东地区的沙特阿拉伯正成为新兴的投资地，东南亚的马来西亚产能投资也在扩大。

中国光伏企业之所以集中投资美国：一是由于美国对东南亚四国（柬埔寨、马来西亚、泰国和越南）太阳能产品关税豁免即将到期，2024 年 6 月后预计不可能延期。二是美国是世界第二大太阳能光伏市场，并且还在急剧扩大中。美国作为全球第二大单一光伏市场，在过去的十年里，美国太阳能装机容量急剧增长。2019～2021 年，美国光伏新增装机分别为 13.3GW、16.5GW、23.6GW。据彭博新能源财经预测，美国在 2023～2030 年将新增光伏装机容量 358GW。③ 根据此前美国能源部发布的《太阳能的未来研究（Solar Futures study）》，到 2035 年，脱碳方案需要累计

---

① 隆基绿能雪兰莪光伏组件厂正式投产 在马来西亚布局实现全产业链闭环［EB/OL］.（2023－10－18）. http：//www. zqrb. cn/gscy/gongsi/2023－10－18/A1697632675549. html.

② 天合、阿特斯、中环：近期海外建厂计划！［EB/OL］. https：//baijiahao. baidu. com/s?id=1782165420044682769&wfr=spider&for=pc.

③ 2023 年光伏新增装机前五国家出炉，对我国企业出海策略有何参考价值？［EB/OL］. https：//baijiahao. baidu. com/s? id=1787875826084118377&wfr=spider&for=pc.

部署的光伏装机为 760～1000GW，满足 37%～42% 的电力需求。①
到 2050 年，累计部署的光伏装机需达到 1050～1570GW，以满
足 44%～45% 的电力需求。美国对光伏产品的市场需求非常可
观，中国光伏企业的巨大产能不可能忽视如此巨大的市场。三是
中国光伏企业不能也不愿意失去美国这个传统市场。当前美国本
土光伏制造能力非常薄弱，极度依赖进口，尤其依赖中国光伏产
品。据了解，彭博新能源财经数据显示，截至 2023 年 1 月，美
国现有组件产能约 6GW，2022 年美国光伏组件近 50% 以上都依
赖中国进口，失去美国市场对中国光伏企业的打击是不可承受之
重。四是目前国际市场美国市场光伏产品价格高。根据光伏信息
链咨询公司（PV InfoLink）披露，截至 2023 年 3 月 8 日，东南
亚组件输美价至每瓦 0.33～0.37 美元，欧洲 3 月的售价为每瓦
0.21～0.225 美元，澳洲每瓦 0.21～0.26 美元。② 美国市场的组
件价格远超海外其他地区售价。五是光伏产业投资可以享受政策
补贴优惠。2022 年 8 月，美国颁布了《通胀削减法案》（Infla-
tion Reduction Act，IRA），拟投资约 3690 亿美元用于能源安全
与气候变化计划，将通过拨款补贴等方式支持相关产业企业和技
术研发，包括电池、组件等光伏各环节。从中国进口组件产品打
压的同时，美国给予在美国投资的光伏企业以税收抵免或者生产
环节补贴，以发展本土光伏制造业。中国光伏企业此时赴美投资
建厂不仅可以避免关税困扰，还可以享受美国当地政策补贴，一

---

① 美国碳中和之光伏报告 01：光伏发展情景［N/OL］. https：//xueqiu. com/41366
95324/199674941.

② 5 家组件公司赴美建厂！晶澳、隆基、赛拉弗及晶科等看好北美市场［N/OL］. ht-
tps：//caifuhao. eastmoney. com/news/20230317215307675709390.

举两得。

总之，中国光伏企业对外投资主要动机是扩大国际市场，规避贸易壁垒，提升企业国际竞争力，2016 年及之前还有部分兼并与租赁投资及以技术引进为主的战略性资产投资，之后基本上是绿地投资生产基地。投资也从中游电池片、组件向上游硅片和下游电站扩展。与目前中国对欧洲投资汽车行业等的情况类似，中国企业的竞争力与早期对外投资相比，得到了有效增强，这体现在私营企业、绿地投资比重的上升等方面。① 中国光伏企业 2023 年开始的这期对外投资全部是私营企业、全部为绿地投资，在美国、中东市场占有绝对的规模和领先的技术。不像中国早期对外直接投资很多是收购兼并，是为了获取技术、品牌、人才等战略性资产，说明中国光伏企业已经具有高度的所有权优势，有意建立组织紧密的国际化企业，行业技术水平比较高，销售网络、品牌实力都达到很高的国际水平。在中国"一带一路"倡议下，放松管制，鼓励对外直接投资的政策措施、巨大的开放型的国内市场等母国区位特定优势支撑下，增强企业对外直接投资过程中部分所有权特定优势如融资能力、经营能力、规模经济效应等。通过跨国并购、绿地投资，整合东道国和母国资产，内部化其所有权特定优势，如专利、技术、品牌、研发能力、营销渠道和网络等，提升或创造新的企业所有权特定优势。

① 潘圆圆. 从欧洲看中国对发达经济体投资的优势 [J]. 清华金融评论，2024（5）：110－112.

第三节　对外投资中面临的问题

一、贸易保护主义政策可能导致的投资损失

2012 年 10 月，美国商务部对进口中国光伏产品作出反倾销、反补贴终裁，征收 14.78% ～ 15.97% 的反补贴税，以及 18.32% ～ 249.96% 的反倾销税。当时高税率之下，中国光伏组件企业只能寻求到东南亚设厂，以规避美国高额的关税。2018 年 1 月 22 日，美国时任总统特朗普宣布对进口光伏产品采取为期 4 年的全球保障措施，规定境外进口电池每年 2.5GW 配额，超额部分征收额外关税；组件征收额外关税，首年 30%，后每年逐年递减 5%。这一措施的根据是美国此前进行的"201 调查"。所谓"201 调查"，依据的是美国《1974 年贸易法》第 201 条。该条款规定，当某种商品进口数量激增，给美国产业造成严重损害或严重损害威胁时，美国总统可以通过关税、配额等措施来限制进口，保护本国产业。因为这一贸易救济工具具有极强的单边主义色彩，所以在世界贸易组织成立后美国很少使用。相较于此前的"双反"，"201 调查"的发起不以是否存在倾销或者补贴为前提，是"一种严重的单边主义和内顾倾向，其强调'美国优先'而非'竞争力优先'"①。

---

① 中国连续 23 年成遭反倾销调查最多国家 美发起 201 调查［N/OL］. https：//finance. huanqiu. com/article/9CaKrnK6smx.

2018 年，特朗普政府依据 1974 年美国《贸易法》第 301 条款的调查结果，对包括光伏产品在内的来自中国约 3000 亿美元商品加征 25% 的关税（也称 301 关税）。

为了规避美国针对中国光伏产品的这一轮关税制裁，中国光伏企业加大了在东南亚国家投资生产基地的规模。据 CPIA 统计，中国已有近 20 家光伏企业通过合资、并购、投资等方式在东南亚地区布局光伏生产。受制于成本压力，美国的光伏企业在市场竞争中并不占优势。2023 年，美国市场的组件 75% 依赖进口，其中，中资光伏企业供应的光伏组件占到一半以上，98% 来自越南、泰国和马来西亚等东南亚国家。

2021 年 12 月，美国继而抛出涉疆制裁《维吾尔强迫劳动预防法》以及暂扣令（Withhold Release Order），以所谓"强迫劳动"名义对来自新疆的光伏原材料、光伏产品采取海关扣押等措施。根据该法案，任何材料及产品即使含有来自新疆的单一成分如多晶硅，或涉嫌在新疆使用过任何劳动力，都会被禁止进入美国。而当时世界上有 85% 的高纯度多晶硅料都是在中国生产，几乎超过 70% 的多晶硅料为新疆生产。美国海关和边境保护局实行暂扣令，以所谓"强迫劳动"为由扣留了怀疑含有新疆产材料的产品，包括阿特斯、天合、晶科等产品。①

2022 年 3 月，奥克辛太阳能公司（Auxin Solar）向美国商务部提交请愿书，引发美国商务部针对来自越南、马来西亚、泰国和柬埔寨四国的光伏产品启动反规避调查。不过在奥克辛太阳能

① 美国涉疆法案（UFLPA）背景及企业应对［N/OL］. http：//jhmch. jinhua. gov. cn/art/2022/8/19/art_1229655923_58895525. html.

公司向美国商务部提交请愿书 3 个月后，迫于美国的能源紧急状态，美国总统拜登发表声明，对来自上述四国的光伏组件等产品进口给予 24 个月的免税期，但该政策将于 2024 年 6 月到期。①

　　当地时间 2024 年 4 月 24 日，美国太阳能制造业联盟贸易委员会向美国国际贸易委员会（USITC）和商务部提交一份新的反倾销/反补贴税（下称"双反"）申请，涉及柬埔寨、马来西亚、泰国和越南制造的硅太阳能电池和电池板。提交上述"双反"请愿书的美国太阳能制造业联盟贸易委员会，包括美国太阳能制造商康瓦尔特能源（Convalt Energy）、第一太阳能（First Solar）、梅耶博格（Meyer Burger）、使命太阳能（Mission Solar）、韩华 Q - CELLS、REC 硅材料（REC Silicon）和初创公司斯威夫特太阳能（Swift Solar）等企业。涉案国家：柬埔寨、马来西亚、泰国和越南。申请人指控，这些国家的产品倾销幅度分别高达：126.07%、81.24%、70.35%、271.45%。② 据太阳能电力世界（Solar Power World）报道，美国商务部有 20 天的时间决定是否启动调查。如果进行调查，美国国际贸易委员会将在 45 天内初步确定是否存在实质性损害或实质性损害威胁，并预计在 2025 年春季做出最终裁定。收到申请消息后，美国太阳能行业协会（SEIA）、美国清洁能源协会（ACP）、先进能源联合会和美国可再生能源委员会（ACORE）发表了联合请愿声明，其中提到，这次的申请给美国太阳能行业带来了市场不确定性，并对其国内太阳能供应链的建

---

① 美国又"整活儿"，新一轮关税专门针对东南亚组件？［N/OL］. https：//baijiahao. baidu. com/s？id＝1796728210751363151&wfr＝spider&for＝pc.

② 独家：美企正式申请对东南亚光伏电池发起反倾销、反补贴调查［N/OL］. https：//www. 163. com/dy/article/J0KATIRA0519M06G. html.

设构成了潜在威胁。"双反"申请将导致整个美国太阳能和储能行业进一步波动，并对美国太阳能制造商需要有效解决方案时造成不确定性。这些协会的联合请愿申明虽然有利于中国太阳能企业，但中国光伏行业协会副秘书长刘译阳称："'双反'相关政策需要经过诸多程序，可能不会太快落地，但中长期看，落地可能性很大，中国光伏产业不要抱有侥幸心理。"

美国商务部说，调查这些外国太阳能板公司并不等同禁止来自柬埔寨、马来西亚、泰国和越南的进口。在这些国家运营的其他公司仍可以遵循程序，通过认证来证明没有规避关税。但若要获得认证，光伏组件面板必须包含非中国制造的硅片和其他三个关键组件。这是很难规避的预设条件。① 如此，中国在东南亚国家投资的巨大产能无法正常生产销往美国，此前巨大的投资除部分早期投资已经完成折旧，近年的投资有变为无效投资，成为沉没成本的风险。

与此同时，除美国外其他国家也有对中国投资的海外企业提起反规避调查。

2023 年 11 月 25 日，土耳其贸易部发布第 2023/32 号公告称，应土耳其企业申请，对原产于中国的光伏组件反倾销案启动反规避调查。本次反规避调查中，审查中国涉案产品是否经由越南、马来西亚、泰国、克罗地亚及约旦出口至土耳其以规避反倾销税。据悉，本次反规避调查的调查期为 2020 全年、2021 全年、2022

---

① 美国对东南亚光伏企业调查的最终决定及对中国企业的影响 ［N/OL］. https：//mp. weixin. qq. com/s？ __biz = MjM5 ODI5 MzI0NA = = &mid = 2651545333&idx = 3&sn = d247a6 cf923565528f78108602f4a72c&chksm = bd3305668a448c7021fa39e83f186a9a7bc7b9919aeab245 7221577012f484095982b9f3dda4&scene = 27.

全年、2023 年 1~9 月。反规避调查的产品包括光伏电池组件和太阳能电池。同时，该公告自发布之日开始生效，依据土耳其相关法律，土耳其可在终裁前 90 日内追溯征收反倾销税。

2024 年 3 月 19 日，土耳其贸易部发布第 2024/9 号公告称，对原产于中国的光伏组件反倾销案作出反规避终裁，裁定中国的涉案产品经由越南、马来西亚、泰国、克罗地亚及约旦出口至土耳其以规避反倾销税，因此决定将该案日落复审终裁（参见土耳其第 2023/26 号公告）确定的反倾销税适用于越南、马来西亚、泰国、克罗地亚及约旦的涉案产品，对上述五国均征收 25 美元/平方米反倾销税，涉案产品包括光伏电池组件和太阳能电池板，涉及土耳其税号 8541.43.00.00.00 项下的产品。公告自发布之日起七日后生效。这也将严重影响中国在东南亚相关国家的光伏产品投资产出及收益。

二、中美战略竞争导致的投资风险

投资欧美国家除了当地不完善的供应链配套环境、高昂的投资及后期运营成本等商业问题之外，中美地缘政治仍是企业最大风险来源。2017 年，特朗普带着让制造业回流的口号上台，直接对中国光伏展开"201 调查"，用以保护本土光伏产业。[①] 2021 年，拜登上台后再次对中国光伏进行打压，甚至以强迫劳动的名义直接扣押中国光伏产品，不让这些产品进入美国市场，最终有

---

① 特朗普政府正式批准光伏 201 调查报告，最新税率出台！［N/OL］. https：//www. sohu. com/a/218389327_749304.

1000批次产品受到限制。

欧盟曾表示，其目标是到2030年，至少40%的清洁能源技术需求可以通过本土生产来满足。然而，欧洲光伏产业协会称，目前只有不到全球2%的太阳能组件在欧洲生产。有美国对中国光伏企业的诱导或打压在前作为样板，难免不会出台类似的不利中国光伏企业发展的保护主义措施。

2023年2月，美国汽车巨头福特公司宣布与世界顶级电池制造商宁德时代（CATL）合作，投建电池工厂。中国也是全球最大电池生产商宁德时代宣布与美国百年车企福特公司合作在美国密歇根州建设投资额35亿美元的电动汽车电池厂。

美国众议院中国问题特别委员会和筹款委员会两位主席2023年7月要求调查福特汽车与宁德时代的合作关系。他们在一封联署信中指出，宁德时代和福特汽车的合作可能不会促进美国电池技术，只是将中国控制的电池技术、原材料和员工带到美国，同时得到税收抵免。①

国内有学者认为，可以预料，天合光能、晶澳科技等几家到美投资建厂的中国光伏企业也难逃类似的指控。美国吸引中国企业来美国投资，其目的是发展本国新能源产业，而不是壮大中国企业。

当然也有较为乐观的看法。2023年6月学者李成和赵修业在布鲁金斯学会发文称，可再生能源产业，不应像半导体业，成为下一个在中美竞争中牺牲的行业。在目睹了破坏性的半导体产业

---

① 美国众议院委员会调查宁德时代与福特汽车的电池合作［N/OL］. https：//m. thep-aper. cn/kuaibao_detail. jsp？contid＝23959667.

脱钩之后，中美再次依据地缘政治考虑为可再生能源做决策前，必须权衡成本和收益。①

美国当地时间 2024 年 5 月 14 日，拜登政府宣布对中国太阳能电池、电动汽车、计算机芯片和医疗产品等一系列商品加征关税。针对进口自中国的太阳能电池（无论是否组装成模块）的关税税率从 25% 提高到 50%。② 美方发布对华加征 301 关税四年期复审结果，精准打击中国进口的电动汽车、锂电池、光伏电池等"中国出口新三样"产品。

5 月 15 日，应美国太阳能制造贸易委员会（American Alliance for Solar Manufacturing Trade Committee）于 2024 年 4 月 24 日提交的申请，美国商务部宣布对进口自柬埔寨、马来西亚、泰国和越南的晶体硅光伏电池（无论是否组装成组件，Crystalline Silicon Photovoltaic Cells，whether or not assembled into modules）进行反倾销和反补贴税调查。涉嫌的倾销幅度高达 70.36% ~271.28%，反补贴率也超过最低限度。据美方统计，2023 年美国自各涉案国家进口被调查产品的金额分别约为：柬埔寨 23 亿美元、马来西亚 19 亿美元、泰国 37 亿美元、越南 40 亿美元。③ 根据统计，与过去几年类似，柬埔寨、马来西亚、泰国和越南在 2023 年第四季度美国面板进口中所占比例达到 84%。这一举措表面上看是直接针对东

---

① 可再生能源产业会成为中美战略竞争的下一个"半导体"吗？［N/OL］. https：//www. 163. com/dy/article/I83S3V0105199UVN. html.

② 拜登政府宣布对电动汽车等中国商品加征关税，外交部回应［N/OL］. https：//baijiahao. baidu. com/s? id = 1799027861930593702&wfr = spider&for = pc.

③ 东南亚四国光伏关税豁免期将到 业内：当地已补齐硅片产能有望降低影响［N/OL］. https：//www. cls. cn/detail/1678560.

南亚四国出口至美国的光伏电池产品，而实际上针对的就是中国光伏产业，因为这些产品中大部分是由中国企业在东南亚设立的生产线生产的。2018 年，美国特朗普政府引入了目前的进口光伏关税政策，在 2022 年到期后又获得拜登政府延长 4 年。但由于美国各州缺光伏组件，拜登政府给予了一些豁免措施，旨在确保美国大型基建项目能够继续建设。当时获得关税豁免的有双面太阳能电池板，以及来自东南亚四国的部分进口光伏组件和太阳能电池。

5 月 16 日，美国政府以所谓的不合理贸易为由，官方宣布对进口光伏电池采取进一步控制措施：不再将太阳能双面组件排除在 201 关税之外。自 6 月 6 日之后恢复对柬埔寨、马来西亚、泰国和越南的太阳能产品征收关税，所有进口产品必须在 6 个月内安装完成，以打击产品囤积，并采取补贴等措施支持在美国国内进行光伏电池硅片和电池制造的技术开发等。① 按照目前的政策，美国对双面太阳能电池板的 201 关税率设定在 14.25%。这波对中国光伏产品的打击圈定中国本身及主要的海外投资地东南亚国家的产能，确保反规避、无法曲线入美。

第四节　中国光伏企业对外投资对策建议及保障措施

对外直接投资应注重发挥满足制造业企业优化资源配置、增

---

① 美国恢复对东南亚四国太阳能产品征收关税 中国光伏企业最新回应来了 [N/OL]. https：//baijiahao. baidu. com/s？ id = 1799297483599702586&wfr = spider&for = pc.

强先进要素获取和开拓市场的功能，在提升光伏制造业产业链价值链掌控力的同时，保障产业链韧性、稳定性与安全性，实现与产业链现代化的协同，从而更好地推动构建以国内大循环为主体、国内国际双循环相互促进的新发展格局。

面对国际形势的急遽变化，中国光伏巨头 TCL 就公开呼吁说：光伏产能集中在中国和东南亚国家，主要市场却是在欧美等国，为了规避贸易壁垒风险，中国光伏企业应该尽快海外建厂，构建全球化能力，才能获得更大的市场空间。[①]

一、光伏产业界要深化国内外科技合作

中国光伏企业界要深化国内外科技合作，围绕国内、国际庞大的新技术需求，以及丰富的新业态和新模式，积极开展针对性创新技术合作。具体可以通过合同委托研发、合作开发、专利许可和技术转让等方式，充分利用国内外大学和研究机构的技术资源。邀请在澳大利亚、欧洲、日本、韩国等海内外设有研发机构海外企业代表经常交流，增进沟通协作。充分利用光伏产业相关国际专利，特别是深度开发基础性的、即将过期的国际专利，淘宝捡漏、发扬光大，加快改革国际人才的签证和居留制度，积极引进相关高端人才，持续创新不断突破，走到光伏技术前沿。在能够发挥大规模国内市场优势，快速产业化、快速降低成本的基础上，还拥有光伏产业硬科技实力。

---

① 全国人大代表李东生：中国光伏企业若不积极拓展全球化 机会可能会被抢走［N/OL］. https：//www. 163. com/dy/article/HV0L2IIG0512B07B. html.

二、继续推进与共建"一带一路"国家的国际产能合作，构建高水平区域价值链

太阳能、风能是中国具备"走出去"能力的可再生新能源产业。共建"一带一路"国家既是传统化石能源的富集地区，也是可再生能源资源丰富的开发热点，东南亚、南亚、西亚、非洲地区的多数国家电力基础设施相对薄弱，人均用电量偏低。中国可以发挥基础设施建设特别是电力、电网建设的优势，在电力生产、跨境电力输送、电网升级改造等领域与当地政府和企业合作，提升当地供电质量和绿电比例。应当大力支持国内优势光伏和电力企业瞄准共建"一带一路"国家资源禀赋和市场需求，通过投资入股、规划设计、咨询评估、工程建设、运行管理等方式合作参与境外光伏电站项目开发，带动相关产品、装备出口。

积极推进有利于发挥各方比较优势、扩大集体利益机会的"第三方市场合作"国际合作新模式，帮助企业获得更多总包项目，扩大具有优势的太阳能电池及组件出口。通过持续打造市场化、法治化、国际化营商环境，高水平运用《区域全面经济伙伴关系协定》（RCEP），推动高质量共建"一带一路"，为国际、国内"双循环"发展提供更多市场机遇、投资机遇、增长机遇，进一步优化、破除区域内影响产能合作的机制障碍。充分利用"一带一路"海外支点的构建，从而构建起"以我为中心"的区域价值链，促进商品和要素资源自由、高效流动。

三、引导企业根据市场需求，有序"走出去"

根据小岛清的边际产业扩张理论，从边际产业开始进行投资，可以使东道国因缺少资本、技术、经营管理技能等未能显现或未能充分显现出来的比较优势显现或增强，扩大两国间的比较成本差距，为实现数量更多、获益更大的贸易创造条件。随着技术进步的加快，边际产业扩张理论应用场景应该划分为高收入国家和低收入国家，在高收入国家市场对技术的要求高，边际产业转移可能已是不现实的选择，而是把过剩的产能转移出去，实际是以技术换市场；在低收入的发展中国家，光伏制造业还是可以按照边际产业实际上是边际技术进行转移的，落后一代的旧设备可以转移到对价格敏感的国家。对外直接投资最好从光伏产业的组件—电池片—硅片—硅料次第展开，可能的话以旧设备投资开始，一方面利于国内设备升级，另一方面可以发挥设备的剩余价值。引导国内外企业把握好节奏有序走出去，不要一哄而上整个上下游一起转移，更不要整个产业集群同步转移，以避免国内产业"空心化"，也可以给国内研发及产业转型升级足够的时间，保证对外投资是贸易创造型的，对东道国和母国双边都产生有利影响。

四、引导企业加强社会责任意识，贡献当地社会

加强企业文化建设，构建多样、包容的企业文化。在当地培养高素质的管理人员，管理决策要兼顾社会利益。组织员工学习、

了解东道国当地文化，约束不符合当地文化的行为习惯。产品设计充分考虑东道国当地因素，产品设计人员在设计时考虑是否环保、是否与当地文化冲突等多方面社会文化因素，在保证企业利润的前提下将产品与服务对社会的负面影响降到最低。积极投身环境保护和治理，中国跨国公司应积极承担生产过程中污染排放的治理责任和义务，在生产中应充分兼顾东道国的环境因素。积极开展公益活动，主动发起或加入东道国当地的扶贫、环保、教育等公益事业，主动承担社会责任的同时在国际上树立负责任的企业形象，为中国企业对外投资赢得良好声誉。

五、提高社会中介组织服务企业对外投资的能力

发挥社会中介组织的力量，在企业维权、咨询、法律、财税等方面为企业提供支持。在境外并购领域，尤其要加强涉外法律方面的服务，一方面要在国内加强专业律师事务所的建设，培养更多的熟悉国际投资法、东道国法律的专业人才，并推动国内律师事务所"走出去"；另一方面要积极利用国外知名律师事务所等中介机构的各项专业服务，充分发挥其本土优势，更好地帮助企业防范跨国并购的风险，提高并购绩效。

六、完善金融支持政策

建立与政策性金融机构、商业银行、保险机构、企业的定期对接机制，推动产融合作创新境外投资信贷产品和服务。协调争

取国家开发银行、中国进出口银行等涉外政策性银行为对外投资合作重点项目提供融资担保和贷款优惠。国家政策性银行是国家"走出去"战略的直接实施者，应充分体现其政策性、战略性和在战略目标下承担的风险性。积极与政策性银行建立战略合作关系，增加贷款额度，提高贷款的政策性贴息率和延长贴息期限，进一步优化贷款条件。发挥好政策性金融服务的带动引领作用，政策性金融通过融资支持与风险保障，使企业"走出去"的起步风险降低，从而逐步吸引商业融资参与。

积极利用中央及地方专项资金，优化资金支持和管理方式，对现有的、分散的对外发展基金加以整合和利用，提高投资及促进的力度，对企业进行对外投资活动提供资金上的支持。创新金融产品和融资模式，通过发展产业基金、投资基金等方式，主要解决民企融资问题。扩大境外投资基金规模，利用中投公司等主权基金及其他国有机构主导的境外投资基金，对民企或民企与国企合作的境外投资给予更大力度支持，主要解决企业在高新技术、先进制造业等领域战略性国际投资参股或并购融资。

积极对接亚投行、金砖国家银行和丝路基金等国际金融机构，支持重大对外投资合作项目的建设，尤其是"一带一路"重点园区、基础设施、国际产能合作等重点项目建设。支持符合条件的"走出去"企业在境外通过发行人民币债券来进行境外投资，打造中小企业"一带一路"融资中心，推动政策性和商业性金融及产业资本联合"走出去"。

第五节　天合光能对外投资案例①

一、公司简况

天合光能有限公司成立于 1997 年，总部位于江苏常州，2006 年在美国纽约证券交易所上市，2020 年，天合光能在上海证券交易所科创板重新上市。天合光能是全球领先的光伏电池组件供应商，一流的系统集成商和智慧能源的开拓者，曾经连续多年组件出货量位居全球第一。天合光能作为国家级高新技术企业，始终坚持以打造世界级的创新型企业为目标，坚持创新、品牌、全球化、智能化和平台化五大战略，以国家重点实验室为平台，整合全球创新资源，不断提升自主创新能力，实现公司可持续发展。根据全球权威机构普华永道下属的柏亚天（PRTM）发布的光伏产业可持续发展指数，天合光能连续三年名列中国第一名。连续三年荣登"全球太阳能生产商产品安全评比排行榜"榜首。2014 年6 月，中国光伏行业协会正式成立，天合光能董事长兼首席执行官高纪凡当选第一任理事长。

二、对外投资项目情况

当前，全球光伏行业正处于市场复苏和新的稳步增长期，全

---

① 本节资料来源于江苏省商务厅。

球市场需求以 20% 以上的年均增长率快速增长。太阳能光伏发电在不远的将来会占据世界能源消费的重要席位，逐步成为世界能源供应的主体。随着国际市场蓬勃发展，加快国际化生产布局，"走出去"是大势所趋。2015 年 2 月，国务院常务会议提出"一带一路"合作倡议下，促进我国重大装备和优势产能"走出去"，实现互利共赢，各级政府也相继出台了一系列鼓励政策。为响应国家"走出去"大政策，就近满足市场需求，调整供应布局，近年来天合光能开始实施中国创造、中国品牌和全球制造的战略布局，在共建"一带一路"国家积极推进海外产能建设，马来西亚、泰国、越南等国均已正常运营投产。全球足迹已从 43 个国家拓展到了 63 个。

新加坡天合科技高效太阳能组件 500MW 生产项目。总投资为 9085 万美元，项目建成后将具备年产能 500MW 高效太阳能组件的生产能力。项目地址坐落于马来西亚新山 PDP 保税区，靠近新加坡，已于 2015 年 3 月顺利投产，产品主要销往美国、欧盟、日本等海外市场。

泰国 700MW 高效太阳能电池和 500MW 组件生产项目。2016 年 3 月 28 日，天合光能在泰国罗勇工业园区建设的泰国工厂——天合光能科技（泰国）有限公司正式投产。天合光能科技（泰国）有限公司使用的是天合光能高效"Honey"生产线，具备电池片年化产能 700MW、组件年化产能 500MW，其组件产能可根据未来市场需求扩张至 600MW 以上，项目总投资为 2.2539 亿美元，产品主要面向欧美市场。天合光能科技（泰国）有限公司是天合光能在全球范围内技术最先进，自动化程度最高的电池及组件项目之一。作为中国光伏的龙头企业，天合光能在泰国建设电池与组件工厂，必然会以产业链配套企业形成集聚效应，最终在当地形成完整的产业集群。这将为中泰经贸合作关系的深入发展注入新的动力。

越南700MW高效太阳能电池项目。该项目在越南北江省云中工业园规划投资14条高效多晶电池生产线，年产能700MW，项目总投资为1.36亿美元，项目于2016年3月开工建设，12月已投产，产品主要面向欧洲、美洲、日本等海外市场。

天合光能海外投资项目全部实施后，将带动光伏原材料、光伏设备等一系列配套产业的产品出口。仅光伏材料出口额预计将达到8亿美元/年。

面对美国对东南亚出口美国的光伏产品关税政策的变化，天合光能未雨绸缪，2023年9月宣布将斥资2亿美元，在美国得克萨斯州威尔默建造年产约5GW组件太阳能光伏生产厂。

全球化是天合光能的战略，天合光能早年便开始了全球化布局，在江苏常州设立全球总部。2022年，天合光能又在上海设立了国际总部，积极加强全球化人才队伍建设，近年来引进了来自70多个国家和地区的国际化高层次管理和研发人才。公司在瑞士苏黎世、美国硅谷、美国迈阿密、新加坡、阿联酋迪拜设立了区域总部，并在马德里、墨西哥、悉尼、罗马等地设立了办事处和分公司，在泰国、越南、美国、印度尼西亚、阿联酋建立生产制造基地，业务遍布全球170多个国家和地区。

三、对外投资项目心得

天合光能海外项目得以顺利开展离不开各级政府的关心和支持，特别是要成功调整产业布局，立足于国际竞争，更加离不开国家政策和各级政府的重点培育、引导和大力扶持。同时企业也要深挖自身潜力，全球布局，并加强自主创新和制造智能化的发展模式。

加快推进全球化布局。天合光能具备完善的海外市场布局规划，在巩固欧美传统市场的同时，积极拓展亚太、中东、非洲等新兴市场，同时着力发展国内市场。后续仍将进一步拓展海外市场，以全球布局、就近服务赢得市场。

坚持技术创新。天合光能始终坚持技术创新，注重技术团队和人才的培育，以高新技术产品引领市场。设立在天合光能的"光伏科学与技术国家重点实验室"是中国首批获得科技部认定的企业国家重点实验室。公司以国家重点实验室为平台，承担及参与5项国家863计划、2项国家973计划及省科技成果转化等各类科技计划项目45项。截至2024年6月，连续26次创造了晶硅电池转换效率和组件输出功率的世界纪录。公司积极推进新产品研发和产业化步伐，使研发投入能够创造出更大的效益。同时，积极参与国家发改委为促进先进光伏技术产品应用和产业升级而推出的"领跑者计划"，争做光伏行业高技术、高质量产能的典范。

专业、强大的执行团队。海外投资建厂，特别需要强大的团队，能够切实结合当地政策，协调当地资源。公司的海外工厂拥有近500人的队伍，其中主要人员拥有超过十年的项目执行经验，并能充分开发当地人力资源，不断努力培养人才阶梯队伍，同时熟悉所在国项目相关的法律法规及人文环境，并且做到适当本土化。

打造高智能化制造企业。目前，海外工厂主干网络覆盖80%以上办公以及生产区域，数字化生产设备达到90%，设备联网率达90%。数据统一集中管理，建立了业务支持、生产管理、基础建设、信息安全四大模块，涵盖全套IT解决方案。海外项目车间均已导入自动上下料、自动插片等自动化设备，并全套全自动流水线。各车间均已实现MES生产互联，可做到生产过程实时监控调度管理，同时做到产品质量可追溯，产品质量合格率稳定在90%以上。

面对未来，天合将在保持组件业务领先的基础上，继续发展下游电站业务，并大力开发储能与光伏应用、节能与能效管理等新业务，争取成为全球最领先的太阳能整体解决方案公司，并拥有多家以上的上市公司，用太阳能造福全人类。

第七章

中国光伏发展的产业政策分析

产业政策是政府为了实现一定的经济和社会目标而对产业的形成和发展进行干预的各种政策的总和。其目标有引导产业发展方向、推动产业结构升级、协调国家产业结构、使国民经济健康可持续发展等。本章将重点针对中国光伏发展的产业政策进行分析，首先从发展阶段和发展特点两个方面阐述中国光伏产业政策的演变过程，其次将中国与美国、德国、日本的光伏产业政策进行全面对比分析，然后实证分析光伏产业政策对中国光伏发电企业和光伏产品企业发展的影响，最后进一步指出了中国光伏产业政策存在的问题、改进措施及展望。

第一节　中国光伏产业政策的演变

本节首先按照时间顺序将中国光伏产业政策的发展划分为五个阶段，并在此基础上，总结归纳了中国光伏产业政策的发展特点。

一、中国光伏产业政策的发展阶段

（一）政策酝酿阶段（1995～2005 年）

1995 年制定的《1996—2010 年新能源和可再生能源发展纲要》进一步提出要加快新能源和可再生能源产业建设步伐，促进新能源和可再生能源事业发展，特别要在太阳电池组件和配套关键技术装备方面努力，降低系统造价，在 2000 年前完成西藏 9 个无电县独立光伏电站的建设，大力推广应用小功率光伏系统，建立分散型和集中型兆瓦级联网光伏示范性电站。中国《2000～2015 年新能源和可再生能源产业发展规划》提出了新能源和可再生能源中期发展目标，到 2015 年，新能源和可再生能源形成相当于 4300 万吨标准煤的商品能源供应能力，占中国当时能源消费总量的 2%。2001 年 10 月，《关于印发新能源和可再生能源产业发展"十五"规划的通知》明确指出了发展可再生能源的重要性，强调大力开发利用新能源和可再生能源，是优化能源结构，改善环境，促进经济社会可持续发展的重要战略措施之一。《新能源和可再生能源产业发展规划"十五"规划》提出，"十五"期间要加强宏观引导，培育和规范市场，逐步实现企业规模化，产品标准化，技术国产化，市场规范化，推动新能源和可再生能源产业上一个新台阶。这些都为我国太阳能等新能源产业发展创造了良好的宏观政策环境。

2005 年 2 月，经过多年酝酿的《中华人民共和国可再生能源法》由第十届全国人民代表大会常务委员会第十四次会议通过。

（二）政策启动阶段（2006～2010年）

中国光伏产业政策在2006～2010年处于政策启动阶段。自2006年1月1日起，《中华人民共和国可再生能源法》正式实施，以法律的形式规定了"国家将可再生能源的开发利用列为发展优先领域"，明确表示国家鼓励和支持可再生能源并网发电。2009年7月，根据《可再生能源法》《国家中长期科学和技术发展规划纲要（2006～2020年）》《可再生能源中长期发展规划》和《可再生能源发展专项资金管理办法》，为促进光伏发电产业技术进步和规模化发展，培育战略性新兴产业，财政部、科技部、国家能源局发布《关于实施金太阳示范工程的通知》，明确表示中央财政从可再生能源专项资金中安排一定资金，支持光伏发电技术在各类领域的示范应用及关键技术产业化（简称金太阳示范工程）。2010年5月，中国政府发布了《国务院关于鼓励和引导民间投资健康发展的若干意见》，首次明确提出了加强太阳能光伏产业支持的方向，以及鼓励民间资本投资的政策导向，这一政策的出台为光伏产业发展提供了初步的政策支持和指引。

（三）政策扶持阶段（2011～2015年）

2011～2015年，政府出台了一系列政策文件，大力支持光伏产业的发展。2011年7月，国家发展改革委发布《关于完善太阳能光伏发电上网电价政策的通知》，强调为规范太阳能光伏发电价格管理，促进太阳能光伏发电产业健康持续发展，决定完善太阳能光伏发电价格政策，制定全国统一的太阳能光伏发电标杆上网电价。2011年12月，《关于组织实施2012年度太阳能光电建筑应用示范的通知》表明，为加快启动国内太阳能光电建筑应用市场，进一步提升太阳能光电建筑应用水平，2012年光电建筑应用政策向绿色生态城区倾斜，向一体化程度高的项目倾斜。2013年7月，国务院颁布《关于促进光伏产业健康发展的若干意见》，该文件由充分认识促进光伏产业健康发展的重要性和总体要求等八部分构成，明确表示要把扩大国内市场、提高技术水平、加快产业转型升级作为促进光伏产业持续健康发展的根本出路和基本立足点。2013年8月，《关于分布式光伏发电实行按照电量补贴政策等有关问题的通知》明确表示，国家对分布式光伏发电项目按电量给予补贴，补贴资金通过电网企业转付给分布式光伏发电项目单位。2023年8月，为充分发挥价格杠杆引导资源优化配置的积极作用，促进光伏发电产业健康发展，国家发展改革委发布《关于发挥价格杠杆作用促进光伏产业健康发展的通知》，决定进一步完善光伏发电项目价格政策。2014年9月，国家能源局发布《关于进一步落实分布式光伏发电有关政策的通知》，强调进一步落实分布式光伏发电有关政策，以破解分布式光伏发电应用的关键制约，大力推进光伏发电多元化发展，加快扩大光伏发电市场规模。2015年3月，国家能源局发布《关于下达2015年光伏发电建设实施方案的通知》，强调要为稳定扩大光伏发电应用市场，各地区应完善光伏发电项目的规划工作，合理确定建设布局。2015年6月，能源局、工业和信息化部、国家认监委联合发布《关于促进先进光伏技术产品应用和产业升级的意见》，以促进先进光伏技术产品应用和产业升级，加强光伏产品和工程质量管理。

（四）政策调整阶段（2016～2020 年）

随着光伏产业的快速扩张，政策逐步向优化和调整方向发展。2016 年 5 月，国家发展改革委、国家能源局《关于完善光伏发电规模管理和实行竞争方式配置项目的指导意见》，主要目的是进一步完善光伏发电建设规模管理，优化项目配置方式，规范市场开发秩序，加快推进光伏产业升级。2016 年 6 月，国家能源局《关于下达 2016 年光伏发电建设实施方案的通知》，主要编制了 2016 年光伏发电建设实施方案。2017 年，政府进一步加大了对光伏产业的技术创新支持力度，推动产业向智能制造、高端制造等方向发展，这一阶段的政策着眼于提升产业竞争力和可持续发展能力，促使光伏产业实现从规模扩张到质量提升的转变。2017 年 7 月，《国家能源局关于可再生能源发展"十三五"规划实施的指导意见》明确指出，国家能源局会同有关部门制定光伏产品的市场应用技术标准、领跑者技术标准，加速技术进步和落后产能退出市场。2017 年 11 月，《国家能源局关于公布 2017 年光伏发电领跑基地名单及落实有关要求的通知》的重要意义在于，领跑基地的建设加快了光伏市场的应用推广及整体产业水平的提升，从而最大限度地降低发电成本，提高市场竞争力，提速光伏平价上网进度。2018 年 4 月，工业和信息化部等六部门关于印发《智能光伏产业发展行动计划（2018—2020 年）》的通知有利于进一步提高我国光伏产业发展质量和效率，实现光伏智能创新驱动和持续健康发展，支持清洁能源智能升级及应用。2018 年 6 月，国家发展改革委、财政部、国家能源局《关于 2018 年光伏发电有关事项的通知》强调要优化光伏发电新增建设规模，加快光伏发电补贴退坡、降低补贴强度。2019 年 1 月，国家发展改革委、国家能源局联合印发《关于积极推进风电、光伏发电无补贴平价上网有关工作的通知》，正式开启我国平价项目进程，在具备条件的地区建设一批平价上网项目。

2020 年 3 月，《国家发展改革委关于 2020 年光伏发电上网电价政策有关事项的通知》，明确 2020 年光伏国家补贴电价标准，推进全年光伏工作进展。2020 年 3 月，《国家能源局关于 2020 年风电、光伏发电项目建设有关事项的通知》，明确 2020 年光伏补贴 15 亿，5 亿用于户用光伏。2020 年 7 月，《关于下达 2020 年度可再生能源电价附加补助资金预算的通知》，明确了 2020 年国家可再生能源电价补贴资金预算总额约 924 亿元，其中光伏项目获得约 473 亿元，占比约 51%。

（五）平价上网与综合支持阶段（2021 年至今）

进入 2021 年，光伏发电逐步实现平价上网，政策重点转向优化市场环境和推动技术创新。2021 年 12 月，工业和信息化部等五部门联合发布关于印发《智能光伏产业创新发展行动计划（2021—2025 年）》的通知，强调为推动实现 2030 年前碳达峰、2060 年前碳中和目标，要推动光伏产业与新一代信息技术深度融合，加快实现智能制造、智能应用、智能运维、智能调度，全面提升我国光伏产业发展质量和效率。2022 年 2 月，国家发展改革委国家能源局关于完善能源绿色低碳转型体制机制和政策措施的意见提出，推动构建以清洁低碳能源为主体的能源供应体系。2022 年 5 月，国务院办公厅转发国家发展改革委国家能源局《关于促进新时代新能源高质量发展实施方案》的通知，即"新能源高质量发展 21 条"。方案锚定到 2030 年风电、太阳能发电总装机容量达到 12 亿千瓦以上的目标，提出要加快构建清洁低碳、安全高效的能源体系。2022 年 9 月，国家发展改革委办公厅、国家能源局综合司《关于促进光伏产业链健康发展有关事项的通知》强调做好碳达峰、碳中和工作，支撑我国清洁能源快速发展。

二、中国光伏产业政策的发展特点

中国光伏产业政策的发展具有可预见性、透明性、连续性、战略性、区域差异性和开放性等特点，这有助于稳定产业发展预期，提高企业的经营信心，促进产业健康稳定发展。

（一）可预见性

中国光伏产业政策在制定和实施过程中通常具有较高的可预见性，政府会提前公布相关政策的制定时间表、内容和执行计划，使企业和市场能够提前做好准备和调整。这种可预见性体现在政府对产业发展方向的明确规划和长期目标的设定上（练文华等，2024）。政府会发布中长期规划文件，明确光伏产业的发展方向、目标和重点任务，为产业的发展提供稳定的政策环境和方向指引。例如，《光伏产业发展"十三五"规划》等文件，明确了"十三五"期间光伏产业的发展目标和重点任务，为企业和市场提供了明确的发展蓝图和指导。此外，政府还会定期发布相关政策文件，针对产业发展中的重大问题和矛盾进行调整和完善，保持政策的及时性和灵活性，提高政策的可操作性和实施效果。例如，针对产能过剩问题，政府相继发布了一系列政策文件，调整和控制产能扩张速度，避免市场出现过度竞争和行业不稳定的局面。

（二）透明性

中国光伏产业政策的制定和实施过程通常具有一定程度的透明性，政府会充分征求产业各方的意见和建议，广泛听取社会各界的反馈和意见，确保政策的合理性和公正性。这种透明性体现在政府公开征求意见和听证会等程序的开展上。政府在制定重要政策前，通常会组织相关部门和专家学者进行专题研究和论证，同时向社会公开征求意见，广泛听取产业企业、专家学者和社会各界的反馈和建议，形成政策的共识和基础。这种公开透明的程序能够有效保障政策的合法性和公正性，增强政策的可信度和执行力度。

（三）连续性

中国光伏产业政策具有较强的连续性，政府在制定和实施政策时通常会考虑到前期政策的连续性和稳定性，保持政策的相对稳定和持续性，避免出现政策的频繁调整和不确定性。这种连续性体现在政府对产业发展方向和政策目标的一贯性上。政府在制定新政策时，通常会充分考虑前期政策的执行效果和产业发展的实际情况，保持政策的相对稳定和连续性，避免产业出现过度波动和不确定性。政府在发布新政策时也会适度考虑既有政策的衔接和延续，保持政策的连贯性和稳定性，避免产业发展的不连续和中断（许建峰和曹庆仁，2022）。

（四）战略性

中国光伏产业政策具有明显的战略性导向，政府在制定和实施政策时通常会从国家能源安全、环境保护、产业升级等战略高度出发，明确光伏产业在国家经济社会发展中的战略地位和作用定位，为产业发展提供战略性支持和引导。政府通过出台一系列战略性文件和规划，明确了光伏产业的发展方向和战略目标，鼓励企业加大技术创新、产业升级和国际合作力度，推动光伏产业向高端、智能、绿色方向发展。

（五）区域差异性

中国光伏产业在不同地区具有明显的区域差异性，政府通常会根据地区资源禀赋、产业基础和发展需求，制定差异化的政策措施，促进地区光伏产业的协调发展和差异化竞争。一些地区资源丰富，政府会加大政策支持力度，鼓励光伏产业集聚发展；而一些地区资源匮乏，政府则会调整产业布局，促进技术创新和转型升级。这种区域差异化的政策有助于充分发挥各地资源优势，实现产业优势互补和协同发展（陈艳等，2021）。

（六）开放性

中国光伏产业政策具有较强的开放性和国际合作意识，政府通常会鼓励光伏产业加强国际合作和交流，积极参与全球光伏产业的竞争与合作。政府通过出台一系列开放政策和措施，鼓励光伏企业开展国际合作，引进国外先进技术和设备，拓展国际市场，加强国际交流与合作，推动中国光伏产业向全球化、高端化方向迈进。这种开放性与国际合作的政策有助于提升中国光伏产业的国际竞争力，拓展海外市场，实现产业共赢和可持续发展。

第二节　中国与其他国家光伏产业政策的对比分析

本节将对比分析中国与美国、德国、日本的光伏产业政策。这些国家在全球光伏产业中具有代表性，各自在经济发展水平、能源结构、政策目标和技术创新等方面存在显著差异（冯楚建和谢其军，2017）。中国作为全球最大的光伏制造国和市场，政策工具多样且市场需求旺盛。美国在技术创新和市场应用方面处于领先地位，联邦与州政府的双层政策支持模式丰富多样。德国是能源转型的先行者，通过固定电价补贴（FIT）和市场化机制推动光伏市场的成熟。日本在福岛核事故后，政策更加注重能源安全和自给率，其建筑一体化光伏应用独具特色。本节将通过对比这些国家的光伏政策，深入探讨不同经济体在政策制定上的考量和策略，评估各国在政策工具选择和实施效果上的差异，促进全球光伏产业的合作与共同进步。

一、补贴政策的差异性

中国、美国、德国和日本在光伏产业政策补贴方面存在显著差异，尽管各国政府都致力于推动可再生能源的发展，但其补贴对象、方式和效果却各有不同。2009 年 7 月，《关于实施金太阳示范工程的通知》明确表示中央财政从可再生能源专项资金中安排一定资金，支持光伏发电技术在各类领域的示范应用及关键技术产业化。

美国的光伏产业补贴政策更加分散和多样化（石红莲和朱亚静，2015）。最新的《通胀削减法案》（IRA）对美国光伏产业提供了多项补贴政策，旨在促进清洁能源的发展并扩大国内太阳能制造能力。主要政策包括：（1）投资税收抵免（ITC）和生产税收抵免（PTC）：ITC 提供 30% 的税收抵免，用于光伏系统安装成本，持续至 2032 年；PTC 为使用可再生能源（包括太阳能）发电的项目提供每千瓦时 1.5 美分的税收抵免，持续至 2025 年，然后转换为清洁电力生产税收抵免（CEPTC）。（2）先进制造生产税收抵免：设立为期 10 年的先进制造生产税收抵免，支持太阳能组件的生产，如薄膜光伏电池、晶体光伏电池、光伏晶圆和太阳能模块，预计未来十年提供超 300 亿美元资金。（3）额外税收抵免：满足工资和学徒要求的项目可获得额外 24% 的税收抵免；在使用美国制造的铁或钢材且至少 40% 制造产品成本来自美国的项目可获得额外 10% 抵免；位于低收入社区或印第安人土地上的项目，以及符合低收入住宅建筑或经济利益的项目可获得额外 10% ～

20%的抵免。（4）直接支付选项：非纳税实体（如州政府、地方政府、部落政府等）可直接货币化这些税收抵免，即从美国国税局获得等值支付。这些政策旨在降低太阳能项目成本，鼓励更多家庭和企业采用太阳能，同时促进国内制造业，减少对进口依赖，增强能源安全和经济竞争力。

德国在光伏产业发展过程中实施了著名的"太阳能补贴法"，通过固定的补贴标准和长期的购买保证，鼓励个人和企业投资光伏发电。德国的补贴对象主要是终端用户，这种政策在一定程度上降低了光伏系统的投资门槛，促进了分布式光伏发电的发展。然而，随着设备费用的下降和补贴的逐步减少，德国的光伏市场也出现了停滞甚至衰退的趋势。

日本的光伏产业政策在近年来也发生了变化。日本曾经实施过慷慨的购买电价制度和固定的补贴政策，鼓励光伏发电的发展。但由于政策调整和成本考量，日本近年来逐渐减少了对光伏的补贴支持，转向了更多的拍卖制度和市场化发展模式。

中国的光伏产业政策在补贴规模和效果上较为显著，但也存在企业骗取补贴、只求数量不顾质量、产能过剩等问题；美国的政策相对更加分散和多样化，能够激发市场需求和技术创新，但存在政策不稳定等问题；德国和日本的政策则更加注重分布式发电和市场化机制，但也面临着补贴减少后市场停滞的挑战。在未来，各国应根据自身光伏产业的发展阶段和特点，综合考虑补贴政策、市场机制和技术创新等因素，制定更加合理和可持续的政策措施。

二、退坡速度的差异性

中国、美国、德国和日本的光伏产业政策退坡速度也具有差异性，具体如下：第一，中国通过上网电价补贴政策，迅速稳居全球光伏产业的主要参与者。然而，随着产业规模的扩大和技术进步，中国政府开始逐步减少上网电价补贴，推动光伏产业向市场化方向转型。这种退坡速度相对较快，体现了政府对减少过度依赖补贴、促进市场竞争和技术进步的重视。这一政策有助于光伏产业的可持续发展，但也可以给一些企业带来压力，迫使它们加快转型和升级的步伐。第二，对于美国而言，美国的光伏产业政策相对较为多样化和分散，由于联邦和州级政府的不同政策偏好，退坡速度也存在差异。一些州采取了更为激进的减少补贴或取消补贴的政策，而另一些州则继续支持光伏产业的发展。这种分散的政策体系使得美国光伏产业的退坡速度相对较缓，但也造成了市场的不确定性和投资风险。优势在于政策的灵活性和多样性，但劣势在于可能导致市场不稳定和投资困境。第三，对于德国和日本而言，德国和日本在过去曾是光伏产业的领导者，通过慷慨的购电价制度和固定的补贴政策，大力支持光伏发电（王海和陈秋凝，2022）。然而，随着光伏技术成本的不断下降和市场的变化，这两个国家逐渐减少了对光伏的补贴支持，转向了更多的拍卖制度和市场化发展模式。这种退坡速度相对较缓，但也表明了这两个国家对于产业发展的转型和调整。优势在于有助于推动产业的市场化和技术进步，但也可能造成部分企业的困境和市场的波动。综上所述，中国的光伏产业政策退坡速度相对较快，注重市场化发展；美国的政策多样性导致退坡速度有所不同，存在市场不稳定性；德国和日本则逐渐减少对光伏的补贴支持，转向市场化发展，但速度较缓，不同国家的政策取向和退坡速度反映了其在可再生能源发展中的不同路径和策略。

三、技术支持与创新驱动的差异性

中国政府对光伏产业的支持主要体现在大规模的补贴和政策支持上。中国政府通过各种形式的补贴，包括财政补贴、税收优惠、低息贷款等，推动了光伏产业的迅速发展和技术应用。这种政策的优势在于快速推动了光伏技术的市场应用和产业化，使中国成为全球光伏产业的领导者。然而，这种模式也存在一定的局限性，即可能导致资源过度集中和产能过剩的问题，以及可能对企业的创新动力产生一定程度的负面影响。

美国政府更加注重技术创新和基础研究。美国政府通过在国家实验室、大学和企业间投入大量资源用于光伏技术的研发和突破，推动了技术的不断进步和商业化应用。这种政策的优势在于促进了光伏技术的长期发展和创新，提高了美国在光伏技术领域的竞争力。然而，这种模式也可能存在技术转化周期长、市场应用滞后等问题，需要更多的时间和成本来实现技术的商业化应用。

德国政府采取了一种独特的政策模式，即"光伏经济"。除了提供稳定的价格补贴外，德国政府还注重技术创新和产业升级。德国政府通过激励企业进行技术研发和创新，鼓励高效率、高品质的光伏产品的生产和应用，以提高光伏发电系统的整体效益（苏竣和张芳，2015）。这种政策的优势在于推动了光伏产业的可持续发展和技术进步，使德国成为光伏技术创新的重要中心。然而，这种模式也可能存在高成本和资源投入的问题，需要持续的政策支持和市场需求来保持竞争优势。

日本政府更加注重技术的规模化应用和系统集成，鼓励企业开发高效率、高性能的光伏组件和系统，满足市场需求和提高能源安全性。日本政府也通过技术标准和认证体系，促进光伏产业的规范化和质量提高，以确保系统的可靠性和长期运行效率。这种政策的优势在于推动了光伏产业的规模化应用和市场普及，提高了光伏技术的商业化水平。然而，这种模式也可能存在市场竞争激烈、利润空间有限等问题，需要不断提升产品品质和降低成本来保持竞争优势。

四、市场导向与产业布局的差异性

中国政府的光伏产业政策以市场导向为主导，引导支持光伏产业的发展方向和布局，政策着眼于扩大市场份额和提高产业竞争力。这种政策的优势在于快速推动了光伏产业的发展和规模扩张，使中国成为全球光伏产业的主要生产和出口国。然而，这种模式也可能导致产能过剩和市场竞争过度激烈的问题，需要加强监管和调控来维护市场秩序和产业健康发展。

美国政府更加注重市场的自由竞争和产业多元化。美国政府鼓励企业根据市场需求和技术趋势进行产业布局和产品开发，促进了产业结构的优化和创新能力的提升。这种政策的优势在于增强了产业的灵活性和适应性，推动了产业的多元化发展和技术创新。然而，这种模式也可能存在市场不确定性和企业投资风险高的问题，需要加强政策引导和市场监管来降低风险和促进产业稳定发展。

德国政府注重产业的可持续发展和区域平衡，通过补贴和政策引导，推动了光伏产业的均衡发展和布局。德国政府鼓励企业在全国范围内进行投资和发展，避免了产业资源过度集中和区域发展不均衡的问题。这种政策的优势在于促进了产业结构的优化和区域经济的协调发展，提高了光伏产业的整体竞争力。然而，这种模式也可能导致资源配置效率低和产业效益不高的问题，需要加强政策协调和市场监管来优化产业布局和提高效益水平。

日本政府更注重市场需求和产业布局的结合，鼓励企业投资光伏发电系统的建设和运营，满足当地的能源需求和提高能源安全性。日本政府也支持光伏产业在乡村和偏远地区的发展，促进了地方经济和社会的可持续发展。这种政策的优势在于推动了光伏产业的市场应用和区域发展，提高了光伏技术的普及程度和社会效益。然而，这种模式也可能存在市场需求不足和资源利用效率低的问题，需要加强市场调研和政策支持来提升产业的市场竞争力和社会效益。

五、国际合作与产业链整合的差异性

中国政府通过国际合作和产业链整合，加强了光伏产业的国际竞争力和市场地位。中国与国际组织、跨国公司和其他国家的企业开展合作，加强了技术交流和资源共享，推动了光伏产业全球化发展。中国政府的政策重点在于通过合作与竞争相结合的方式，实现光伏产业的国际化和全球化，提升中国在全球光伏市场中的话语权和地位。这种政策的优势在于加强了产业链的整合和技术创新，拓展了市场空间和国际影响力。然而，这种模式也可能存在国际合作的不确定性和资源分配的问题，需要加强政策协调和市场监管来规范产业链的发展和合作关系。

美国政府更注重国际合作和技术交流，在全球范围内寻求合作伙伴和市场机会，推动了光伏产业的国际化发展。美国企业在光伏产业的全球价值链中扮演着重要角色，通过技术创新和市场竞争，提高了美国光伏产品的国际竞争力。美国政府的政策重点在于通过国际合作和市场开拓，促进光伏产业的全球化和市场多元化，增强美国在国际光伏市场中的地位和竞争力。这种政策的优势在于加强了产业链的整合和资源配置，拓展了国际市场份额和技术影响力。然而，这种模式也可能存在国际市场的不稳定性和竞争压力大的问题，需要加强合作伙伴关系和市场战略规划来应对市场挑战和风险。

德国政府通过国际合作和产业链整合，加强了光伏产业与其他国家的合作和交流。德国企业在光伏产业的全球价值链中具有一定的优势地位，通过技术创新和市场开拓，拓展了国际市场份额和影响力。德国政府的政策重点在于通过国际合作和技术交流，促进光伏产业的国际化和全球化，提升德国在全球光伏市场中的地位和竞争力。这种政策的优势在于加强了产业链的整合和市场开拓，提高了德国光伏产品的国际竞争力和技术水平。然而，这种模式也可能存在国际竞争激烈和市场风险高的问题，需要加强市场调研和风险管理来提升市场竞争力和风险应对能力。

日本政府注重国际市场的开拓和技术标准的制定，提高了日本光伏产品的国际市场份额和影响力。日本企业通过技术创新和市场拓展，加强了光伏产业与其他国家的交流和合作，拓展了国际市场空间和品牌影响力。日本政府的政策重点在于通过国际合作和市场开拓，推动光伏产业的国际化和全球化，提升日本在全球光伏市场中的地位和竞争力。这种政策的优势在于加强了产业链的整合和市场渠道拓展，提高了日本光伏产品的国际竞争力和市场份额。然而，这种模式也可能存在市场风险高和国际竞争激烈的问题，需要加强市场调研和产品创新来提升市场竞争力和风险应对能力。

第三节　光伏产业政策影响中国光伏
产业发展的实证分析

2013 年，中国政府在光伏产业经历了 2012 年的行业寒冬后，正式制定并实施了电价补贴政策。这项政策被认为是迄今为止对中国光伏产业发展影响最为深远和广泛的产业政策。电价补贴政策的实施，不仅是为了缓解当时行业的困境，更旨在推动光伏产业的全面发展。政策制定者和学术界一直关注的核心问题是：这项影响巨大的电价补贴政策是否真正促进了光伏产业的各方面发展？本节正是基于这一重要问题，选择 2013 年开始的电价补贴政策作为实证检验的对象，旨在分析和评估其对光伏产业发展的具体影响。通过详细的实证研究，我们希望揭示这项政策对光伏发电企业和光伏产品生产企业的影响，为未来光伏产业政策的制定提供科学依据和参考。

一、电价补贴政策对光伏发电企业的影响

（一）计量模型与数据说明

借鉴孙传旺和占妍泓（2023）、王宏伟等（2022）等的做法，本节设定如下计量模型检验电价补贴政策对我国光伏发电企业规模、主营业务收入、创新产出、市场竞争能力和绿色全要素生产率的影响：

$$Y_{it} = \alpha + \beta FIT_{it} + \gamma X_{it} + \mu_i + \mu_t + \varepsilon_{it} \qquad (7-1)$$

其中，Y_{it} 表示光伏企业 i 在 t 年的企业规模、创新产出和市场竞争能力；FIT_{it} 表示企业 i 在 t 年获得的电价补贴金额；X 表示企业层面的控制变量；μ_i、μ_t 分别表示企业和年份层面的固定效应；ε_{it} 表示随机扰动项。

1. 被解释变量

本节的被解释变量共有五个，分别为企业规模、主营业务收入、创新产出、市场竞争能力和绿色全要素生产率。其中，企业规模采用企业总资产加 1 取对数衡量，主营业务收入变量采用主营业务收入加 1 取对数衡量，创新产出采用专利申请数量加 1 取

对数衡量，市场竞争能力采用如下公式衡量：市场竞争能力 =（营业收入 – 营业成本 – 销售费用 – 管理费用）/营业收入，绿色全要素生产率则使用自身数值衡量。

2. 核心解释变量

电价补贴是核心解释变量。根据光伏发电上网电价构成，可知每家光伏下游发电企业的光伏发电总收入 = 燃煤标杆电价收入 + 电价补贴 = 燃煤脱硫标杆电价×上网电量 + 电价补贴，基于此，电力补贴采用光伏发电总收入与燃煤脱硫标杆电价与上网电量的乘积之差衡量。本节的数据获取方案如下：每家光伏发电企业每年在强制披露的企业年报中的"报告期内主要经营情况"栏目下，都会包含"电力行业经营性信息分析"。在此栏目中，企业会详细披露"报告期内电量、收入及成本情况"或"光伏电站信息"。通过这一部分内容，我们可以精确获得每家光伏发电企业每年的光伏发电总收入和上网电量。本节将对这些数据进行手工收集和整理，对照企业年报逐一核实。然后，根据电力补贴的计算公式和每年的全国平均燃煤脱硫标杆上网电价，计算得出 2013～2022 年光伏下游企业每年的电价补贴金额。通过这种方法，我们能够准确评估电价补贴政策对光伏发电企业的影响，提供实证依据以支持本节的研究结论。

3. 控制变量

本节选取的控制变量如下：（1）资产负债率，采用总负债与总资产的比例（ROA）衡量；（2）股权结构，采用前五大股东持股比重衡量；（3）人力资本，采用技术人员数与员工总数的比值衡量；（4）营业外收入，采用政府补助加 1 取对数衡量；（5）研发投入，采用研发投入与营业收入的比值衡量；（6）企业成长性，采用总资产的增长率衡量。

4. 数据说明

本节使用的样本为2013～2022年接受光伏电价补贴的下游企业样本。本节实证部分使用的数据来源主要包括两个方面：一方面，本节选择从电价补贴的接受企业进行手工获取，获取过程涉及光伏发电上网电价构成、企业财务范围内的会计处理方式和光伏电力销售收入构成；另一方面，被解释变量与控制变量主要来源于 Wind 数据库和国泰安数据库。

关于企业样本的选择，特别需要说明的是，本节根据财政部在2018年及以前发布的7批次《可再生能源电价附加资金补助目录》，利用"爱企查""企查查"和"天眼查"等公开的商业查询平台，核实每个入选光伏发电项目和公司的实际控股单位，初步确定了从事光伏发电的相关集团和上市企业。然后，基于数据的可得性和公开性，筛选出44家光伏下游发电企业①，44家光伏发电企业大部分都是上市民营企业，只有少数是国有企业。

（二）电价补贴政策影响光伏发电企业规模的实证结果及分析

电价补贴政策影响光伏发电企业规模的回归结果如表7－1所

---

① 44家光伏下游发电企业包括：南玻 A、川能动力、太阳能、横店东磁、TCL 中环、海南发展、智光电气、拓日新能、兆新股份、科士达、爱康科技、露笑科技、瑞和股份、亚玛顿、首航高科、易成新能、东方日升、聆达股份、阳光电源、珈伟新能、易事特、双杰电气、捷佳伟创、锦浪科技、能辉科技、特变电工、航天机电、通威股份、亿晶光电、综艺股份、金开新能、凯盛新能、林洋能源、嘉泽新能、晶科科技、正泰电器、京运通、芯能科技、赛伍技术、清源股份、福斯特、禾迈股份、中信博、天合光能。

示。第（1）~（3）列的回归结果表明，无论是单独控制企业固定效应、年份固定效应还是同时控制企业固定效应和年份固定效应，电价补贴的回归系数均显著为正，表明电价补贴对光伏发电企业规模具有显著的正效应，即电价补贴能够显著促进光伏企业扩大规模。对此可能的解释是：首先，电价补贴政策为国内光伏产业的下游发电市场提供了有力支持，促进了大规模光伏发电的需求。其次，电价补贴政策的实施减少了企业投资的不确定性，使光伏下游发电行业的资本环境逐渐回暖，增强了各类社会资本对光伏发电的投资热情，推动了产业资本和金融资本从观望转向实际投资，从而促进了国内光伏市场的规模化发展，扩大了行业规模。最后，国内光伏下游发电市场的扩展显著增加了对中游光伏组件、光伏电池等产品的需求，进而增加了对上游单晶硅、多晶硅、硅片及硅棒等产品的需求，通过产业链的传导机制，下游市场规模的扩大带动了中游、上游环节的需求增长，从而促进了整个产业链的规模发展。

表 7-1　　电价补贴政策影响光伏发电企业规模的回归结果

被解释变量	企业规模	企业规模	企业规模
	（1）	（2）	（3）
电价补贴	0.041 * （0.020）	0.113 *** （0.032）	0.034 * （0.017）
控制变量	是	是	是
企业固定效应	是	否	是
年份固定效应	否	是	是

被解释变量	企业规模	企业规模	企业规模
	（1）	（2）	（3）
观测值	148	159	148
Adj. R^2	0.899	0.635	0.929

注：括号内为聚类到企业层面的稳健标准误；***、**和*分别表示1%、5%和10%的显著性水平。

（三）电价补贴政策影响光伏发电企业主营业务收入的实证结果及分析

电价补贴政策影响光伏发电企业主营业务收入的回归结果如表7-2所示。第（2）~（3）列的回归结果表明，在同时控制企业固定效应和年份固定效应后，电价补贴的回归系数均显著为正，表明电价补贴对光伏发电企业的主营业务收入具有显著的正效应，即电价补贴能够显著增加光伏发电企业的主营业务收入。可能的原因是：首先，电价补贴提高了光伏发电的经济效益，使企业能够以更高的电价出售电力，从而增加收入。其次，补贴政策降低了投资风险，吸引更多投资进入光伏产业，促使企业扩大生产规模，提升发电量和市场份额。再次，电价补贴的保障性使得企业可以更稳定地进行财务规划和项目融资，进一步推动业务扩展。最后，补贴政策激励技术创新和效率提升，使光伏发电企业能够以更低的成本生产更多电力，进一步增加主营业务收入。

表 7 - 2　　　电价补贴政策影响光伏发电企业主营业务收入的回归结果

被解释变量	主营业务收入	主营业务收入	主营业务收入
	（1）	（2）	（3）
电价补贴	0.033 （0.022）	0.109*** （0.039）	0.049** （0.022）
控制变量	是	是	是
企业固定效应	是	否	是
年份固定效应	否	是	是
观测值	148	159	148
Adj. R^2	0.902	0.649	0.934

注：括号内为聚类到企业层面的稳健标准误；*** 、** 和 * 分别表示 1%、5% 和 10% 的显著性水平。

（四）电价补贴政策影响光伏发电企业创新产出的实证结果及分析

电价补贴政策影响光伏发电企业创新产出的回归结果如表 7 - 3 所示。第（1）～（3）列的回归结果表明，无论是单独控制企业固定效应、年份固定效应还是同时控制企业固定效应和年份固定效应，电价补贴的回归系数均不显著，表明电价补贴对光伏发电企业的创新产出没有显著影响。对此可能的解释是：电价补贴政策可能会通过提高企业的资金投入、降低技术创新风险等渠道对企业创新产出具有正面影响，但同时也可能存在负面影响，如导致企业依赖性增加、创新动力不足和资源错配等问题，正面影响和负面影响相互作用，可能在整体上抵消了电价补贴对创新的促进效果。

表 7 - 3　　　　电价补贴政策影响光伏发电企业创新产出的回归结果

被解释变量	创新产出 (1)	创新产出 (2)	创新产出 (3)
电价补贴	0.011 (0.038)	0.011 (0.066)	-0.032 (0.048)
控制变量	是	是	是
企业固定效应	是	否	是
年份固定效应	否	是	是
观测值	109	121	109
Adj. R^2	0.823	0.578	0.830

注：括号内为聚类到企业层面的稳健标准误；***、** 和 * 分别表示 1%、5% 和 10% 的显著性水平。

（五）电价补贴政策影响光伏发电企业市场竞争能力的实证结果及分析

电价补贴政策影响光伏发电企业市场竞争能力的回归结果如表 7-4 所示。第（1）~（3）列的回归结果表明，无论是单独控制企业固定效应、年份固定效应还是同时控制企业固定效应和年份固定效应，电价补贴的回归系数均不显著，表明电价补贴对光伏发电企业的市场竞争能力没有显著影响。可能的原因是，电价补贴政策可能通过降低生产成本、增加盈利能力和提高产品竞争力等渠道对光伏发电企业市场竞争能力产生正向影响，但同时也可能存在负面影响，如加剧价格竞争、抑制技术创新和导致企业依赖性增加，正面影响和负面影响相互作用，可能在整体上抵消了电价补贴对光伏发电企业市场竞争能力的促进效果。

表7-4 电价补贴政策影响光伏发电企业市场竞争能力的回归结果

被解释变量	市场竞争能力	市场竞争能力	市场竞争能力
	（1）	（2）	（3）
电价补贴	-0.004 （0.006）	-0.004 （0.006）	-0.008 （0.006）
控制变量	是	是	是
企业固定效应	是	否	是
年份固定效应	否	是	是
观测值	109	121	109
Adj. R^2	0.706	0.212	0.702

注：括号内为聚类到企业层面的稳健标准误；***、**和*分别表示1%、5%和10%的显著性水平。

（六）电价补贴政策影响光伏发电企业绿色全要素生产率的实证结果及分析

电价补贴政策影响光伏发电企业绿色全要素生产率的回归结果如表7-5所示。第（1）~（3）列的回归结果表明，电价补贴对光伏发电企业的绿色全要素生产率具有显著的正效应，即电价补贴能够显著提升光伏发电企业的绿色全要素生产率。对此可能的解释是：电价补贴能够降低生产成本，促进资源和能源的有效利用，同时刺激了绿色技术的市场需求和持续创新，进而推动光伏技术的绿色化发展。

表7-5 电价补贴政策影响光伏发电企业绿色全要素生产率的回归结果

被解释变量	绿色全要素生产率 (1)	绿色全要素生产率 (2)	绿色全要素生产率 (3)
电价补贴	0.010 ** (0.004)	0.002 *** (0.001)	0.002 * (0.001)
控制变量	是	是	是
企业固定效应	是	否	是
年份固定效应	否	是	是
观测值	138	150	138
Adj. R²	0.468	0.934	0.929

注：括号内为聚类到企业层面的稳健标准误；***、**和*分别表示1%、5%和10%的显著性水平。

二、电价补贴政策对光伏产品生产企业的影响

（一）计量模型与数据说明

为考察电价补贴政策对光伏产品生产企业的影响，本节构建如下时间序列模型：

$$Y_t = \alpha + \beta FIT_t + \gamma X_t + \varepsilon_t \qquad (7-2)$$

其中，Y_t表示光伏产品生产企业的产量和出口规模；FIT_t表示t年获得的电价补贴金额；X表示控制变量；ε_t表示随机扰动项。

1. 被解释变量

本部分的被解释变量为光伏产品生产企业的产量和出口规模。由于光伏电价补贴政策仅直接作用于下游的光伏发电企业，并不直接作用于上游的光伏产品生产企业，但考察电价补贴政策对光伏产

品生产企业的影响又具有十分重要的现实意义，因此，本节分别采用 2014～2021 年多晶硅、硅片、电池片和组件的产量①和 2015～2022 年的出口规模②作为光伏产品生产企业发展的衡量指标。

2. 解释变量

本节采用 2014～2022 年光伏发电企业的电价补贴总额作为衡量光伏产品生产企业受到光伏电价补贴政策的影响程度。

3. 控制变量

本节分别采用资产负债率、股权结构、人力资本、营业外收入、研发投入和企业成长性指标的历年平均值作为控制变量。其中，资产负债率采用总负债与总资产的比例（ROA）衡量；股权结构采用前五大股东持股比重衡量；人力资本采用技术人员数与员工总数的比值衡量；营业外收入采用政府补助加 1 取对数衡量；研发投入采用研发投入与营业收入的比值衡量；企业成长性采用总资产的增长率衡量。

4. 数据说明

光伏产品产量数据来源于 CPIA 历年中国光伏产业年度报告，光伏产品出口规模数据来源于中华人民共和国海关总署海关统计数据库。本节计算出了 2014～2022 年光伏发电企业的电价补贴总额，如表 7-6 所示。结果表明，2014～2022 年，我国光伏发电企业的电价补贴总额一直处于波动上升态势，从 2014 年的 0.11 亿元增加到 2022 年的 162.86 亿元，增加大约 1400 倍，可见国家对光伏产业重视程度，考察光伏电价补贴政策的影响意义重大。

---

① 光伏产业的产量数据详见书稿第一章第二节表 1-2。
② 光伏产业的出口数据详见书稿第二章第一节表 2-6。

表 7 – 6 　　　　　2014～2022 年光伏发电企业的电价补贴总额 　　　　单位：亿元

年份	电价补贴历年均值
2014	0.11
2015	5.65
2016	15.79
2017	34.39
2018	27.75
2019	43.25
2020	70.37
2021	49.03
2022	162.86

（二）电价补贴政策影响光伏产品生产企业产量和出口规模的实证结果及分析

电价补贴政策影响光伏产量的回归结果如表 7 – 7 第（1）~（4）列所示。结果表明，电价补贴政策对多晶硅、硅片、电池片、组件的产量均具有显著的正效应，即下游企业的电价补贴政策能够显著扩大上游企业光伏产品的产量，间接证明了光伏发电企业电价补贴政策对上游、中游光伏产品生产成效显著。出现这种现象的原因包括以下几点：（1）补贴降低了光伏发电的成本，提高了项目的经济性，激发了大量投资和建设需求，显著增加了对光伏产品的需求；（2）下游光伏发电项目的增加直接带动了上游、中游各类光伏产品的需求，形成了强有力的产业链联动效应；（3）随着市场需求的提升，光伏产品生产企业扩大了产能，形成了规模效应，进一步降低了生产成本，提高了生产效率，进而扩大了上游、中游光伏产品生产企业的产量。

表 7 – 7　　　　电价补贴政策影响光伏产品产量和出口规模的回归结果

被解释变量	产量				出口			
	多晶硅	硅片	电池片	组件	总出口	多晶硅	硅片	电池片/组件
	（1）	（2）	（3）	（4）	（5）	（6）	（7）	（8）
电价补贴	0. 002 *** (0. 000)	0. 003 *** (0. 000)	0. 002 *** (0. 000)	0. 002 *** (0. 000)	0. 003 ** (0. 001)	– 0. 021 * (0. 008)	0. 004 *** (0. 001)	0. 003 ** (0. 001)
控制变量	是	是	是	是	是	是	是	是
观测值	8	8	8	8	8	8	8	8
Adj. R^2	0. 969	0. 987	0. 979	0. 989	0. 721	0. 441	0. 876	0. 699

注： *** 、 ** 和 * 分别表示1% 、5% 和10% 的显著性水平。

电价补贴政策影响光伏产品出口规模的回归结果如表7 – 7 第（5）～（8）列所示。结果表明，电价补贴政策对光伏产品的总出口规模、硅片出口规模和电池片/组件的出口规模具有显著的正效应，但对多晶硅出口规模却呈现出显著的负效应。对此可能的解释为，补贴政策显著降低了光伏发电的成本，提高了光伏项目的经济性，极大地刺激了国内光伏市场的需求，尤其是对于硅片、电池片和组件的需求，国内光伏发电项目的激增带动了这些产品的生产和出口。然而，多晶硅作为光伏产业的基础原材料，国内需求同样大幅上升，国内多晶硅的销售价格也高于出口价格，因此，为了优先满足国内市场的需求、获取更多的盈利，多晶硅生产企业将更多的产品留在国内，减少了出口量。此外，国际贸易环境的变化也对多晶硅出口产生了负面影响。内外因素的共同作用，使得光伏电价补贴政策对多晶硅和其他光伏产品的出口产生了不同的影响。

三、小结

本节在设定计量模型与数据说明的基础上，采用面板固定效应模型实证检验了电价补贴政策对光伏发电企业规模、主营业务收入、创新产出、市场竞争能力及绿色全要素生产率的影响，采用时间序列模型实证检验了电价补贴政策对光伏产品生产企业产量和出口规模的影响。研究结果表明：（1）光伏电价补贴政策对光伏发电企业规模、主营业务收入、绿色全要素生产率具有显著的正效应，但是对光伏发电企业的创新产出和市场竞争能力却没有显著影响。（2）电价补贴政策对多晶硅、硅片、电池片、组件的产量均具有显著的正效应；电价补贴政策对光伏产品的总出口规模、硅片出口规模和电池片/组件的出口规模具有显著的正效应，但对多晶硅出口规模却呈现出显著的负效应。

第四节　中国光伏产业政策存在的问题、改进措施及展望

尽管中国光伏产业在政策的支持下取得了显著成就，成为全球光伏市场的领军者，但在快速发展的背后，仍存在一些亟待解决的问题。本节将深入探讨中国光伏产业政策中存在的问题，提

出相应的改进措施，并在此基础上展望中国光伏产业的未来发展路径，探讨如何在政策引导下实现高质量可持续发展，为全球能源转型做出更大贡献。

一、中国光伏产业政策存在的问题及改进措施

（一）政策不稳定性

中国光伏产业政策频繁调整，造成市场的不确定性，影响了企业的长期规划和投资信心。例如，补贴政策的频繁变化和资金拖欠问题使得企业面临资金链断裂的风险。这种政策的不稳定性不仅妨碍了企业的正常经营，还影响了整个行业的可持续发展。基于此，政府相关部门应从以下三个方面着手提高我国光伏产业政策的稳定性：（1）制定长期稳定政策。政府应制定长期稳定的光伏产业发展规划，明确未来五到十年的政策导向，以减少频繁政策变动对市场的冲击（尹洁等，2023）。（2）提高透明度。在政策制定和调整过程中，应广泛征求企业和行业专家的意见，提高政策的透明度和科学性，使企业能更好地预期和适应政策变化。（3）设立预警机制。建立政策预警机制，对市场和技术变化进行持续监测，及时调整政策，但避免频繁大幅度变动，确保政策的连续性和稳定性。

（二）地方政府协调不足

在中国光伏产业的发展过程中，地方政府的支持和政策实施

起到了重要作用。然而，不同地区的政策力度和执行水平存在较大差异，不少地方政府为了吸引投资，出台了过度激励的政策，导致产业过度扩张和资源浪费，导致"合成谬误"效应。另外，部分地区在政策执行中存在协调不足的问题，导致企业在跨地区经营时面临不同的政策环境和执行标准，增加了运营成本和管理难度。针对上述问题，相关部门应从加强政策协调、推动区域合作以及优化政策执行等三个方面进行改进：（1）加强政策协调。中央政府应加强对地方政府的指导和协调，统一制定光伏产业发展的总体规划和标准，避免各地政策的过度竞争和资源浪费。（2）推动区域合作。鼓励地方政府之间的合作，形成区域性的光伏产业集群，充分利用各地区的资源和优势，实现产业协同发展，提升整体竞争力。（3）优化政策执行。建立健全政策执行的监督和评估机制，确保地方政府在政策实施过程中不偏离中央政策方向，同时根据实际情况适时调整和优化政策，保证政策的连续性和有效性。

（三）标准化建设不足

尽管中国光伏产业发展迅速，但在标准化建设方面仍存在不足。光伏产品和技术的标准化水平不高，缺乏统一的行业标准和规范，导致产品质量参差不齐，影响了市场信誉和国际竞争力。同时，标准化建设不足也阻碍了光伏技术的推广和应用，影响了产业的整体发展水平。因此，为了进一步加强我国光伏产业的标准化建设，政府相关部门应采取以下措施：（1）加强标准制定。政府应牵头制定和完善光伏产业的国家标准和行业标准，确保产品质量和技术规范的统一，提高产业标准化水平。（2）推动与国际标准接轨。积极参与国际标准的制定和修订工作，推动国内标准与国际标准接轨，提高中国光伏产品在国际市场的认可度和竞争力。（3）强化标准执行。加大对光伏产品和技术标准执行情况的监督和检查力度，确保企业严格按照标准进行生产和检测，提高产品整体质量。

（四）市场需求波动

光伏产业的发展受市场需求波动影响较大。随着政府补贴政策的调整和国际市场需求的变化，光伏产品的市场需求出现波动，影响了企业的生产和销售计划。特别是当市场需求下滑时，企业面临产品积压、价格下跌等问题，导致盈利能力下降，甚至影响生存和发展（于立宏和郁义鸿，2012）。基于上述现象，应从以下几方面进一步补充完善中国光伏产业政策的相关内容：（1）完善市场预测。建立健全市场需求预测和监测体系，加强对光伏市场需求变化的分析和预警，帮助企业及时调整生产和销售策略，降低市场波动带来的风险。（2）促进市场多元化。政府应通过政策引导，鼓励企业开拓国内外多元化市场，降低对单一市场的依赖，增强市场抗风险能力。（3）推动产业升级。引导企业加快技术升级和产品创新，提高产品附加值和竞争力，以应对市场需求的变化和挑战，增强市场适应能力。

二、对未来光伏产业政策的发展方向进行展望与预测

未来光伏产业政策的发展方向将深受全球可持续发展目标、

技术进步、市场需求及地缘政治等多重因素的影响。总体来看，未来的光伏产业政策将更加注重创新驱动、市场化运作、绿色金融支持及国际合作，力求实现更大范围的可再生能源转型和碳中和目标。

首先，创新驱动将成为光伏产业政策的重要方向（董鸿源和袁潮清，2023）。随着技术的不断进步，光伏发电的效率和成本都有望进一步优化。未来的政策将可能加大对光伏技术研发的支持力度，鼓励企业和研究机构在光伏材料、储能技术、智能电网等方面进行创新。政策还可能针对新型光伏应用场景，如建设一体化光伏（BIPV）和农业光伏等，制定专项扶持政策，推动光伏技术在更广泛领域的应用。

其次，市场化运作将是光伏产业政策发展的另一个重要方向。随着光伏发电成本的持续下降，市场化机制将逐步发挥主导作用（刘丙泉等，2011）。政策可能会进一步优化电力市场设计，促进光伏电力的市场化交易。同时，推动光伏电力与其他可再生能源、电动汽车和储能系统的协同发展，形成更加灵活和稳定的能源系统。政策还可能鼓励企业通过创新商业模式，如能源即服务（EaaS）和光伏共享经济等，拓展光伏市场空间。

再次，绿色金融支持将在未来的光伏产业政策中占据重要位置（邹健等，2022）。为实现大规模光伏项目的融资需求，政策可能会加强对绿色金融工具的开发和推广，如绿色债券、绿色基金和绿色信贷等。同时，政策可能会鼓励金融机构制定符合光伏产业特点的融资标准和评估体系，降低融资成本，提高资金使用效率。政府还可能通过政策引导和财政激励，吸引更多社会资本参与光伏项目的投资建设。

最后，国际合作将在未来光伏产业政策中发挥重要作用。随着全球能源转型的深入，光伏产业的国际合作将进一步加强。政策可能会推动国际间的技术合作和经验分享，促进全球光伏产业链的协同发展。同时，在应对气候变化的全球共识下，政策可能会鼓励企业参与"一带一路"等国际合作项目，推动光伏技术和产品的全球布局，提升国际竞争力。

综上所述，未来光伏产业政策的发展将以创新驱动、市场化运作、绿色金融支持和国际合作为主要方向。通过政策的支持和引导，光伏产业有望实现更高质量的发展，为全球可持续能源转型和碳中和目标的实现作出更大贡献。在这个过程中，政府、企业、研究机构和社会各界的共同努力将是推动光伏产业不断前行的重要力量。

第八章

推进"一带一路"绿色发展与
中国光伏产业的使命

能源是经济和社会发展的重要基础。能源合作是"一带一路"重要的合作内容,"一带一路"建设十年来传统化石能源合作取得巨大成就,绿色能源特别是以光伏、风电为代表的新能源合作方兴未艾。

第一节 共建"绿色丝绸之路"及相关文献回顾

一、共建"绿色丝绸之路"进展与方向

十年来,"一带一路"倡议朋友圈不断壮大。"一带一路"合作从亚欧大陆延伸到非洲和拉美。截至 2023 年 8 月,中国与 150 多个国家、30 多个国际组织签署了 200 多份共建"一带一路"合

作文件①，共建绿色丝绸之路是其中的重要内容。绿色丝绸之路理念得到各方认可，绿色基建、绿色能源、绿色交通、绿色金融等领域务实合作、扎实推进，中国与超过40个国家的150多个合作伙伴建立"一带一路"绿色发展国际联盟，与32个国家建立"一带一路"能源合作伙伴关系，广泛搭建了绿色交流与合作的平台。中国在这一过程中开发了很多新的技术、建立了很多推动绿色发展的企业。当前，中国在绿色科技上是世界领军者，所以应该鼓励这些技术和公司与发展中国家进行更多的投资贸易。②

习近平主席在第三届"一带一路"国际合作高峰论坛开幕式上的主旨演讲，为共建"一带一路"指明了新的方向。他表示，我们应该寻找"小而美"的项目，我们应该寻求高质量的项目。宣布中国支持高质量共建"一带一路"的八项行动，其中之一就是促进绿色发展，中方将持续深化绿色能源等领域合作。③ 绿色能源发展、绿色能源合作是国际趋势，是助力"一带一路"高质量发展的重要抓手。绿色能源范围广泛，太阳能、风能、水能、生物质能、潮汐能、地热都是，而以太阳能、风能投资少、见效快，可以分期投资建设，加上小型水能及配套电网、储能是"一带一路"绿色能源合作的最佳选择。

我们在继续推动新能源及小水电设备对共建"一带一路"国

---

① 推动共建"一带一路"进入高质量发展的新阶段［N］. 人民日报，2023 – 10 – 19（006）. DOI：10. 28655/n. cnki. nrmrb. 2023. 010375.

② 一个外国人眼中的绿色之变 对话联合国前副秘书长索尔海姆［N/OL］. 2023 – 10 – 23. 央视新闻. https：//news. ifeng. com/c/8U71MXFcQ8l.

③ 习近平. 建设开放包容、互联互通、共同发展的世界——在第三届"一带一路"国际合作高峰论坛开幕式上的主旨演讲［N/OL］. 新华社. 2023 – 10 – 18. https：//www. gov. cn/gongbao/2023/issue_10786/202310/content_6912661. html.

家出口的同时，扩大直接投资是加强合作的必然趋势，我们认为对外直接投资能够带动国际贸易，应该将国际贸易与对外投资相结合，推动"一带一路"新能源合作，助力"一带一路"高质量发展。

二、绿色能源合作助力"一带一路"高质量发展相关文献回顾与综述

关于绿色能源合作助力"一带一路"高质量发展研究，学术界、理论界发表的相关成果还不多。"一带一路"的能源合作的研究，多数集中在油气等化石能源合作，自从绿色丝绸之路概念提出后，包括可再生能源、清洁能源、绿色低碳能源合作的论著多起来（许勤华，2019；王敏，2016；张红梅，2020）。一是集中讨论绿色金融支持。从中资投资主体、金融机构、政府和监管部门的角度提出了一系列可再生能源项目投融资模式建议（马骏、佟江桥，2020），探讨多方筹措资金开展绿色能源合作（蓝庆新、李顺顺，2019），指出中资企业要转变海外项目建设运营理念，加强国际业务的资本运作能力，提升与国际私有资本和东道国社会资本合作水平（郭朝先、刘芳，2020），提出通过金融创新解决资金缺口（郑雪平、林跃勤，2020），指出"一带一路"可再生能源的国际金融合作路径（戴瑜，2021；余晓钟、白龙、罗霞，2021）。二是较多论述中国绿色能源的国际竞争力。分析"一带一路"背景下中国可再生能源产品国际竞争力（帅竞、成金华等，2018），探讨"一带一路"新能源合作的基础、国际比较优势（付文利，2021），我国绿色能源产业具有的国际竞争优势（肖力，2016；蓝

庆新、李顺顺，2019）。三是部分涉及绿色能源合作的路径、机制等。提出"一带一路"绿色发展现实需要、实现路径（许勤华、王际杰，2020）；建设"绿色丝绸之路"的机制及路径（周亚敏，2023）。此外，还有学者提出借助"一带一路"发展机遇，尽快推进新能源的国际化发展和可持续发展（朱火箭、牟官华，2017；付文利，2021），"一带一路"能源绿色创新合作的驱动力研究（余晓钟、杨铎，2022）。

已有研究为中国与共建"一带一路"国家绿色能源合作研究提供了理论基础和借鉴。但是对绿色能源合作在学理上的阐释还有一定的提升空间；对绿色能源合作的路径、机制还有待深入探讨。

第二节　光伏等绿色能源合作助力"一带一路"高质量发展的历史逻辑、理论逻辑、实践逻辑

一、光伏等绿色能源合作助力"一带一路"高质量发展的历史逻辑

自工业革命以来，煤炭、石油、天然气等化石能源成为主要的消费能源，并且世界能源消耗急剧增加，加上其他资源消耗迅速，全球生态环境不断恶化，特别是温室气体排放导致日益严峻的全球气候问题。化石能源资源的有限性和开发利用带来的环境

问题，严重制约着全球人类经济和社会的可持续发展。

无论从世界还是从中国来看，化石能源存储和可以开发的量都是很有限的。据欧洲欧盟委员会联合研究中心（JRC）的预测，全球化石能源的开采和消耗峰值在 2030～2040 年，之后由于资源的有限性开采和消耗值将会逐年下降。[①] 因此，加紧开发、培育以太阳能为代表的可再生绿色能源非常必要，并且十分紧迫。

国际上普遍认为，在长期的能源战略中，太阳能光伏发电、风电在众多可再生绿色能源中具有更重要的地位。这是因为光伏、风力发电有以下优点：清洁性、安全性、广泛性、长寿命和免维护性、实用性、资源的充足性及潜在的经济性等。太阳能每秒钟到达地面的能量高达 80 万千瓦，假如把地球表面 0.1% 的太阳能转为电能，转变率 5%，每年发电量可达 5.6×10^{12} KWh，相当于目前世界上能耗的 40 倍。[②] 同时，太阳能光伏发电具有节能减排的属性，1 座 MW 级电站年发电量可达 180 万度，在 25 年寿命期内总产出 4500 万度电，累计可节约标准煤 17794 吨，减排二氧化碳 46264 吨。[③] 风能蕴量巨大，全球的风能约为 2.74×10^{9} MW，其中可利用的风能为 2×10^{7} MW，比地球上可开发利用的水能总量还要大 10 倍。[④]

能源合作是共建"一带一路"的重要内容，目前主要通过进

① 陈艳. 光伏产业专题讲座心得体会 [N]. 陕西日报，2013 – 08 – 27 (012).

② 张福俊. 有机太阳能电池的工作原理及研究进展 [J]. 物理教学，2010, 32 (10)：5 – 8.

③ 涂露芳. 北京大型光伏逆变器基地奠基 [N]. 北京日报，2010 – 10 – 31 (002).

④ 王东元，王思敬. 风电项目中的土木工程问题及有关研究的思考和发展展望 [J]. 中国工程科学，2011, 13 (9)：31 – 37.

口原油、天然气、煤炭和投资此类矿山实现。我国在此领域与共建"一带一路"国家有大量的贸易和投资。近十多年来中国在绿色能源特别是光伏、风电等新能源领域发展迅速,跻身世界先进行列。出口光伏、风力发电产品与设备的国际贸易迅速,但是在光伏、风力发电的对外投资方面还很小。随着"一带一路"由"大写意"到"工笔画"的推进,高质量发展成为客观要求。党的二十大报告指出:"推动共建'一带一路'高质量发展",绿色发展是新发展理念内容之一。2020 年 9 月,习近平主席在出席第七十五届联合国大会时郑重承诺,"中国将提高国家自主贡献力度,采取更加有力的政策和措施,二氧化碳排放力争于 2030 年前达到峰值,努力争取 2060 年前实现碳中和。"[①] 为了助力实现全球"碳中和"目标,2021 年 9 月,在第七十六届联合国大会上,习近平主席提出,"中国将大力支持发展中国家能源绿色低碳发展,不再新建境外煤电项目。"[②] 而中国的煤电设备性价比是世界最优,大量出口共建"一带一路"国家,而今政策导向的转变,与共建"一带一路"国家的能源合作需要新的能源方式进行替代,光伏、风电以及小水电等绿色能源相比交通基础设施,投资少见效快,也应该是新冠疫情后共建各国投资资金困难现状下推动共建"一带一路"高质量发展的重要抓手。俄乌冲突爆发、俄罗斯被西方制裁的背景下化石能源供应的不稳定和价格暴涨,能源价格高位运行会让共建"一带一路"国家更关注绿色能源的开发利用。

---

① 习近平. 在第七十五届联合国大会一般性辩论上的讲话(全文)[N/OL]. 新华社. 2020 – 09 – 25. https:∥www. gov. cn/xinwen/2020 – 09/22/content_5546168. htm.

② 习近平. 在第七十六届联合国大会一般性辩论上的讲话(全文)[N/OL]. 新华社. 2021 – 09 – 22. https:∥www. gov. cn/xinwen/2021 – 09/22/content_5638597. htm.

二、光伏等绿色能源合作助力"一带一路"高质量发展的理论逻辑

2015 年 10 月，习近平总书记在党的十八届五中全会上提出新发展理念即创新、协调、绿色、开放、共享的新发展理念。绿色发展注重的是解决人与自然和谐问题，我国要积极稳妥推进碳达峰碳中和，抓住全球绿色经济、绿色技术、绿色产业快速发展的机遇，"以经济社会发展全面绿色转型为引领，以能源绿色低碳发展为关键，加快形成节约资源和保护环境的产业结构、生产方式、生活方式、空间格局"[①]。与此同时，发展低碳绿色经济也是共建"一带一路"国家的要求。

目前，我国的新能源合作主要以对外出口方式进行，持续扩大合作，需要贸易和投资相结合。

对外直接投资与国际贸易关系的研究。自 20 世纪 60 年代以来，国内外学者做了大量研究并取得了丰富的研究成果，一般有替代效应和带动效应两种观点。倾向替代效应观点的学者认为，资本的跨国流动会阻碍贸易的发展。蒙代尔（Mundell，1957）的完全替代论强调资本的跨国流动将消除国家间的要素禀赋差异，导致国际贸易和国际资本流动相互替代。邓宁（Dunning，1979）的国际生产折衷理论认为企业对外投资存在内部化优势，在东道国生产和销售会替代原本母国的出口。霍斯特（Horst，1972）以

---

① 中共中央、国务院关于完整准确全面贯彻新发展理念做好碳达峰碳中和工作的意见 [N]. 人民日报，2021 - 10 - 25（001）. DOI：10. 28655/n. cnki. nrmrb. 2021. 011159.

美国、加拿大双边贸易投资为研究对象，指出在关税影响下，美国对加拿大的对外直接投资会替代两国间贸易发展。随着时间的推移和现实的发展，持替代效应论者逐渐式微。

倾向带动效应观点的学者认为，对外直接投资能够在母国和东道国之间创造新的贸易机会，从而扩大两国的贸易规模。小岛清（Kojima，1978）的边际产业转移理论认为对外投资可以重塑母国与东道国的比较优势，从而带动两国贸易规模的增加。以赫尔普曼和克鲁格曼（Helpman，Krugman，1985）为代表的新贸易理论从中间品贸易的视角观察，强调跨国公司按照成本优化的原则进行全球生产布局，可以增加中间产品的企业内贸易。众多学者采用美国、日本、韩国、中国等经济体的贸易投资数据，证实了对外直接投资能够显著促进母国对外贸易的发展（Eaton，Tamura，1996；Lim，Moon，2001；蒋冠宏和蒋殿春，2014；杨平丽和张建民，2016）。随着对投资与贸易关系研究的深入，越来越多的研究显示，对外直接投资对母国贸易的影响既不是单纯的替代效应，也不是简单的带动效应，而是不同投资动机情境下的效果。资源寻求型、市场寻求型、效率寻求型等对外直接投资会产生不同的投资与贸易效应。有学者从中间产品视角开展研究，认为对外直接投资对于最终产品的贸易具有替代作用，而对于中间产品的贸易则具有促进作用（Head，Rise，2001；Svenson，2004）。有学者进一步认为对外直接投资对产业升级和技术进步产生影响，从而引发贸易结构转变。隋月红等（2012）、李夏玲等（2015）认为，对外直接投资有助于提高母国高技术产品的进出口比重，促进贸易结构升级。陈俊聪和黄繁华（2014）指出对外直接投资可以显著拉动中国零部件、机械设备等中间产品的出口。

　　以光伏、风电为代表的新能源产业对外投资基本是市场寻求型投资、效率寻求型投资，较少涉及资源寻求型或者战略资源获取型投资。一般认为市场寻求型投资对发达经济体投资较为普遍，开拓和巩固国际市场是主要目的。市场寻求型投资对母国贸易规模和结构主要存在以下两种影响机制：一是通过在当地设立销售服务中心、建设营销网络等举措，帮助企业的产品进入东道国，从而带动母国最终产品的出口；二是通过在有贸易往来的国家中进行投资设厂，在当地进行生产和销售，会替代一部分母国最终产品出口，带动母国中间品和资本品出口的增加。企业将部分生产加工环节转移至生产成本更低的国家，以利用东道国相对低廉的土地、劳动力、原材料等生产要素。效率寻求型投资对母国贸易规模和结构主要存在以下三种影响机制：一是企业将部分生产加工组装环节转移至境外，使原本在母国境内生产的出口加工型订单转移至境外，替代了母国最终产品出口；二是投资初期，企业境外生产所需的机器设备、原材料、零部件等资本品和中间品来自母国，从而带动母国对东道国出口的增加；三是随着东道国配套的不断完善，境外生产所需的中间品或资本品可以实现本地采购，从而对母国出口贸易产生替代。本书认为新能源产业情况比较特殊，其市场寻求型的投资主要在发展中国家而不是发达国家，其主要目的目前为止主要是通过第三国绕过发达国家设立的贸易限制，有的也是为了减少东道国的进口关税和其他限制措施，主要是合规。效率寻求型投资降低生产成本是其根本动力。其初期可以带动母国中间品和机器设备、原材料、零部件等资本品出口的增加。一般来说随着东道国配套的不断完善,境外生产所需的中间品或资本品可以实现本地采购,从而对母国出口贸易产生替代效应。但是新能源行业技术迭代非常迅速、竞争非常激烈,总体是趋向自动化、智能化的资本密集型产业发展,这种情况是否会出现对母国出口的替代效应值得观察,目前来看很难产生显著的出口替代效应。

全球价值链理论表明,中国与共建"一带一路"国家的绿色能源合作有利于共建"一带一路"国家的技术进步和工业化进程;国家竞争优势理论认为,一国的竞争优势就是企业与行业的竞争优势,一国兴衰的根本原因在于它能否在国际市场中取得竞争优势,而竞争优势的形成有赖于主导产业具有优势。中国与共建"一带一路"国家的绿色能源合作可以共同打造工业产能、培育市场、开发市场、激发创新能力。

三、光伏等绿色能源合作助力"一带一路"高质量发展的实践逻辑

从全人类的发展来看,"一带一路"绿色能源合作高质量发展是应对全球气候变化的重要内容,事关人类的命运,必须加强国际合作。从《巴黎协定》签署到《联合国气候变化框架公约》第二十六次缔约方大会(COP26),各国实现碳达峰、碳中和的压力越来越大,目标越来越明确,共建"一带一路"国家也行动起来。习近平总书记提出携手打造"绿色丝绸之路"命题,指出要"推动共建'一带一路'沿着高质量发展方向不断前进",绿色能源

合作将是绿色丝绸之路的重要内容，并将成为实现"一带一路"高质量发展的重要抓手；在美国对华围堵、遏制、打压加剧，构建"小院高墙"的背景下，中国应该加快构建以我为主的全球价值链/区域价值链以保证经济稳定发展与供应链安全。在新的历史时期，国际贸易和对外直接投资呈现一体化趋势。

良好的基础与强大的需求为绿色能源合作助力"一带一路"高质量发展提供了条件。

在光伏与风力发电方面，虽然中国的起步比较晚，刚开始的技术主要依靠国外引进，通过边引进边消化吸收的方法，快速提高了风电的技术能力与研发水平。目前，中国的光伏产业产能与产量在全球"遥遥领先"（见图8-1）。光伏项目中标价格一路走低，国内每千瓦时价格低到1元人民币以下，全球最低。

近年，中国的风力发电行业快速发展，从2016年至今，中国新增的风力发电装机容量达到50万兆瓦，占全球新装机容量的1/2，排名世界第一。在总装机容量方面，我国也已成为世界累计装机容量最大的国家，接近美国的两倍，占全世界装机容量的1/4。同时经过了多年的发展，中国陆上风电机组与海上风电机组实现了从引进运用到自主设计的变化过程。在目前全球已安装的海上陆地风力发电机中，超过1/3是由世界风电行业前15家的相关企业所拥有，而其中有7家都是中国企业，全球风电厂商排名：前五强中国占2席，前十名中国厂商占据6席。这就足以证明在风电行业中国的技术已经全球领先。[1] 不过其出口全部加起来海外市场

---

[1] 张路桐."一带一路"倡议下中国—沙特清洁能源合作研究 [J]. 产业创新研究，2022（11）：39-41.

占有率不足10%，发展空间很大。[1]

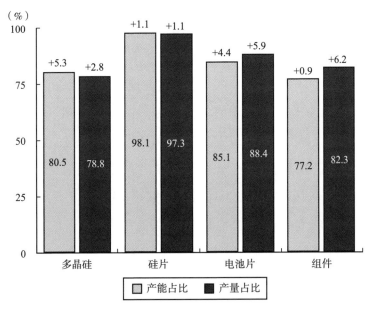

图8-1 中国光伏产品在全球占比

资料来源：中国光伏行业协会。

共建"一带一路"国家风能资源理论储量全球占比55%，适宜集中开发风电的规模全球占比72%，太阳能资源理论储量全球占比66%，适宜集中开发光伏电的规模全球占比76%。"一带一路"电力缺口较大，人均装机水平非常低，只有480W，仅为世界平均水平的一半，为中国的1/3。共建"一带一路"国家中还有85个国家未能全面通电，无电人口全球占比88.8%，因此他们更渴望通过简便的方式来获取能源。[1]

① 赵烁. 我国能源国际合作机制建设——基于"一带一路"视角 [J]. 中国国土资源经济，2023，36（9）：47-55.

中国与"一带一路"国家绿色能源合作已经打下良好基础。据中国光伏行业协会统计，2021 年我国光伏组件出口量为 98.5 吉瓦，同比增长 25.1%，出口量与出口额均创历史新高。根据信息链咨询（InfoLink）统计，2022 年 1～7 月光伏组件出口累计达到 94.4 吉瓦，同比增长 105%。在风电方面，根据联合国贸易商品（UNCOMTRADE）统计数据，2021 年中国出口风力发电设备 44083 件，金额共计 14.37 亿美元，同比增长 29.6%。

近年来，中国企业以绿地投资方式在海外开展新能源项目。据 fDi Markets 国际投资数据库统计，截至 2022 年 7 月，全球可再生能源领域宣布的境外绿地投资项目累计为 5882 个，其中德国 709 个、西班牙 623 个、美国 534 个、法国 514 个、意大利 444 个、英国 324 个、中国 241 个，数量排在第 7 位。中国企业投资建设的可再生能源项目中半数以上为太阳能发电项目（122 个），其次为风电项目（42 个）。

风电设备出口市场分布与中国企业承建或投资的风电项目分布密切相关，例如，由中国能建葛洲坝国际公司承建的越南金瓯 1 号 350 兆瓦风电项目是越南乃至整个东南亚地区当前在建的最大海上风电项目。①

除表 8－1 所列的太阳能光伏项目外，中国电建承建的老挝孟松 609 兆瓦光伏项目，中哈合作的中亚最大风电项目——札纳塔斯 100 兆瓦风电项目。中国电建在沙特阿拉伯全面承担了集光伏、储能、电网于一体的全球最大的储能项目——"红海"新城储能

①　武芳. 中国参与"一带一路"新能源合作的现状与展望［J］. 中国远洋海运，2022（10）：60－62；10.

项目。2023 年 2 月，由中南院承建的越南禄宁 550 兆瓦光伏项目群是迄今东南亚最大的单体光伏电站。2021 年中国电建国际公司总承包建成越南金瓯 375 兆瓦海上风电项目。2023 年 11 月，中国电建承建完成并负责光伏厂区及升压站的设计工作的印度尼西亚首个大规模漂浮光伏发电项目直流侧总装机容量 192 兆瓦的奇拉塔漂浮光伏发电项目全容量并网发电。

表 8 - 1   2021 年 3 月 ~ 2023 年 3 月"一带一路"倡议下中东地区
主要绿色能源项目

中方企业	项目名称	项目简况
中国能建	沙特拉比格光伏电站项目	首年总发电量 8.94 亿千瓦时
	迪拜马克图姆太阳能公园 4 期、5 期光伏项目	5 期项目建成后每年可提供约 22.68 亿千瓦时电力
	伊拉克 B9 油田区块光储项目	伊拉克首座地面光伏电站，2.5 兆瓦离网光伏储能
	伊拉克巴比伦光伏电站项目	225 兆瓦产能
中国电建	约旦第什光伏项目	首个中资企业在约旦承建的光伏电站，24 兆瓦产能
	阿曼伊卜里光伏项目	阿曼最大的可再生能源项目，装机容量 607 兆瓦
	卡塔尔阿尔卡萨光伏项目	卡塔尔首个并网的大型地面光伏电站，世界最大运用跟踪系统和双面组件项目，装机容量 800 兆瓦
	突尼斯光伏项目	装机容量 200 兆瓦
	阿尔及利亚因盖扎姆光伏电站	装机容量 6 兆瓦
阳光电源	埃及 Kom Ombo 神庙光伏项目供货协议	200 兆瓦产能，1500 伏 SG250HX 组耐高温、高沙尘串逆变器

中方企业	项目名称	项目简况
江苏中信博与中设集团	阿联酋阿布扎比光伏电站跟踪系统供货协议	建成后将成为海外最大单体光伏电站
中国西电集团	埃及阿斯旺本班太阳能变电站成套工程	14 个间隔 500 千伏的 GIS 开关，10 台 500/220 千伏 167 兆伏安单相电力变压器，500 千伏电容式电压互感器等
中国建材	土耳其超白光伏玻璃生产线项目	日均产能 800 吨的超白光伏玻璃生产线
中国能建中国机械工程股份有限公司	阿联酋艾尔达芙拉光伏项目	装机容量 2100 兆瓦

资料来源：根据"一带一路"网站中企海外项目资料整理制表，转引自魏敏、郑思达."一带一路"倡议与中东绿色能源基础设施的发展与前景 [J]. 宁夏社会科学，2023（4）：73－80.

2023 年下半年起，中国光伏企业继对美国投资热潮后发起投资中东的热潮，2024 年进入投资高潮。

2023 年 9 月，作为国内两大多晶硅巨头之一，协鑫科技表示，正在寻求在中东国家建造一家工厂，年产量为 12 万吨，并计划最早于 2025 年投产。

10 月，天合光能宣布与 AD 港口公司（AD Ports）、江苏省海外合作投资有限公司达成了《关于天合光能阿联酋项目的合作谅解备忘录》，天合光能有意向在示范园和哈利法经济区内投资建设包含硅料、硅片、电池、组件在内的光伏全产业链垂直一体化大基地项目，产能包括 5 万吨硅料、30GW 硅片和 5GW 电池组件，分三期建设。

2024 年 4 月，国际跟踪支架解决方案供应商变革游戏太阳能公司（GameChange Solar，GCS）宣布与振江股份建立战略合作伙伴关系。根据合作协议，振江股份将在沙特阿拉伯达曼建立最先进的本地制造工厂，为 GCS 的 Genius Tracker™ 生产 3GW（可扩展至 5GW）的太阳能跟踪支架。

5 月，中信博宣布其在沙特吉达的新工厂项目正式破土动工。专注于生产高品质的光伏支架，预计综合产能将达到 3GW。

6 月，钧达股份与阿曼投资署共同签署《投资意向协议》，钧达计划在阿曼投资一家拥有 10GW 产能的 Topcon 光伏电池制造厂，分为两期建设，该项目的投资金额约为 7 亿美元；协鑫科技发布公告称，上月，其全资子公司协鑫科技（苏州）有限公司与穆巴达拉主权基金（Mubadala Investment Company PJSC）旗下全资子公司 MDC 能源控股有限公司（MDC Power Holding Company LLC）签订合作协议，探讨合作开发阿拉伯联合酋长国（简称"阿联酋"）首个多晶硅生产设施，并建设综合硅生态系统。

7 月，沙特阿拉伯公共投资基金（PIF）全资子公司可再生能源本地化公司（Renewable Energy Localization Company）、远景产业公司（Vision Industries Company）分别与晶科能源、TCL 中环签署协议，并成立合资公司，拟投资超 30 亿美元建设 20GW 硅片、10GW 高效电池及组件项目；秦能光电（Q-SUN Solar）称，该公司与阿曼著名可再生能源公司巴卡拉特投资公司（Bakarat Investment）计划在阿曼苏哈尔自贸区建设一座 8GW 先进光伏组件和 2GW 光伏电池生产基地，产品将覆盖 TOPCON 及 HJT 技术路线；阳光电源宣布携手一家总部位于沙特阿拉伯的投资控股公司阿尔吉哈兹（AlGihaz）签约了容量达 7.8GWh 的储能项目。该项目刷新了此前华为数字能源在 2021 年 10 月与沙特完成签约的 1.3GWh 全球最大离网储能项目的容量记录。

第三节　光伏等绿色能源合作助力"一带一路"高质量发展的对策建议

我们应以习近平主席在第三届"一带一路"国际合作高峰论坛开幕式上的主旨演讲和国家发展改革委等部门"关于推进共建'一带一路'绿色发展的意见"为指导思想，做好以下几点。

一、以东南亚、中东国家为绿色能源合作重点区域

近期，我们应以东南亚、中东地区为绿色能源合作的重点区域。原因包括以下几方面。

一是两地对新能源需求强烈，发展潜力大。东南亚国家人口超过 6 亿人，每年电力需求增长 6%，越南能源需求每年以 17% 的速度增长，增幅东盟最大，很多国家出现了电力供不应求的现象。东南亚地区太阳能资源充沛，根据国际可再生能源署（IRE-NA），截至 2018 年泰国、菲律宾、马来西亚、越南、印尼等东南亚国家的光伏累计装机仅为 4.45GW，仅占全球光伏累计装机的 0.9%，发展空间很大。可再生能源占比非常低，东盟国家仅有 6% 左右。近期美国发起对华打压、遏制、围堵，胁迫产业链供应

链转移出中国，由于中期经济增长可期导致的清洁能源需求，因而东南亚是首选地之一。特殊的地理位置和热带沙漠气候及高原、平原为主的地形特征使中东地区拥有充足强烈的阳光和持续不断的风力资源，具有发展太阳能发电和风力发电的先天优势。中东国家以沙特为首正在考虑石油枯竭后的经济发展，大力发展绿色低碳可持续经济。2016 年沙特推出的"2030 愿景"，旨在摆脱对石油依赖，其目标是到 2030 年将可再生能源发电量占比提高到50%。① 鉴于沙特在伊斯兰世界的领袖地位，这将在中东国家产生明显的示范带头效应，绿色能源开发将迎来大发展的机遇。行业咨询机构信息链咨询（InfoLink Consulting）统计的数据显示，2023 年，中东光伏需求为 20.5GW ~ 23.6GW，需求增量主要来自阿联酋、土耳其、沙特阿拉伯。

二是两地出台详细计划，明确能源转型目标。目前，所有东盟成员国均为《巴黎协定》的签署国，在国家自主贡献承诺中均制定了能源转型目标，将发展清洁能源视为减排的必然选择，制定并出台详细的可再生能源发展计划。2020 年 11 月《东盟能源合作行动计划第二阶段：2021 ~ 2025》（APAECII）提出，到 2025年一次能源中可再生能源占比达 23%、可再生能源电力装机占比35% 的区域总目标。2022 年第七版《东盟能源展望》（AEO7）强调，东盟计划到 2025 年前新能源装机占电力总装机的 60%，东盟将加大清洁能源、储能、智能电网、绿色交通等领域的发展力度。②

---

① 张路桐."一带一路"倡议下中国—沙特清洁能源合作研究［J］.产业创新研究，2022（11）：39 – 41.

② 李昕蕾，盛学敏，李彦文.中国与东盟绿色联通中清洁能源合作新态势［J］.南洋问题研究，2023（2）：124 – 140.

根据国际能源署（IEA）发布的《东南亚能源展望》预测，2035年之后东盟光伏、水电装机将超过天然气，到2040年绿色电力将占总装机的3/4。[①] 在2021年沙特举办的未来能源峰会上，沙特推出了两项倡议：其一，"绿色沙特阿拉伯"倡议。该倡议旨在投入约2660亿美元进行清洁能源生产，并承诺到2030年实现每年减少2.78亿吨碳排放。其二，"绿色中东倡议"，旨在集中东国家之力，减少全球约10%的碳排放。[②]

三是合作基础好，中国企业经验丰富。中国与东盟国家在2015年10月建立了"中国—东盟清洁能源能力建设计划"，与阿拉伯国家在2018年7月建立了"中国—阿盟清洁能源培训中心"，以上两个机构均对包括我国新能源在内的清洁能源技术输出起到了巨大的推动作用。2022年12月，中沙双方共同签署《中华人民共和国和沙特阿拉伯王国全面战略伙伴关系协议》《共建"一带一路"倡议与"2030愿景"对接实施方案》等文件，为今后的进一步合作打下基础。

经过10多年的发展，中国企业发挥自身在基础设施项目建设中具备承担总体规划和具体施工能力的优势，积极参与中东国家基础设施建设，不仅实现了从传统能源到绿色能源基础设施的转型，而且将生产优势延伸至全产业链上下游业务，实现了由单一工程承包向BOOT（建设—拥有—运营—转让）、EPC（设计—采

---

① IEA. Southeast Asia Energy Outlook 2019, October 2019, https：//www. iea. org/reports/southeast – asia – energy – outlook – 2019.

② 胡慧茵. 沙特 "2030 愿景" 与共建 "一带一路" 倡议对接基于融合发展 ［N］. 21世纪经济报道，2024 – 05 – 22（005）. DOI：10. 28723/n. cnki. nsjbd. 2024. 001883. https：//www. 21jingji. com/article/20240521/herald/b4e624cb8cae6a6c38e40a6abdc9b9db. html.

购—施工）、PPP（公私伙伴关系）、EPC + O&M（设计—采购—施工 + 运营与维护）等经营模式的转变。①

二、加强政策沟通，推进光伏等新能源开发绿色协调发展

加强对话，推动能源合作转型发展，需要从以下几个方面入手：

一是协调化石能源与绿色能源的开发。在传统的化石能源领域，我们与共建"一带一路"国家的合作，特别是投资开发方面取得了很多经验。巴基斯坦、马来西亚、印度尼西亚、孟加拉国、斯里兰卡等 27 国已通过取消项目或政策承诺的方式不再新建煤电项目，大部分南亚和东南亚共建"一带一路"国家煤电新增容量在 2018 年和 2019 年后急剧下降，而电力需求仍不断增加。我们要利用各种平台协调新旧能源转型的开发协调与平稳过渡。特别是在石油、天然气、煤炭资源充足的国家转型阻力会比较大，进程会比较慢。"一带一路"倡议下，中国与中东国家绿色能源基础设施合作向产业链上下游全面拓展。但是 2012 ~ 2020 年，中东可再生能源在总电力中的份额增长缓慢，其中可再生能源产量的市场份额从 2.3% 增长至 3.5%，仅增加 1.2%，低于全球国家平均水平。② 我们要在合作中充分考虑现实的问题，未雨绸缪，耐心做好预案，不要盲目和冲动地大干快上投资新能源项目。

二是推动绿色"一带一路"能源合作倡议与共建国家发展愿

① 李昕蕾，盛学敏，李彦文. 中国与东盟绿色联通中清洁能源合作新态势 [J]. 南洋问题研究，2023（2）：124 – 140.

② 魏敏，郑思达. "一带一路"倡议与中东绿色能源基础设施的发展与前景 [J]. 宁夏社会科学，2023（4）：73 – 80.

景对接，拓展双方在规则、标准、理念等多维度的协调合作。自20 世纪 90 年代初，中国与东盟的合作不断深化，从对话伙伴关系升级为战略伙伴关系，再到全面战略伙伴关系，在环境保护与绿色能源合作领域取得了重要进展，如东亚峰会清洁能源论坛、中国—东盟清洁能源能力建设计划、东盟 + 3 清洁能源圆桌对话等，为中国与东盟的务实性绿色能源合作打造了政策对话空间和制度性沟通渠道。2022 年 12 月 9 日，中国在中国—海湾阿拉伯国家合作委员会峰会上再次提出，加强氢能、储能、风电光伏、智能电网等清洁低碳能源技术合作和新能源设备本地化生产合作，并提出"八大共同行动"，为中国和中东国家在绿色基础设施领域开展更广泛深入的合作开辟了广阔的前景。2022 年 12 月，中国与沙特阿拉伯就沙特阿拉伯"2030 年愿景"与共建"一带一路"倡议签署了对接实施方案，聚焦贸易、基础建设投资、石化和能源产业，以及促进经贸和工业的发展和合作，沙特阿拉伯"2030 愿景"与共建"一带一路"倡议有融合发展的共同愿景。我们要继续深入推进中国与东南亚、中东国家的绿色能源发展计划对接，深化绿色能源合作对话。

三是新旧能源互为补充，"源网荷储一体化"开发，扩大合作范围。光伏、风电由于昼夜和风速的变动是一种不稳定的能源供应，所以应该推广光伏、风电、水电及煤电、气电互为补充的"一揽子"解决方案。多能互补是按照不同资源条件和用能对象，采取多种能源互相补充，以缓解能源供需矛盾、合理保护和利用自然资源，同时获得较好的环境效益的利用开发能源方式，多能互补有多种组合形式，目前常见的商业化应用形式有风光储一体化、风光水（储）一体化、风光火（储）一体化等。"源网荷储一体化"开发是一种可实现能源资源最大化利用的运行模式和技术，通过源源互补、源网协调、网荷互动、网储互动和源荷互动等多种交互形式，从而更经济、高效和安全地提高电力系统功率动态平衡能力，是构建新型电力系统的重要发展路径，也是实现"双碳"目标的必要选择。中国在多能互补、"源网荷储一体化"开发方面积累很多经验，优势明显，可以趁势扩大绿色能源合作的范围。

三、深化光伏等绿色能源贸易、投资促进机制

深化光伏等绿色能源合作机制，推动人民币绿色投资与贸易，需要做到以下几个方面：

一是推动建立双边及区域经济合作机制。借鉴现有国际经验，结合共建国家国情以及主要合作利益诉求，制定适用于其中发展中国家开展绿色合作的经贸规则，涵盖货币结算、保险担保、检验检疫、争端解决等能源合作的各个环节，妥善解决双边及区域绿色能源合作中涉及法律、商务、货币、金融结算等方面的具体问题。

二是持续优化贸易结构，大力发展高质量、高技术、高附加值的绿色能源产品与设备贸易。海关及口岸要加强节能环保产品和服务进出口，同时创新绿色产品检验检疫通关便利举措，促进区域绿色能源贸易持续稳定增长。

三是加快推进绿色金融和绿色技术通用标准建设。形成一系

列可复制、可推广的绿色技术标准和行业发展规范，并以此为基础，建立绿色技术通用标准，为金融机构开展绿色项目的认定提供评估方法和风险控制指标。积极参与国际绿色投资规则的制定，在全球绿色标准形成中贡献"中国智慧"，以"中国标准"推动、引领"一带一路"绿色高质量发展。①

四是加强绿色金融合作，支持离岸人民币市场发展。推动建立人民币绿色海外投贷基金，便利境外绿色低碳领域投资项目人民币跨境结算，构建绿色保险、绿色担保等市场体系，畅通共建国家绿色投资合作渠道。在联合国、二十国集团等多边合作框架下，推广与绿色投融资相关的自愿准则和最佳经验，促进绿色金融领域的能力建设。加大对共建国家中发展中国家和欠发达国家绿色能源投资，助力实现联合国2030年人人享有可持续能源目标。用好国际金融机构贷款，撬动民间绿色投资。鼓励金融机构落实《"一带一路"绿色投资原则》。

四、强化与联合国、地区组织等第三方合作

探索建立面向第三方市场的绿色能源产业合作新模式，形成全球绿色发展合力。

一是对接联合国2030年可持续发展议程，进一步深化南南合作。联合国是世界上最具普遍性和权威性的政府间国际组织，其全球代表性与生俱来。联合国发布了《2030年可持续发展议程》，

---

① 朱跃中，刘建国.加快建设绿色"一带一路"构建能源国际合作新格局［J］.中国经济报告，2021（6）：106－107.

可持续发展目标和"一带一路"实现绿色发展最终都将倚赖国际合作来完成。应加强与联合国环境规划署（UNEP）、联合国开发计划署、国际可再生能源署（IRENA）等机构在共建"一带一路"国家开展新的三方合作。以可持续发展目标为指导，寻找"经济—社会—环境"三位一体的可持续发展平衡点。借助联合国专门机构在环境保护方面的国际化和专业化优势，汲取联合国专门机构的环境治理经验、专业知识、技术能力等，强化共建国家在"一带一路"倡议中的绿色能源合作。鼓励共建国家以中国 - 联合国可持续发展基金等为"一带一路"绿色能源合作提供项目平台和资金支持，积极在联合国框架下开展绿色能源合作，打造绿色"一带一路"。

二是推进中国与区域性国际组织合作。区域性国际组织是区域环境治理的重要参与主体，打造绿色"一带一路"，区域性国际组织在提供绿色资金支持、推动协调多方利益方面发挥着不可替代的作用。[①]"一带一路"国家绿色能源合作进程中区域性国际组织的三方参与，区域国际组织可以更好地发挥相对中立的管理性角色，这有助于缓和共建"一带一路"国家对中国的防范心理。应加强与亚开行、亚投行、亚太经合组织（APEC）等区域组织合作，协调清洁能源技术规范、可持续发展基建标准，完善绿色评估与认证体系等。

三是对美、日、欧等发达国家和地区开放合作。西方国家推出与"一带一路"倡议竞争的"蓝点网络""重建更好世界""全

---

① 刘丽辉. 绿色"一带一路"国际合作机制研究［J］. 中阿科技论坛（中英文），2023（5）：7 - 12.

球基础设施和投资伙伴关系"等倡议，如果在绿色能源合作方面他们有诚意，我们也可以持开放的态度，营造对绿色"一带一路"有利的外部环境。

四是可以注重加强同美国、日本的次国家行为体（地方政府）及私营部门（商会、企业联盟、跨国企业）的对接性合作，加大与美日国际友城、美日商会、相关美日企业等民间力量的沟通协调。

以上这些不仅有助于推动绿色"一带一路"的示范性项目更多地转化为国际组织的决议、标准、规则、议案，还可以从国际传播的角度来提升当地民众对中国绿色投资的好感。

五、认清风险挑战，做好风险防范

部分共建"一带一路"国家政府仍存在治理能力上的短板。与绿色能源发展相关的部门往往职责分散、各自为政，未能形成推动能源转型的合力，在环境生态监测监管、预警应急、管理能力方面的需要存在较大的差距，环境风险预防预警和管控能力低；同绿色能源发展相关的法律法规往往不够完善，能源政策及保障机制欠透明，政策变动比较频繁、缺乏稳定性和一致性。这导致中国同共建"一带一路"国家进行绿色能源合作时常面临困境。

共建"一带一路"国家营商环境待改善。共建"一带一路"国家，有的行政审批手续复杂、投资准入程序烦琐、争端解决机制缺失、外商投资环境变动频繁，从而导致中方企业的开发权益难以得到保障。尤其不利于跨国、长周期、重资产的绿色能源合作的开展。如我国在乌干达投资的太阳能发电项目、在尼日利亚投资的风电项目以及在巴基斯坦投资的水电项目等，均由于当地经济下行、政策不稳定等因素未能取得预想的收益。①

政治环境复杂。共建"一带一路"国家大多是发展中国家，有些国家政权更迭频繁、政局不稳定，地区范围内还存在恐怖主义和宗教极端势力蔓延等政治环境风险。国家内部政治权力结构调整、政权更迭往往会导致旧账难追的违约、不作为政府官员的腐败会拖延投资效率。

总之，中国与共建"一带一路"国家的绿色能源合作与绿色投资面临着共建国家法律制度不完备、政府治理水平参差不齐及政治环境不确定的多风险挑战。为此，我们应该认清风险挑战，做好风险防范。

一是培养跨国企业和机构强烈的风险意识，充分认识风险挑战。企业在投资前做好尽职调查，充分评估投资风险，做好预案，尽量联合上下游或者服务企业一起投资，以分散风险。政府加快建立境外绿色投资风险补偿机制。绿色产品和设备的国际贸易要认真做好客户信用调查，办理足够的出口保险额度。

二是境外企业和机构应建立常态化安全保障和应急管理制度体系。进一步完善境外人员和机构海外利益保护工作机制，做好海外突发事件人身安全和企业利益风险预警、快速响应应对救助服务，建立常态化安全保障和应急管理制度体系，全方位梳理境外投资经营管理过程中的风险，促进风险防控的持续化、常态化。

三是提高公共服务保障水平。引导相关企业依法合规经营，

---

① 赵烁. 我国能源国际合作机制建设——基于"一带一路"视角 [J]. 中国国土资源经济，2023，36（9）：47-55.

强化自身管理和安全防控能力。针对境外网络黑客等非传统安全威胁日益多元化趋势，帮助企业建立相应的协调处置机制。加强应急保障能力建设。采取多种方式，建立与所在国及周边国相关政府部门和民间力量、中国驻外使领馆，以及交通、医疗、安保等机构的应急救助合作关系，不断提升应急处治能力。

四是加强知识产权风险预警。强化知识产权运用，开展知识产权分析评议，加强绿色能源领域知识产权国际合作、转化与运用，提高知识产权服务能力，指导和推进我国企业技术创新和知识产权布局。

能源合作高质量发展是"一带一路"高质量建设的必然要求。从"一带一路"能源合作高质量发展的本质来看，注重"清洁、低碳、安全、高效"应充分挖掘和利用其中丰富的绿色能源，因地制宜开发建设水能，大力发展光伏、风能，以绿色金融对接绿色能源经济建设，助力低碳绿色能源转型，实现经济生态的可持续发展。"努力实现更高合作水平、更高投入效益、更高供给质量、更高发展韧性，推动共建'一带一路'高质量发展不断取得新成效。"①

---

① 习近平出席第三次"一带一路"建设座谈会并发表重要讲话［N/OL］. 新华社. 2021 - 11 - 19. https：//www. gov. cn/xinwen/2021 - 11/19/content_5652067. htm.

附录一　企　业　名　表

序号	企业名称	企业全名	备注
1	无锡尚德 尚德电力	尚德太阳能电力有限公司	2005 年美国纽约证券交易所上市
2	隆基股份	西安隆基硅材料股份有限公司	
3	隆基绿能	隆基绿能科技股份有限公司	隆基股份更名
4	协鑫集成	协鑫集成科技股份有限公司	
5	天合光能	天合光能股份有限公司	
6	中电光伏	中电电气（南京）光伏有限公司	2007 年在美国纳斯达克证券交易所上市
7	晶澳太阳能	晶澳太阳能有限公司	2007 年，在美国纳斯达克上市
8	晶澳科技	晶澳太阳能科技股份有限公司	前身为晶澳太阳能
9	河北英利	英利绿色能源控股有限公司，源自英利集团	2007 年美国纽约证券交易所上市
10	阿特斯	阿特斯阳光电力集团有限公司	2006 年在美国纳斯达克股票交易所上市
11	中环股份	天津中环半导体股份有限公司	
12	TCL 中环	TCL 中环新能源科技股份有限公司	中环股份更名
13	南玻 A	中国南玻集团股份有限公司	
14	川能动力	四川省新能源动力股份有限公司	
15	太阳能	中节能太阳能科技有限公司	
16	横店东磁	横店集团东磁股份有限公司	

序号	企业名称	企业全名	备注
17	TCL中环	TCL中环新能源科技股份有限公司	
18	海南发展	海南省发展控股有限公司	
19	智光电气	广州智光电气股份有限公司	
20	拓日新能	深圳市拓日新能源科技股份有限公司	
21	兆新股份	深圳市兆新能源股份有限公司	
22	科士达	深圳市科士达科技股份有限公司	
23	爱康科技	江苏爱康科技股份有限公司	
24	露笑科技	露笑科技股份有限公司	
25	瑞和股份	深圳瑞和建筑装饰股份有限公司	
26	亚玛顿	常州亚玛顿股份有限公司	
27	首航高科	首航高科能源技术股份有限公司	
28	易成新能	河南易成新能源股份有限公司	
29	东方日升	东方日升新能源股份有限公司	
30	聆达股份	聆达集团股份有限公司	
31	阳光电源	阳光电源股份有限公司	
32	珈伟新能	珈伟新能源股份有限公司	
33	易事特	易事特集团股份有限公司	
34	双杰电气	北京双杰电气股份有限公司	
35	捷佳伟创	深圳市捷佳伟创新能源装备股份有限公司	
36	锦浪科技	锦浪科技股份有限公司	
37	能辉科技	上海能辉科技股份有限公司	
38	特变电工	特变电工股份有限公司	
39	航天机电	上海航天汽车机电股份有限公司	
40	通威股份	通威股份有限公司	
41	亿晶光电	亿晶光电科技股份有限公司	
42	综艺股份	江苏综艺股份有限公司	
43	金开新能	金开新能源股份有限公司	

续表

序号	企业名称	企业全名	备注
44	凯盛新能	凯盛科技集团有限公司	
45	林洋能源	江苏林洋能源股份有限公司	
46	嘉泽新能	宁夏嘉泽新能源股份有限公司	
47	正泰电器	浙江正泰电器股份有限公司	
48	京运通	北京京运通科技股份有限公司	
49	芯能科技	浙江芯能光伏科技股份有限公司	
50	赛伍技术	苏州赛伍应用技术股份有限公司	
51	清源股份	清源科技（厦门）股份有限公司	
52	福斯特	杭州福斯特应用材料股份有限公司	
53	禾迈股份	杭州禾迈电力电子股份有限公司	
54	中信博	江苏中信博新能源科技股份有限公司	
55	顺丰国际	顺风国际清洁能源有限公司（SFCE，股票代码01165）	子公司江苏顺风光电科技有限公司2015年完成无锡尚德100%股权收购
56	赛拉弗	江苏赛拉弗光伏系统有限公司	
57	中利腾晖	腾晖光伏技术有限公司	中利集团全资下属子公司
58	江苏中来	中来股份	2023年2月，浙能电力战略入股中来股份，成为控股股东
59	卡姆丹克	卡姆丹克太阳能系统集团有限公司	
60	东营光伏	东营光伏太阳能有限公司	2008年欧交所上市
61	正泰太阳能	浙江正泰太阳能科技有限公司	
62	苏美达	江苏苏美达集团有限公司	
63	昊能光电	浙江昊能光电有限公司	

附录二 太阳能相关国外企业 名称中文翻译

1. AboundSolar：阿邦太阳能

2. Advanced Silicon：超硅

3. Alta Devices：阿尔塔设备公司

4. Ascent Solar：升华太阳能

5. Bakarat Investment：巴卡拉特投资公司

6. Bosch：博世

7. Centrotherm：森特热姆

8. Convalt Energy：康瓦尔特能源

9. Conergy：康维明

10. Demeter：得墨忒耳

11. Elkem：埃肯

12. Energy Conversion Devices：能源转换设备公司

13. Essel Green Energy：艾瑟儿绿能

14. FILMCUTTER S. P. A.：飞影剪辑股份有限公司

15. First Solar：第一太阳能公司

16. GameChange Solar：变革游戏太阳能公司

17. Gebr. Schmid：盖博·施密特

18. GlobalSolar：全球太阳能

19. InfoLink Consulting：信息链咨询

20. Invenergy：英威能源

21. Inventux：英文特克斯

22. Isofotón：同光子

23. Komastu – NTC：小松 NTC 株式会社

24. Konarka：科纳卡

25. Maxeon Solar：迈为太阳能技术

26. M. setek：美赛特克

27. Manz AG：曼兹股份公司

28. MDC Power Holding Company LLC：MDC 能源控股有限公司

29. Meyer Burger：梅耶博格

30. Mia Solé：美亚光电

31. Mission Solar：使命太阳能

32. Ndave：恩达韦

33. NovaSolar：诺瓦太阳能

34. NS Solar Material：恩艾斯太阳能材料

35. One Stop Warehouse：一站式仓储

36. Photon：光子学科技公司

37. Photovoltech：光伏科技

38. PVInfoLink：光伏信息链咨询公司

39. Q – Cells：Q – 太阳能

40. REC Silicon：REC 硅材料

41. Recurrent Energy：循环能源

42. Rena：利纳

43. Ralos New Energies AG：拉洛斯新能源公司

44. SAG Solarstrom AG：萨格太阳能

45. Scheuten Solar：舒腾太阳能

46. Scott：斯科特

47. Shell：荷兰皇家壳牌石油公司（Royal Dutch Shell plc）

48. SMA：艾思玛

49. Solar World：太阳世界

50. Solarday：太阳能时代

51. Solarhybrid：太阳能混合

52. SolaRia：索拉瑞亚

53. Solarwatt：索瓦特

54. Solland Solar：索兰太阳能

55. Solibro：索力博

56. Solon：索龙

57. SunConcept：阳光概念

58. SunEdison：太阳爱迪生公司

59. Suniva：太阳艾瓦

60. SunPower：太阳电力

61. Sovell：索威

62. Swift Solar：斯威夫特太阳能

63. Tokuyama：东洋制铁化学株式会社

64. Vision Industries Company：远景产业公司

65. Wacker：瓦克化学

66. Welspun：威尔斯潘

参 考 文 献

［1］艾瑞咨询. 光伏产业观察：探索光伏利润变化及未来发展空间［R］. 艾瑞咨询，2023.

［2］曹开虎、周夫荣. 光伏大时代［M］. 北京：电子工业出版社，2024：1 – 208.

［3］常啸. 我国光伏产业链安全风险分析及对策建议［J］. 建筑技术，2023，54（23）：2851 – 2853.

［4］陈爱贞，刘志彪. 以并购促进创新：基于全球价值链的中国产业困境突破［J］. 学术月刊，2016，48（12）：63 – 74.

［5］陈芳益. 我国资源型企业跨国并购研究［J］. 合作经济与科技，2018（11）：86 – 87.

［6］陈俊聪，黄繁华. 对外直接投资与贸易结构优化［J］. 国际贸易问题，2014（3）：113 – 122.

［7］陈仁坦. 江苏省光伏产业发展现状及问题研究［J］. 能源研究与利用，2024（1）：43 – 45，56.

［8］陈艳，周园媛，纪雅星. 产业政策对企业绩效的影响及作用机制研究——来自中国光伏产业的经验数据［J］. 科技进步与对策，2021，38（22）：68 – 75.

［9］陈晔婷. 企业对外直接投资与创新绩效［M］. 北京：社

会科学文献出版社，2020：1－200.

[10] 成侃. 中国光伏产业竞争力研究 [J]. 经济论坛，2016
(2)：107－108.

[11] 程鹏，柳卸林，朱益文. 后发企业如何从嵌入到重构新
兴产业的创新生态系统：基于光伏产业的证据判断 [J]. 科学学
与科学技术管理，2019 (10)：54－69.

[12] 程云洁，刘旭. 碳中和目标下全球多晶硅贸易网络结构
的动态演进及驱动力研究 [J/OL]. 世界地理研究：1－17 [2024－
03－28].

[13] 崔兴华，林明裕. FDI 如何影响企业的绿色全要素生产
率？——基于 Malmquist－Luenberger 指数和 PSM－DID 的实证分析
[J]. 经济管理，2019，41 (3)：38－55.

[14] 戴翔，李洲. 全球价值链下中国制造业国际竞争力再评
估——基于 Koopman 分工地位指数的研究 [J]. 上海经济研究，
2017 (8)：89－100.

[15] 丁嘉铖，孔德明，肖宸瑄，等. 产业链视角下全球光伏产
业贸易格局演变特征研究 [J/OL]. 世界地理研究：1－19 [2024－
02－22].

[16] 丁媛. 浅析中国光伏产业的国际竞争力 [J]. 现代交
际，2011 (9)：105－106.

[17] 董彩婷，柳卸林，高雨辰，等. 从创新生态系统视角分
析中国光伏产业的追赶与超越 [J]. 科研管理，2022 (12)：44－
53.

[18] 董鸿源，袁潮清. 产业政策对光伏企业创新绩效的影响

研究——基于区域创新体系的调节作用 [J]. 技术经济, 2023, 42 (6): 36 – 46.

[19] 方忠. 高水平推进沿海地区高质量发展 [J]. 群众, 2022 (5): 13 – 14.

[20] 冯楚建, 谢其军. 国内外光伏产业政策绩效对比研究 [J]. 中国科技论坛, 2017 (2): 58 – 65.

[21] 冯耕中, 刘祺, 朱佳雯, 等. 产业链供应链安全评估与应对策略 [J]. 西安交通大学学报 (社会科学版), 2023, 43 (6): 106 – 116.

[22] 冯悦, 向宇, 向梓静. 欧盟游说制度及建立中资企业欧盟商会的探讨 [J]. 国际贸易, 2018 (11): 50 – 54.

[23] 付静. 我国光伏产业国际竞争力现状及提升路径 [J]. 河北大学学报 (哲学社会科学版), 2013, 38 (2): 53 – 57.

[24] 付文利. 碳中和目标下的"一带一路"新能源合作契机 [J]. 当代石油石化, 2021, 29 (10): 38 – 42.

[25] 郭本海, 李军强, 张笑腾. 多主体参与下中国光伏产业低端技术锁定突破问题研究 [J]. 北京理工大学学报 (社会科学版), 2017, 19 (4): 18 – 27.

[26] 郭朝先, 刘芳. "一带一路"产能合作新进展与高质量发展研究 [J]. 经济与管理, 2020, 34 (3): 27 – 34.

[27] 郭庆方, 冯冰. 中国与发展中国家光伏终端利用的国际合作研究——基于技术经济特征及其转换机制 [J]. 中国科技论坛, 2021 (10): 180 – 188.

[28] 郭庆方, 张洪瑞. 产业链环节布局与中国光伏产业发展

[J]. 中国能源, 2020, 42 (8): 21 – 26.

[29] 国家发展改革委等部门关于推进共建 "一带一路" 绿色发展的意见 [J]. 财会学习, 2022 (14): 3 – 4.

[30] 国家工业信息安全发展研究中心, 工业和信息化部电子知识产权中心, 中国光伏行业协会知识产权专业委员会. 光伏产业专利发展报告 [R]. 北京: 国家工业信息安全发展研究中心, 2024.

[31] 姜安印, 毛幸. "一带一路" 倡议背景下的能源合作问题综述 [J]. 中阿科技论坛 (中英文), 2022 (10): 1 – 5.

[32] 蒋冠宏, 蒋殿春. 中国工业企业对外直接投资与企业生产率进步 [J]. 世界经济, 2014, 37 (9): 53 – 76.

[33] 蒋冠宏, 蒋殿春. 中国企业对外直接投资的出口效应 [J]. 经济研究, 2014, 49 (5): 160 – 173.

[34] 蓝庆新, 李顺顺. 推进 "一带一路" 绿色能源国际合作 [J]. 中国国情国力, 2019 (11): 60 – 64.

[35] 李林泰, 孙强, 江飞涛. 矿产资源领域对外投资与技术优势策略组合研究: 以中国对印度尼西亚镍产业投资为例 [J]. 产业组织评论, 2021, 15 (3): 191 – 208.

[36] 李明东, 李婧雯. "双碳" 目标下中国分布式光伏发电的发展现状和展望 [J]. 太阳能, 2023 (5): 5 – 10.

[37] 李平, 等. 光伏太阳能产业发展调研 [M]. 北京: 经济管理出版社, 2016: 1 – 84, 169 – 188.

[38] 李夏玲, 王志华. 对外直接投资的母国贸易结构效应——基于我国省际面板数据分析 [J]. 经济问题探索, 2015

（4）：138 – 144.

[39] 李昕蕾，盛学敏，李彦文．中国与东盟绿色联通中清洁能源合作新态势 [J]．南洋问题研究，2023（2）：124 – 140.

[40] 联合课题组，李苏秀，卢静，等．能源电力产业链供应链自主可控国际案例研究 [J]．现代国企研究，2023（12）：84 – 87.

[41] 练文华，张晓平，吴爱萍，等．中国光伏装备制造业空间布局演化及影响因素分析 [J]．地理研究，2024，43（3）：679 – 700.

[42] 刘丙泉，宋杰鲲，李雷鸣．我国光伏并网电价影响因素及定价思路——基于产业链视角的分析 [J]．价格理论与实践，2011（2）：75 – 76.

[43] 刘佳骏，李晓华．中国制造业对外直接投资对产业链现代化的影响及应对 [J]．经济纵横，2021（12）：58 – 66.

[44] 刘晶，黄涛，张楚．从产业主导权审视战略性新兴产业的发展路径——以光伏产业的双反争端为例 [J]．科学管理研究，2015，33（5）：51 – 54.

[45] 刘丽辉．绿色"一带一路"国际合作机制研究 [J]．中阿科技论坛（中英文），2023（5）：7 – 12.

[46] 刘霞，张天硕，曲如晓．外国在华专利与中国企业出口行为——基于同行业和跨行业视角的理论与实证分析 [J]．经济评论，2021（5）：118 – 135.

[47] 刘学敏．贫困县扶贫产业可持续发展研究 [J]．中国软科学，2020（3）：79 – 86.

［48］刘叶琳．中国光伏出口额再创历史新高［N］．国际商报，2023 - 09 - 19.

［49］柳卸林，葛爽．中国复杂产品系统的追赶路径研究——基于创新生态系统的视角［J］．科学学研究，2023（2）：221 - 229.

［50］龙晓柏．中国工业遭遇反补贴的理论机制与现状研究［J］．世界经济研究，2013（5）：36 - 41，88.

［51］鲁朝辉．全球价值链视角下制造业企业跨国并购的动因及其趋势分析［J］．全国流通经济，2021（27）：92 - 94.

［52］路风．冲破迷雾——揭开中国高铁技术进步之源［J］．管理世界，2019（9）：164 - 194.

［53］伦蕊．中国高端制造企业竞争力生成的驱动因素与协同机制［J］．深圳大学学报（人文社会科学版），2020，37（6）：83 - 94.

［54］罗来军，朱善利，邹宗宪．我国新能源战略的重大技术挑战及化解对策［J］．数量经济技术经济研究，2015（2）：113 - 128，143.

［55］骆建文，喻鸣谦，王洋．过度自信零售商的最优订购与融资决策［J］．系统管理学报，2022，31（5）：851 - 860.

［56］马骏，佟江桥．"一带一路"国家可再生能源项目投融资模式、问题和建议［J］．清华金融评论，2020（3）：107 - 112.

［57］潘家华．"双碳"目标再解析：概念、挑战和机遇［J/OL］．北京工业大学学报（社会科学版）：1 - 13［2024 - 02 - 20］.

［58］潘圆圆．从欧洲看中国对发达经济体投资的优势［J］.

清华金融评论，2024（5）：110－112.

［59］彭华涛，Sadowski B T. 开放式创新网络形成及演化的探索性案例研究［J］. 科研管理，2014（8）：51－58.

［60］师奕，王光，邵宇佳. 产业补贴政策有效性评估与政策建议——基于光伏产业［J］. 财会月刊，2023，44（9）：118－126.

［61］石红莲，朱亚静. 美对华光伏"双反"影响探析——基于两次"双反"案例［J］. 中国商贸，2015（4）：111－113.

［62］史丹，白旻. 美欧"双反"情形下中国光伏产业的危机与出路［J］. 国际贸易，2012（12）：15－20.

［63］帅竞，成金华，冷志惠，等. "一带一路"背景下中国可再生能源产品国际竞争力研究［J］. 中国软科学，2018（7）：21－38.

［64］宋冬冬. 中国光伏产业发展中市场化政策工具的法律规制［M］. 武汉：武汉大学出版社，2020：26－67.

［65］宋铭越. 国际贸易中的中国光伏产业现状分析［J］. 财经界，2014（26）：16，29.

［66］苏竣，张芳. 政策组合和清洁能源创新模式：基于光伏产业的跨国比较研究［J］. 国际经济评论，2015（5）：132－142，7.

［67］隋月红，赵振华. 我国 OFDI 对贸易结构影响的机理与实证——兼论我国 OFDI 动机的拓展［J］. 财贸经济，2012（4）：81－89.

［68］孙传旺，占妍泓. 电价补贴对新能源制造业企业技术创新的影响——来自风电和光伏装备制造业的证据［J］. 数量经济

技术经济研究，2023，40（2）：158－180.

[69] 孙广彬，李征，赵子元，等 . 供应链重塑下光伏企业全球化策略研究 [J]. 新经济导刊，2024（2）：86－94.

[70] 孙海泳 . 拜登政府对华新能源产业竞争的导向、路径与前景 [J]. 国际关系研究，2023（1）：132－153，159.

[71] 孙静春，蔡鑫，徐青川 . 光伏供应链风险研究现状及展望 [J]. 西安交通大学学报（社会科学版），2014，34（2）：37－42.

[72] 谭劲松，宋娟，陈晓红 . 产业创新生态系统的形成与演进："架构者" 变迁及其战略行为演变 [J]. 管理世界，2021（9）：167－190.

[73] 唐应斌 . 双碳目标下输配电行业跨法人体产业链标准实践 [J]. 中国标准化，2024（3）：151－154.

[74] 王海，陈秋凝 . 国内新能源汽车产业补贴的演进趋势与国外镜鉴 [J]. 科技与金融，2022（4）：24－29.

[75] 王恒田，杨晓龙 . 我国太阳能光伏产品出口问题、机遇与对策研究——基于创新发展视角 [J]. 价格月刊，2020（8）：52－56.

[76] 王宏伟，朱雪婷，李平 . 政府补贴对光伏产业创新的影响 [J]. 经济管理，2022，44（2）：57－72.

[77] 王宏伟，朱雪婷，殷晨曦 . 中国光伏产业发展及电价补贴政策影响研究 [J]. 数量经济技术经济研究，2022，39（7）：90－112.

[78] 王建林，李姝 . 中国新能源装备进出口贸易发展策略

［J］．东北财经大学学报，2015（5）：79－84．

［79］王康鹏．天合纪：中国光伏的进化哲学与领先之道［M］．北京：电子工业出版社，2023：1－268．

［80］王璐，于瑶．需求旺盛 光伏产业加快提质升级［N］．经济参考报，2023－02－23．

［81］王敏．"一带一路"能源战略合作研究［J］．经济研究参考，2016（22）：34－44．

［82］王勇．"十四五"时期中国产业升级的新机遇与新挑战：新结构经济学的视角［J］．国际经济评论，2021（1）：56－75；5．

［83］魏代娉，王利．太阳能光伏产业链的构建与优化分析——以锦州市为例［J］．资源开发与市场，2011，27（6）：538－541．

［84］魏敏，郑思达．"一带一路"倡议与中东绿色能源基础设施的发展与前景［J］．宁夏社会科学，2023（4）：73－80．

［85］［德］沃尔夫冈．帕尔茨（Wolfgang Palz）．光伏的世界［M］．秦海岩，译．长沙：湖南科学技术出版社，2015：1－113．

［86］吴非，胡慧芷，林慧妍，等．企业数字化转型与资本市场表现——来自股票流动性的经验证据［J］．管理世界，2021，37（7）：130－144；10．

［87］武芳．中国参与"一带一路"新能源合作的现状与展望［J］．中国远洋海运，2022（10）：60－62；10．

［88］习近平．建设开放包容、互联互通、共同发展的世界——在第三届"一带一路"国际合作高峰论坛开幕式上的主旨

演讲［J］.中国经济周刊，2023（20）：10－12.

［89］肖力.中国光伏产业国际竞争力研究［D］.海口：海南大学，2016.

［90］熊磊，胡石其.制造业与互联网融合发展的路径研究——基于产业链重构的视角［J］.当代经济管理，2018，40（9）：65－71.

［91］徐蕾，王秀荣，黄立新，等.我国太阳能光伏产业发展动力机制研究［J］.科技进步与对策，2010，27（22）：91－95.

［92］徐璇，黄俊灵，温珂.我国光伏产业政策变迁的间断均衡性：基于政策过程理论［J］.科技管理研究，2022，42（20）：48－56.

［93］许建峰，曹庆仁.基于文本挖掘的中国光伏产业政策分析与发展研究［J］.科技创业月刊，2022，35（2）：68－74.

［94］许勤华，王际杰.推进绿色"一带一路"建设的现实需求与实现路径［J］.教学与研究，2020（5）：43－50.

［95］许勤华.中国能源国际合作成就及其地区动力［J］.China Oil & Gas，2019，26（2）：21－23，74－75.

［96］杨平丽，张建民.对外直接投资对企业进出口贸易的影响——来自中国工业企业的证据［J］.亚太经济，2016（5）：113－119.

［97］尹洁，唐益谨，李锋.生态学视角下中国光伏产业创新适宜度评价及提升研究［J］.中国科技论坛，2023（8）：74－85.

［98］于立宏，郁义鸿.光伏产业政策体系评估：多层次抑或多元化［J］.改革，2012（8）：114－122.

［99］于丽敏，王国顺，刘继云．政府扶持战略性新兴产业发展的案例分析——以东莞薄膜太阳能产业为例［J］．社会科学战线，2011（12）：82－85．

［100］余南平．全球价值链背景下行业协会权力扩张与角色变化［J］．世界经济与政治，2022（9）：132－153，160．

［101］余圣秀．让光伏驱动中国［M］．北京：中国水利水电出版社，2016：1－255．

［102］余晓钟，白龙，罗霞．"一带一路"绿色低碳化能源合作内涵、困境与路径［J］．亚太经济，2021（3）：17－24．

［103］余晓钟，杨铎．"一带一路"能源绿色创新合作的驱动力研究［J］．科学管理研究，2022，40（6）：157－163．

［104］袁潮清，朱玉欣．基于动态热点的中国光伏产业政策演化研究［J］．科技管理研究，2020，40（14）：43－53．

［105］岳中刚．逆向研发外包与企业创新绩效：基于汽车产业的实证研究［J］．国际商务（对外经济贸易大学学报），2014（6）：97－106．

［106］臧静楠．战略性新兴产业下的公私合作［J］．现代经济信息，2016（4）：346－347．

［107］翟东升，蔡达．绿色"一带一路"建设：进展、挑战与展望［J］．宏观经济管理，2022（8）：7－15．

［108］翟嘉港，李鸣骥，毕金露，等．基于光伏产业链的黄河"几"字弯地区城市网络联系变化及影响机制［J］．经济地理，2023，43（8）：73－85．

［109］张二震，孙利娟．价值链视角下的中国对外直接投资：

环境变化与应对［J］.江苏行政学院学报，2020（3）：44-50.

［110］张红梅.推动"一带一路"能源合作高质量发展的路径［J］.中国石化，2020（2）：75-79.

［111］张路桐."一带一路"倡议下中国—沙特清洁能源合作研究［J］.产业创新研究，2022（11）：39-41.

［112］张宇，蒋殿春.双向跨境投资协调下的"收入漏出"与制造业技术结构升级［J］.财贸经济，2021，42（4）：130-148.

［113］赵烁.我国能源国际合作机制建设——基于"一带一路"视角［J］.中国国土资源经济，2023，36（9）：47-55.

［114］赵勇.应对欧美推动光伏供应链多元化和产业链本土化的建议［N］.中国经济时报，2024-5-13.

［115］郑学党.中国制造业价值竞争力评价及空间差异研究［J］.经济经纬，2017，34（3）：81-86.

［116］郑雪平，林跃勤."一带一路"建设进展、挑战与推进高质量发展对策［J］.东北亚论坛，2020，29（6）：94-106，125.

［117］中国光伏产业联盟秘书处，中国电子信息产业发展研究院.2011-2012年中国光伏产业年度报告［R］.2012：1-94.

［118］中国光伏产业联盟秘书处，中国电子信息产业发展研究院.2013-2014年中国光伏产业年度报告［R］.2014：1-183.

［119］中国光伏产业联盟，中国电子信息产业发展研究院.2012-2013年中国光伏产业年度报告［R］.2013：1-174.

［120］中国光伏产业协会秘书处，赛迪智库集成电路研究所.

2021 - 2022 年中国光伏产业年度报告 [R]. 2022: 1 - 169.

[121] 中国光伏产业协会秘书处，赛迪智库集成电路研究所.
2022 - 2023 年中国光伏产业年度报告 [R]. 2023: 1 - 269.

[122] 中国光伏产业协会秘书处，赛迪智库集成电路研究所.
2023 - 2024 年中国光伏产业年度报告 [R]. 2024: 1 - 280.

[123] 中国光伏产业协会秘书处，赛迪智库集成电路研究所.
2019 - 2020 年中国光伏产业年度报告 [R]. 2020: 1 - 176.

[124] 中国光伏产业协会秘书处，赛迪智库集成电路研究所.
2020 - 2021 年中国光伏产业年度报告 [R]. 2021: 1 - 142.

[125] 中国光伏产业协会秘书处，赛迪智库集成电路研究所.
2018 - 2019 年中国光伏产业年度报告 [R]. 2019: 1 - 281.

[126] 中国光伏产业协会秘书处，中国电子信息产业发展研
究院. 2016 - 2017 年中国光伏产业年度报告 [R]. 2017: 1 - 154.

[127] 中国光伏产业协会秘书处，中国电子信息产业发展研
究院. 2017 - 2018 年中国光伏产业年度报告 [R]. 2018: 1 - 156.

[128] 中国光伏产业协会秘书处，中国电子信息产业发展研
究院. 2015 - 2016 年中国光伏产业年度报告 [R]. 2016: 1 - 209.

[129] 中国光伏产业协会，中国电子信息产业发展研究院.
2014 - 2015 年中国光伏产业年度报告 [R]. 2015: 1 - 210.

[130] 中国光伏行业协会，刘家琦，酷玩实验室团队. 大国
光伏：中国王牌制造业的突围与崛起（上）[M]. 电子工业出版
社，2024: 1 - 345.

[131] 中国光伏行业协会，刘家琦，酷玩实验室团队. 大国
光伏：中国王牌制造业的突围与崛起（下）[M]. 电子工业出版

社，2024：349－657.

［132］中国光伏行业协会知识产权专业委员会．光伏产业专利发展年度报告［R］．2024.

［133］周亚敏．全球碳中和趋势下建设"绿色丝绸之路"的机制与路径［J］．中共中央党校（国家行政学院）学报，2023，27（5）：56－64.

［134］朱火箭，牟官华．新能源助推"一带一路"可持续发展［J］．国际工程与劳务，2017（8）：35－39.

［135］朱向东，贺灿飞，毛熙彦，等．贸易保护背景下中国光伏产业空间格局及其影响因素［J］．经济地理，2018，38（3）：98－105.

［136］朱向东，贺灿飞，朱晟君．贸易保护如何改变中国光伏出口目的国格局？［J］．地理研究，2019，38（11）：2565－2577.

［137］朱跃中，刘建国．加快建设绿色"一带一路"构建能源国际合作新格局［J］．中国经济报告，2021（6）：106－107.

［138］邹健，康健，谢非，等．绿色金融对我国光伏产业实现双循环的影响研究［J］．贵州商学院学报，2022，35（4）：23－37.

［139］邹润芳，崔宇．光伏设备分析：技术迭代带动设备更新换代［R］．证券研究报告，2020：（12）.

［140］Adner, R. , & Kapoor, R. Value creation in innovation ecosystems：How the structure of technological interdependence affects firm performance in new technology generations［J］. Strategic Management Journal, 2010, 31 (3): 306 – 333.

[141] Asian Development Bank (ADB), Research Institute for Global Value Chains at the UIBE, World Trade Organization (WTO), IDE – JETRO, and China Development Research Foundation. Global Value Chain Development Report 2021: Beyond Production [EB/OL]. https: //www. adb. org/publications/global – value – chain – development – report – 2021.

[142] Autio, E., Thomas, L. Innovation ecosystems: Implications for innovation management [M]. Oxford University Press, 2014: 204 – 228.

[143] Dunning J. Explaining Changing Patterns of International Production: In Defence of the Electric Theory [J]. Oxford Bulletin of Economics and Statistics, 1979 (41): 269 – 295.

[144] Eaton J, Tamura A. Japanese and U. S. Exports and Investment as Conduits of Growth [R]. NBER Working Paper 5457, 1996.

[145] Fu, X., & Zhang, J. Technology transfer, indigenous innovation, and leapfrogging in green technology: The solar – PV industry in China and India [J]. Journal of Chinese Economic and Business Studies, 2011, 9 (4): 329 – 347.

[146] Furr, N., & Kapoor, R. Capabilities, technologies, and firm exit during industry shakeout: Evidence from the global solar photovoltaic industry [J]. Strategic Management Journal, 2017, 39 (1): 33 – 61.

[147] Head K, Rise J. Overseas Investment and Firm Exports

[J]. Review of International Economics, 2001, 9 (1): 108 – 122.

[148] Helpman E, Krugman P. Market Structure and Foreign Trade: Increasing Returns, Imperfect Competition, and the International Economy [M]. Cambridge: MIT Press, 1985.

[149] Horst T. The Industrial Composition of U. S. Exports and Subsidiary Sales to be Canadian Market [J]. American Economic Review, 1972, 62 (1): 37 – 45.

[150] John H. Dunning. The eclectic paradigm as an envelope for economic and business theories of MNE activity [J]. International Business Review, 2000 (9): 163 – 190.

[151] Kiamehr, M. , Hobday, M. , & Hamedi, M. Latecomer firm strategies in complex product systems (CoPS): The case of Iran's thermal electricity generation systems [J]. Research Policy, 2015, 44 (6): 1240 – 1251.

[152] Kodama, M. , & Shibata, T. Strategy transformation through strategic innovation capability: A case study of Fanuc [J]. Research Policy, 2014, 44 (1): 75 – 103.

[153] Kojima K. Direct Foreign Investment: A Japanese Model of Multinational Business Operations [M]. London: Groom Helm, 1978.

[154] Lee, K. , & Lim, C. Technological regimes, catching-up and leapfrogging: findings from the Korean industries [J]. Research Policy, 2001, 30 (3): 459 – 483.

[155] Lee, K. , & Malerba, F. Catch-up cycles and changes in industrial leadership: Windows of opportunity and responses of firms and

countries in the evolution of sectoral systems ［J］. Research Policy, 2017, 46 （2）: 338 –351.

［156］ Lim S, Moon H. Effects of Outward Foreign Direct Investment of Home Country Exports: The Case of Korean Firms ［J］. Multinational Business Review, 2001 （1）: 42 –50.

［157］ Martin, R., Sunley, P., Gardiner, B., et al. How regions react to recessions: Resilience and the role of economic structure ［J］. Regional Studies, 2016, 50 （4）: 561 –585.

［158］ Muhammad Junaid, Y., Xue, Y., Syed, M. W., et al. A Neutrosophic AHP and TOPSIS Framework for Supply Chain Risk Assessment in Automotive Industry of Pakistan ［J］. Sustainability, 2019, 12 （1）: 1 –26.

［159］ Mundell RA. International Trade and Factor Mobility ［J］. American Economic Review, 1957, 47 （3）: 321 –335.

［160］ Oh, D. –S., Phillips, F., Park, S., & Lee, E. Innovation ecosystems: A critical examination ［J］. Technovation, 2016, 54: 1 –6.

［161］ Olley, G. S., & Pakes, A. The dynamics of productivity in the telecommunications equipment industry ［J］. Econometrica, 1996, 64 （6）: 1263 –1297.

［162］ Sveiby, K. E., Gripenberg, P., & Segercrantz, B. Challenging the Innovation Paradigm ［M］. New York, NY: Routledge, 2012.

［163］ SvensonL. Foreign Investment and the Mediation of Trade

Flows [J]. Review of International Economics, 2004, 12 (4): 609 – 629.

[164] Tour A. D. L. , Glachant M. , & Ménière Y. Innovation and international technology transfer: The case of the Chinese photovoltaic industry [J]. Energy Policy, 2011, 39 (2): 761 – 770.

[165] Vértesy, D. Preconditions, windows of opportunity and innovation strategies: Successive leadership changes in the regional jet industry [J]. Research Policy, 2017, 46 (2): 388 – 403.

[166] Zahra, S. A. , Nambisan, S. Entrepreneurship in global innovation ecosystems [J]. AMS Review, 2011, 1 (1): 4 – 17.

[167] Zhang, W. , & White, S. Overcoming the liability of newness: Entrepreneurial action and the emergence of China's private solar photovoltaic firms [J]. Research Policy, 2016, 45 (3): 604 – 617.

[168] Zhou, Q. , Li, T. , & Gong, L. The Effect of Tax Incentives on Energy Intensity: Evidence from China's VAT Reform [J]. Energy Economics, 2022, 108: 105887.